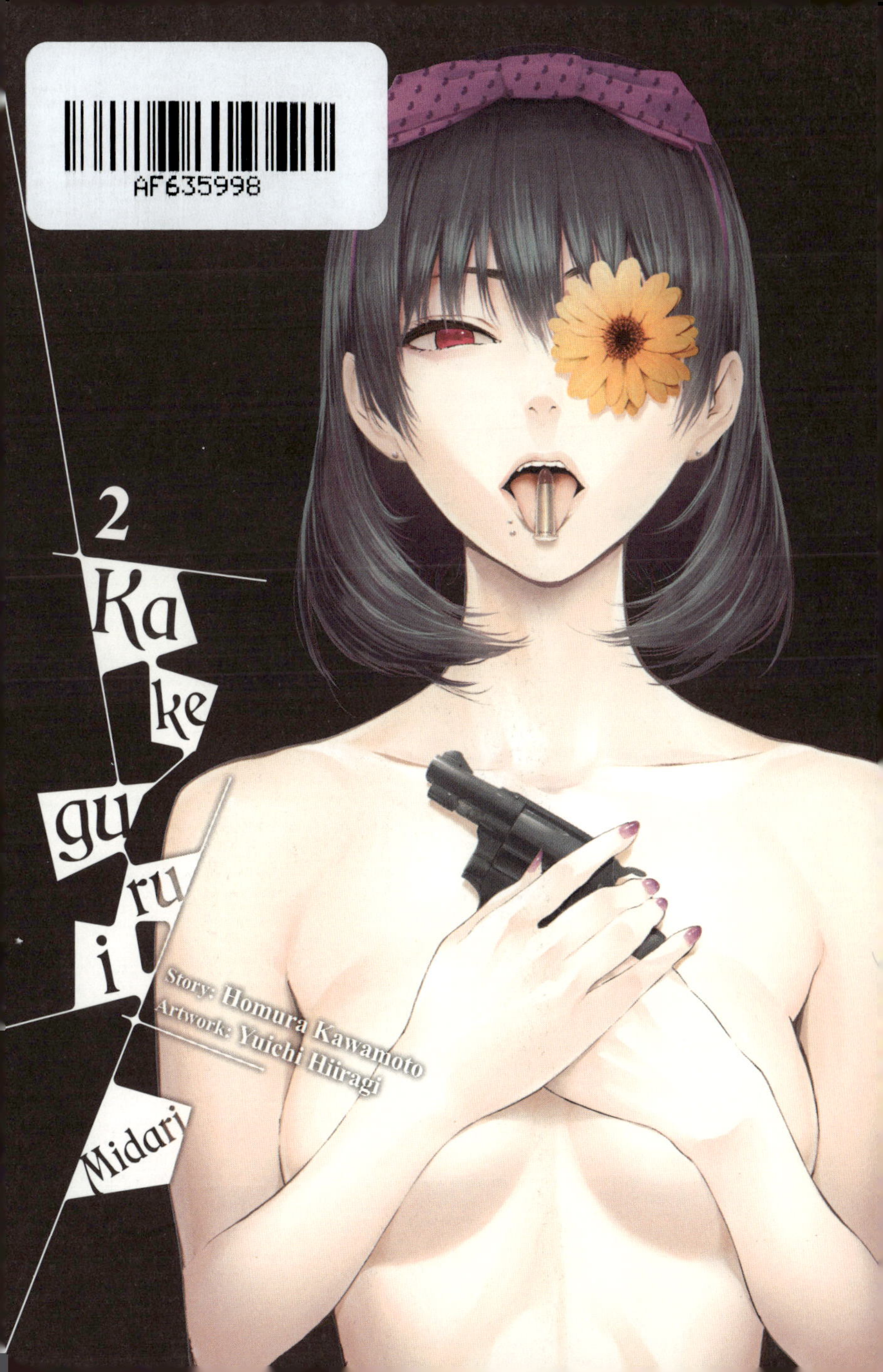
2
Kakegurui
Midari
Story: Homura Kawamoto
Artwork: Yuichi Hiiragi

Kakegurui Midari ②

Inhalt

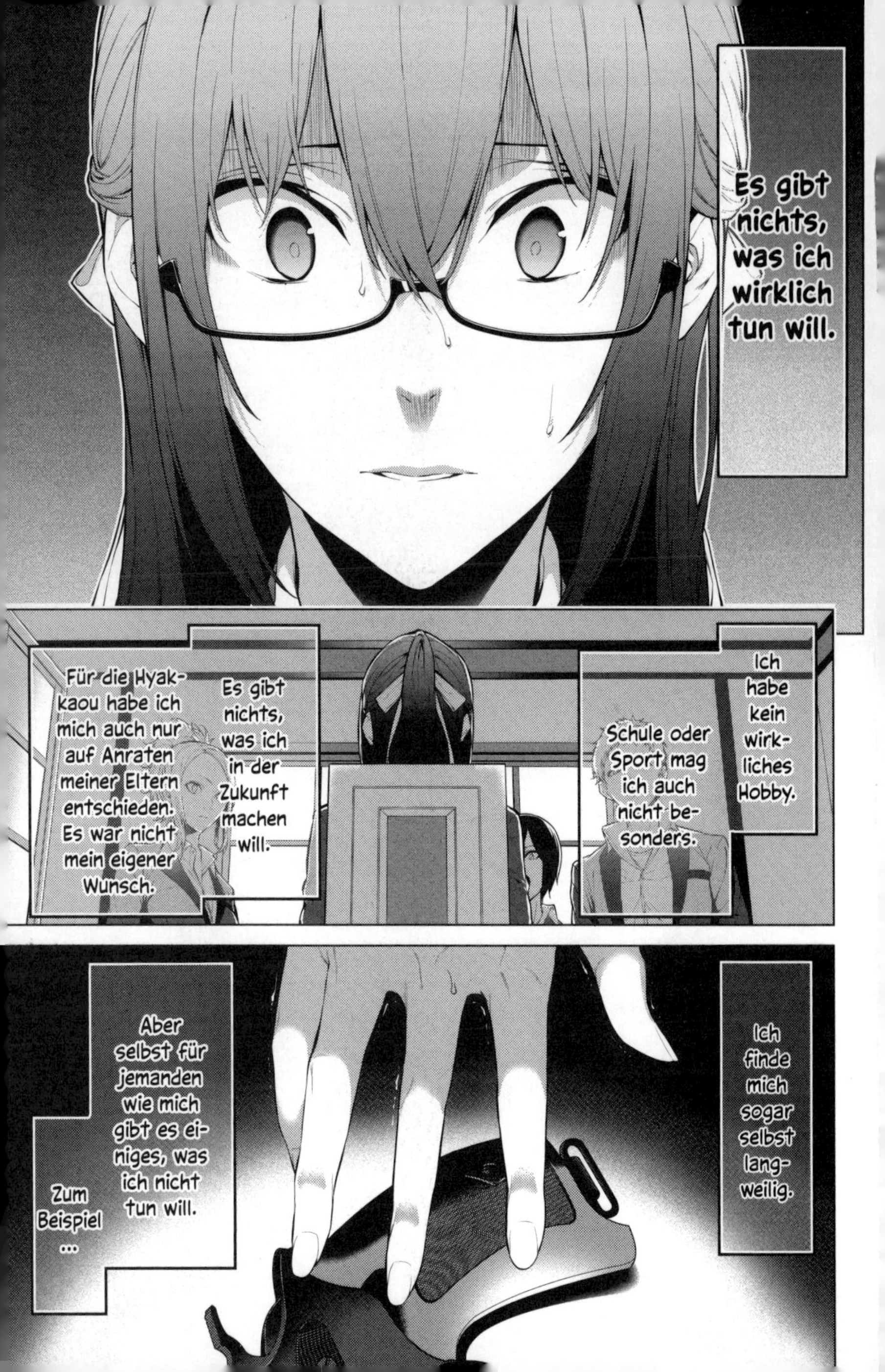
Es gibt nichts, was ich wirklich tun will.
Ich habe kein wirkliches Hobby.
Schule oder Sport mag ich auch nicht besonders.
Es gibt nichts, was ich in der Zukunft machen will.
Für die Hyakkaou habe ich mich auch nur auf Anraten meiner Eltern entschieden. Es war nicht mein eigener Wunsch.
Ich finde mich sogar selbst langweilig.
Aber selbst für jemanden wie mich gibt es einiges, was ich nicht tun will.
Zum Beispiel ...

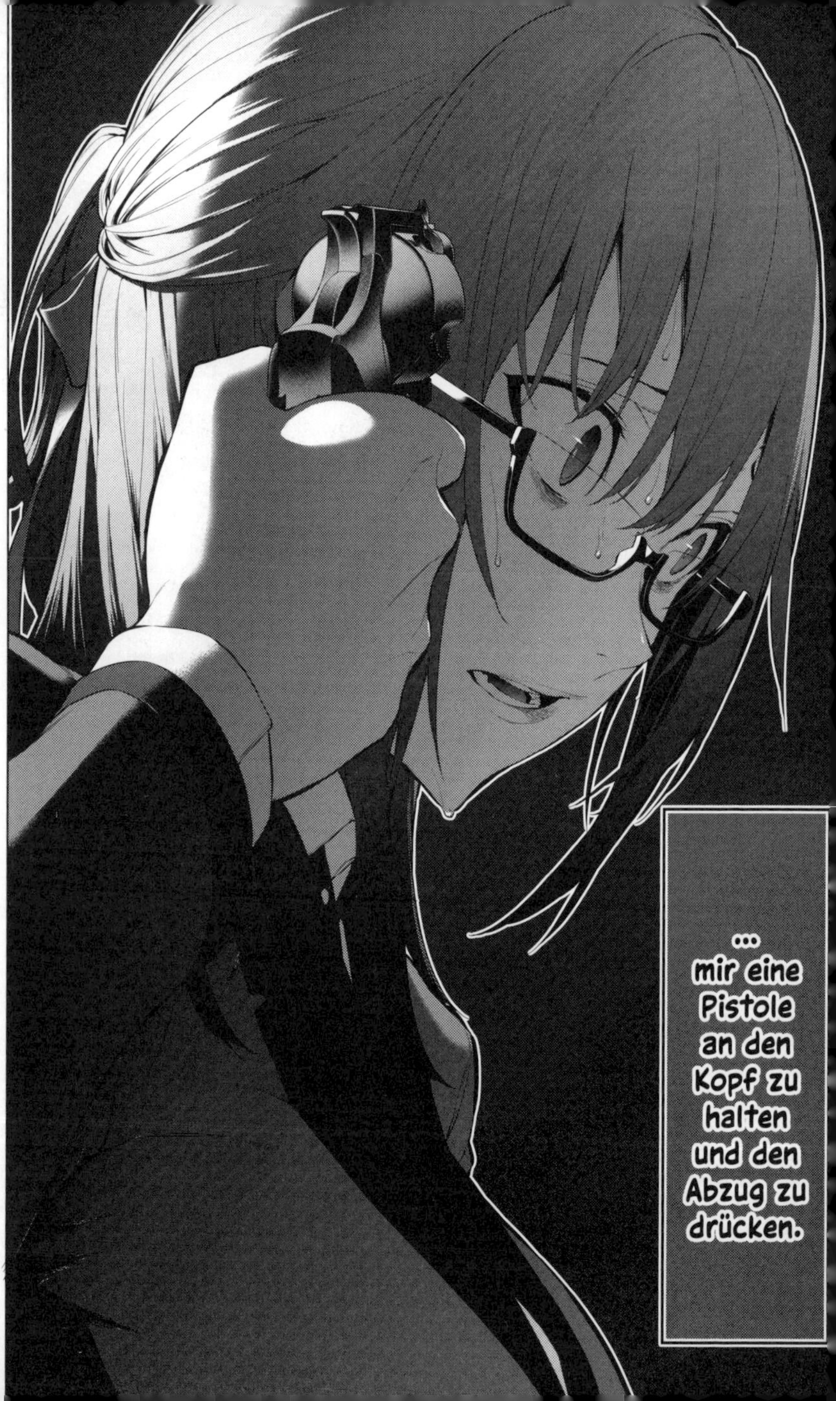
... mir eine Pistole an den Kopf zu halten und den Abzug zu drücken.

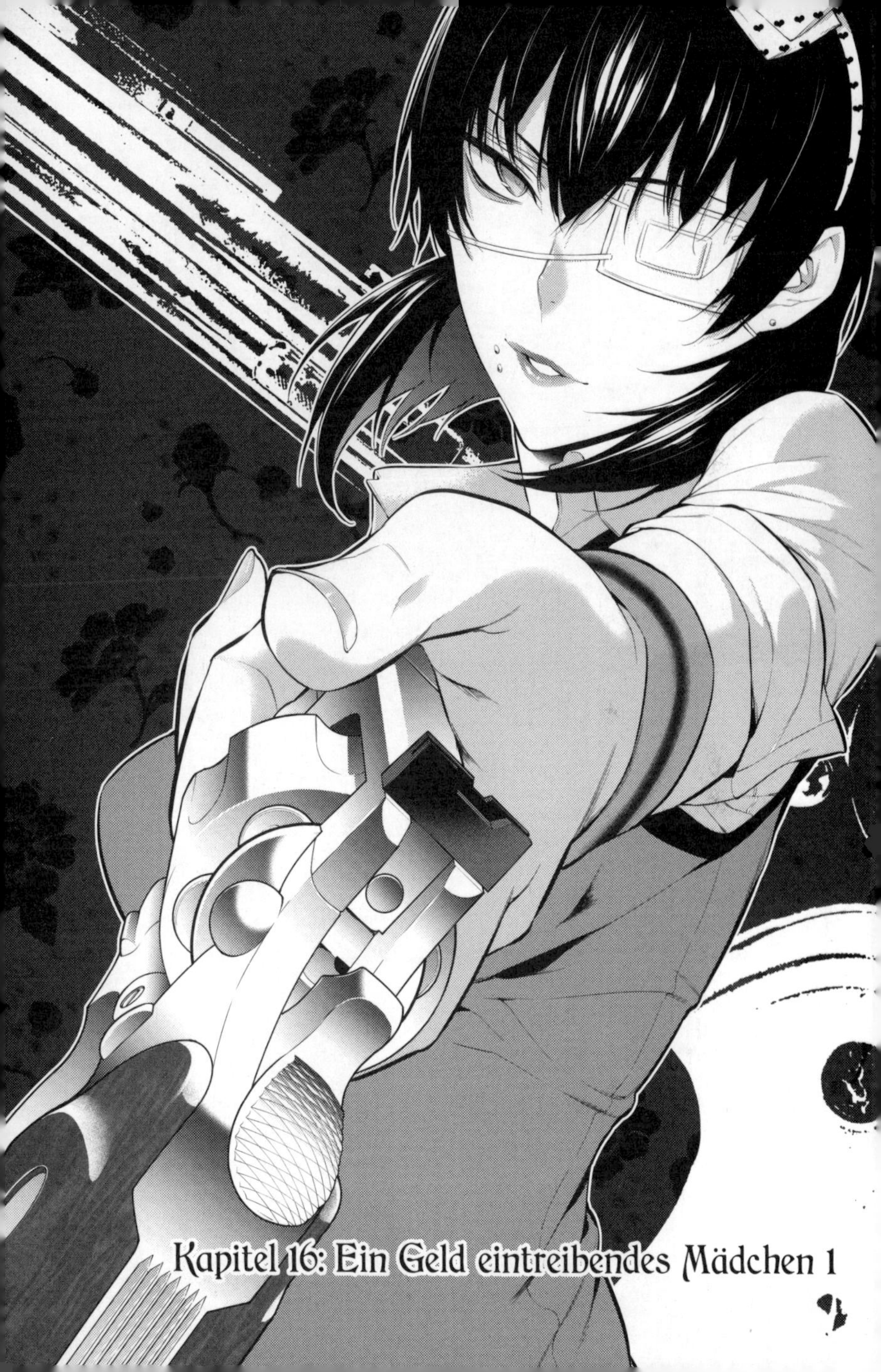

Kapitel 16: Ein Geld eintreibendes Mädchen 1

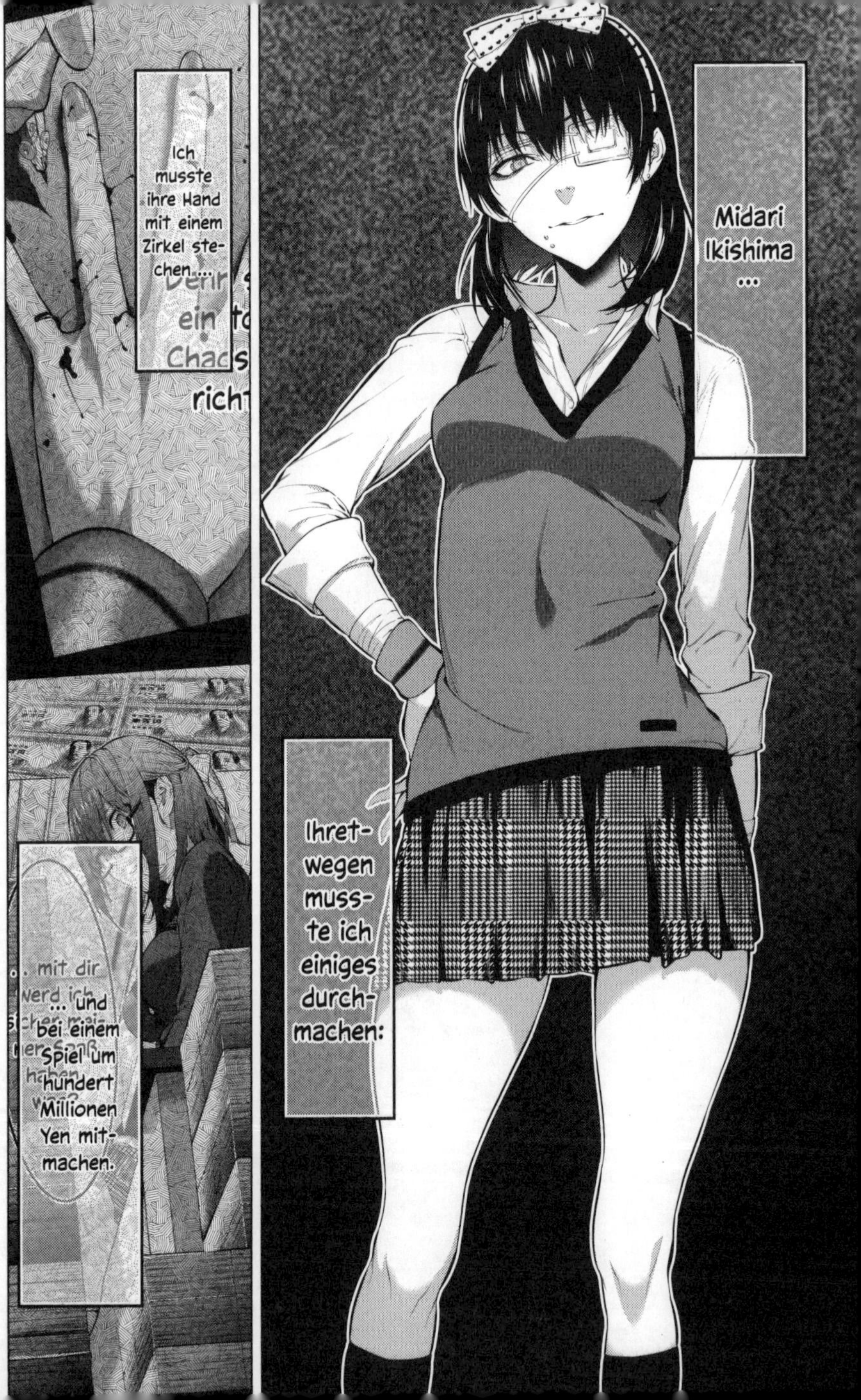
Midari Ikishima ...
Ihretwegen musste ich einiges durchmachen:
Ich musste ihre Hand mit einem Zirkel stechen ...
... und bei einem Spiel um hundert Millionen Yen mitmachen.

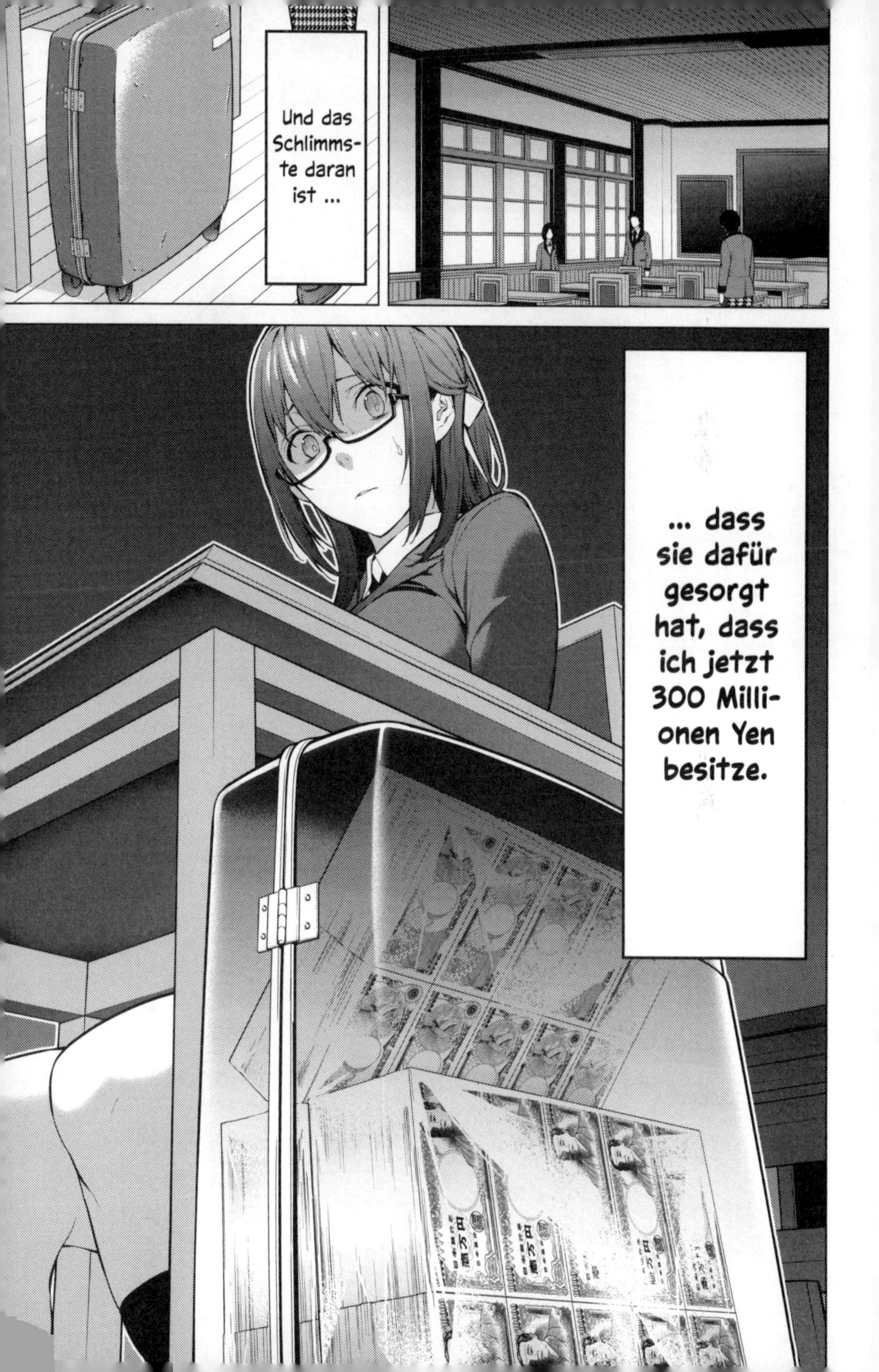

Und das Schlimmste daran ist ...
... dass sie dafür gesorgt hat, dass ich jetzt 300 Millionen Yen besitze.

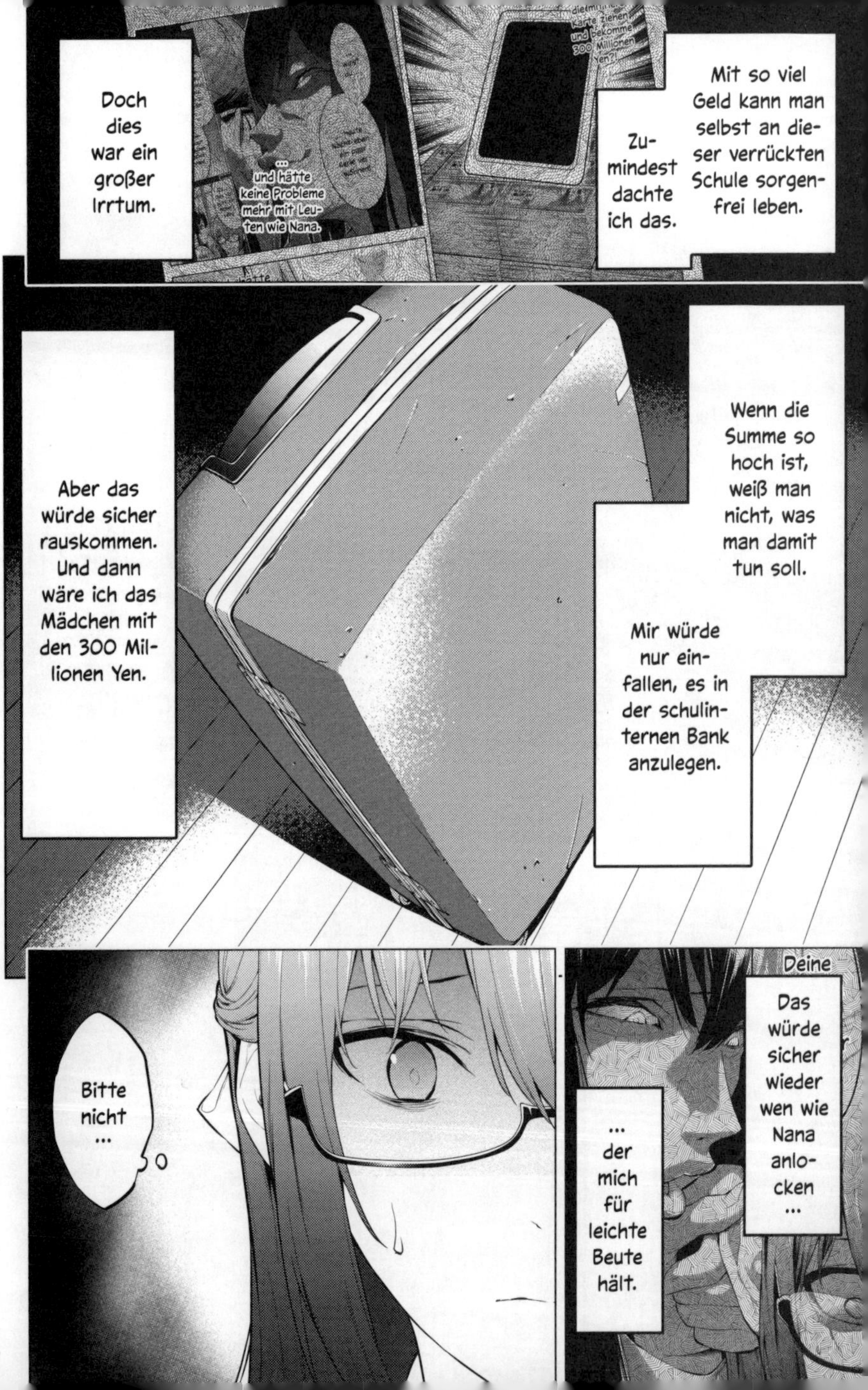

Mit so viel Geld kann man selbst an dieser verrückten Schule sorgenfrei leben.
Zumindest dachte ich das.
... und hätte keine Probleme mehr mit Leuten wie Nana.
Doch dies war ein großer Irrtum.
Wenn die Summe so hoch ist, weiß man nicht, was man damit tun soll.
Mir würde nur einfallen, es in der schulinternen Bank anzulegen.
Aber das würde sicher rauskommen. Und dann wäre ich das Mädchen mit den 300 Millionen Yen.
Deine
Das würde sicher wieder wen wie Nana anlocken ...
... der mich für leichte Beute hält.
Bitte nicht ...

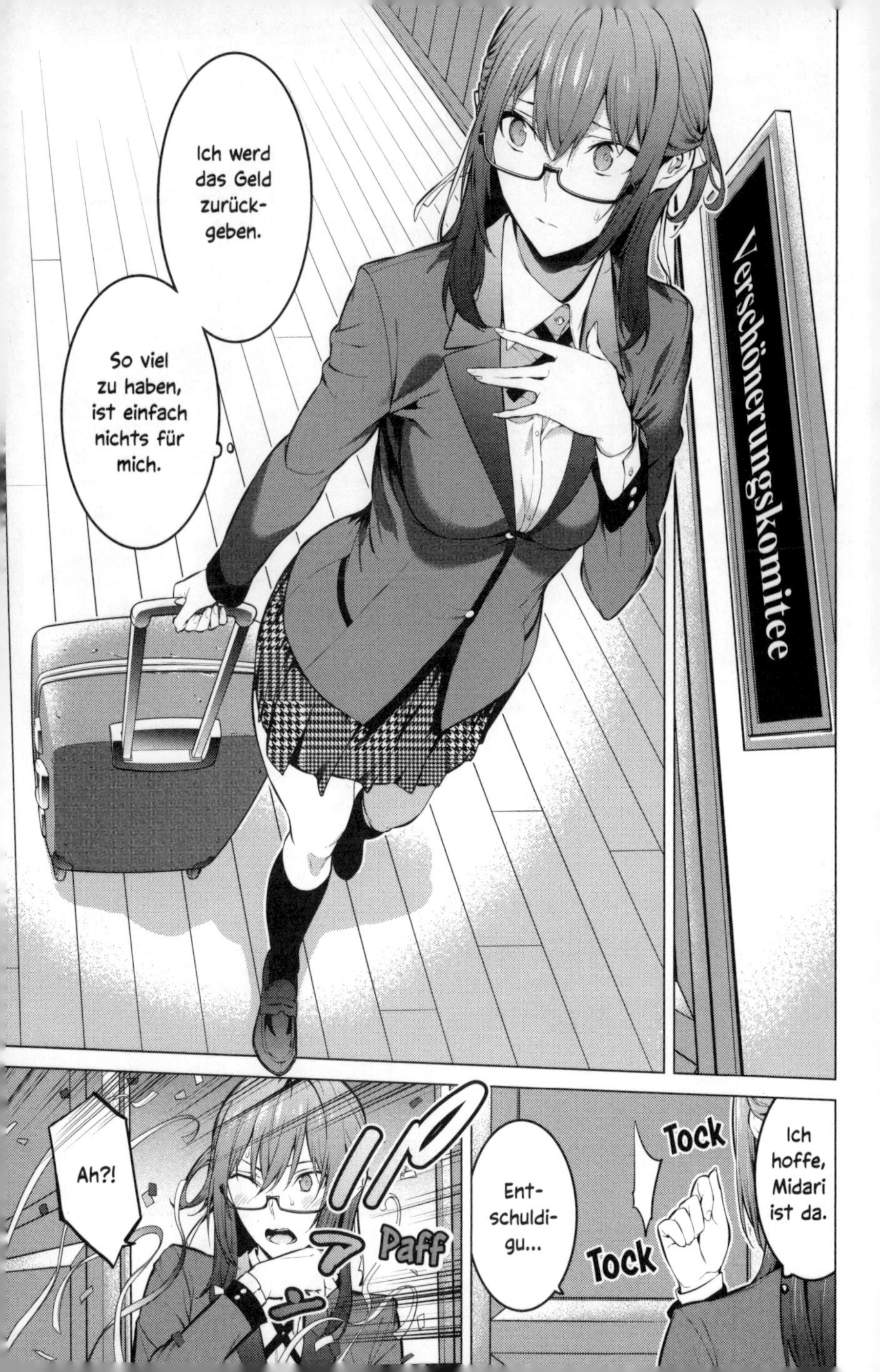
Verschönerungskomitee
Ich werd das Geld zurück-geben.
So viel zu haben, ist einfach nichts für mich.
Ich hoffe, Midari ist da.
Tock
Tock
Ent-schuldi-gu...
Paff
Ah?!

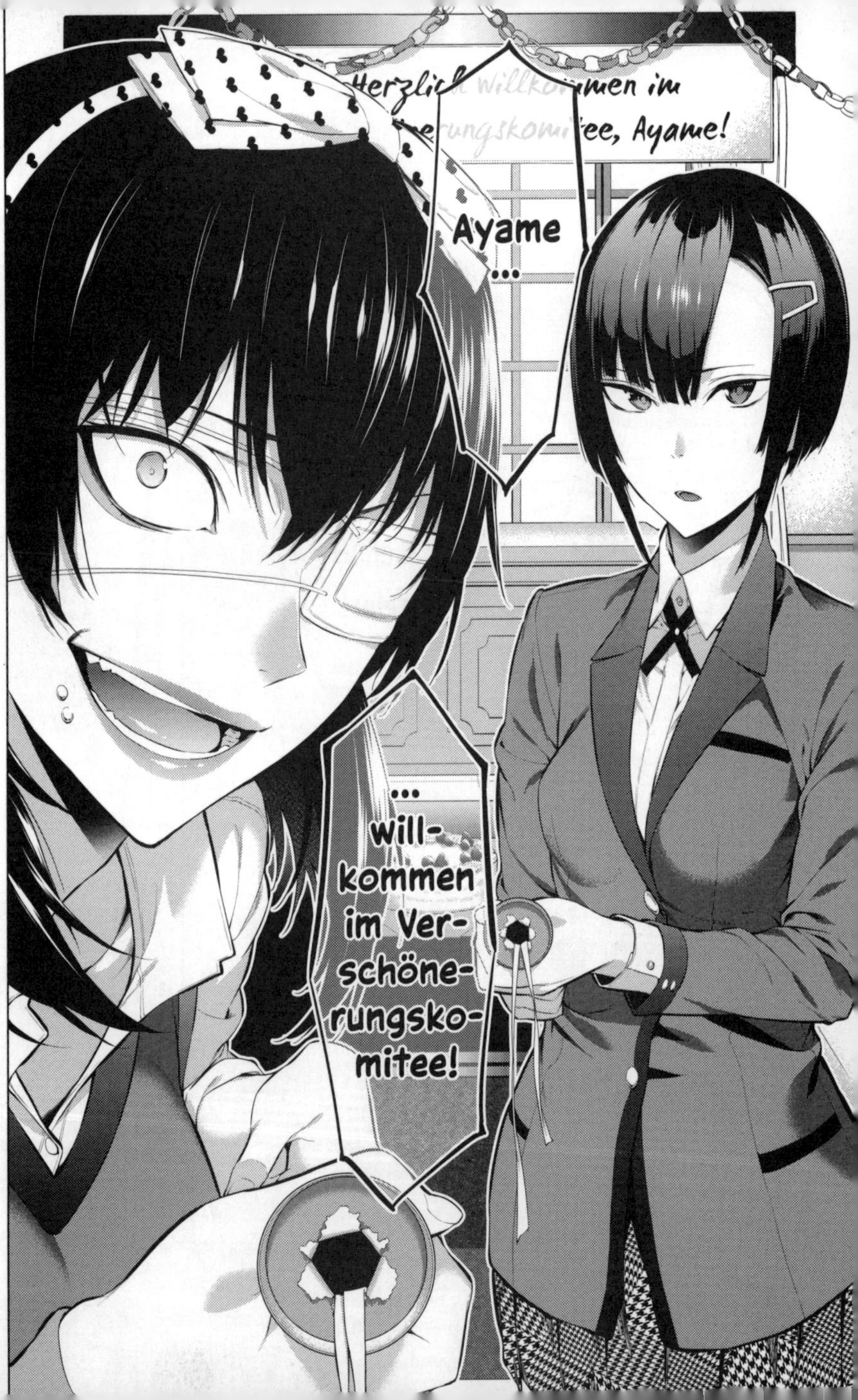
Herzlich Willkommen im
…rungskomi…ee, Ayame!
Ayame …
… willkommen im Verschönerungskomitee!

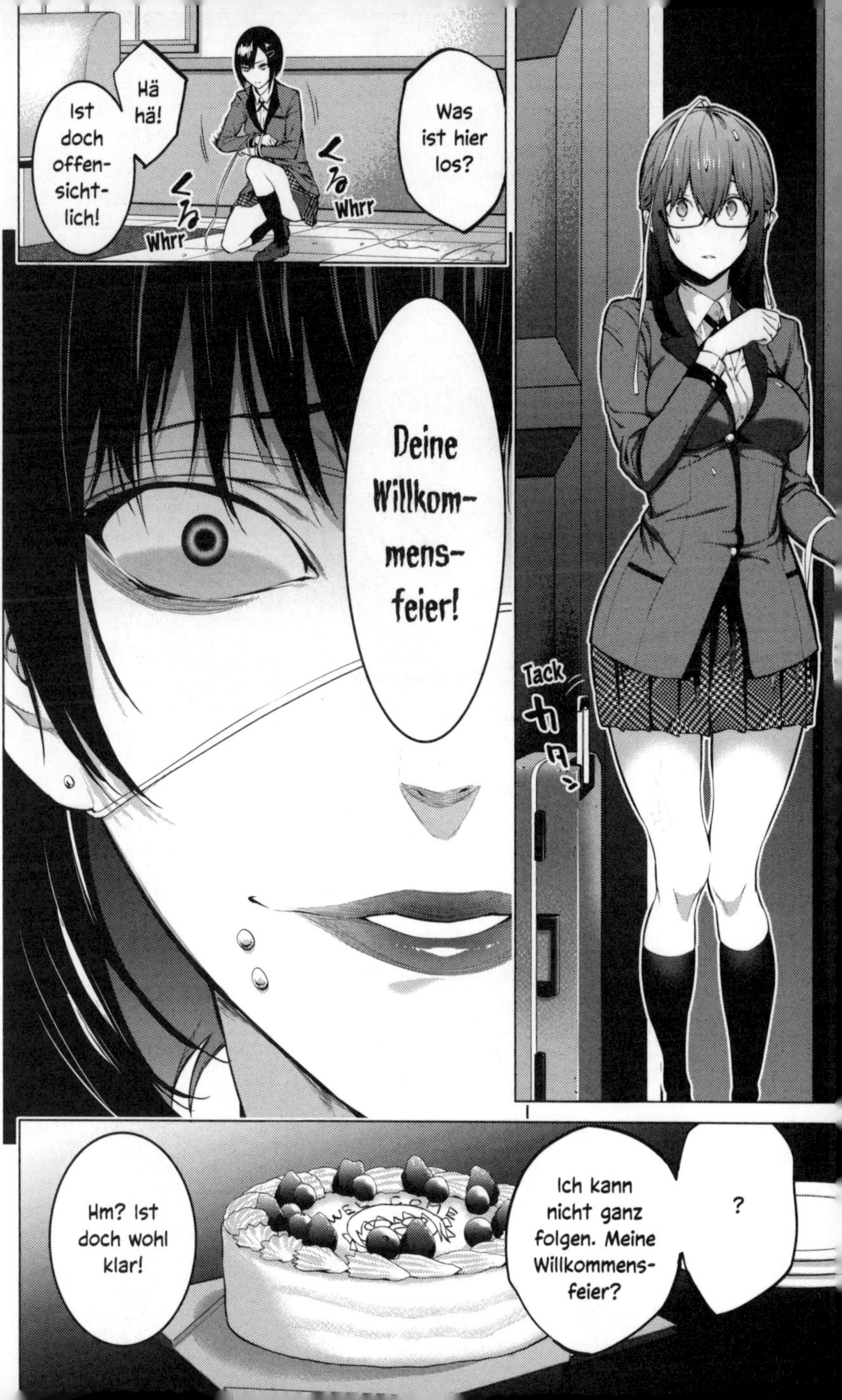
Was ist hier los?
Hä hä!
Ist doch offen-sicht-lich!
Whrr
Whrr
Deine Willkom-mens-feier!
Tack
?
Ich kann nicht ganz folgen. Meine Willkommens-feier?
Hm? Ist doch wohl klar!

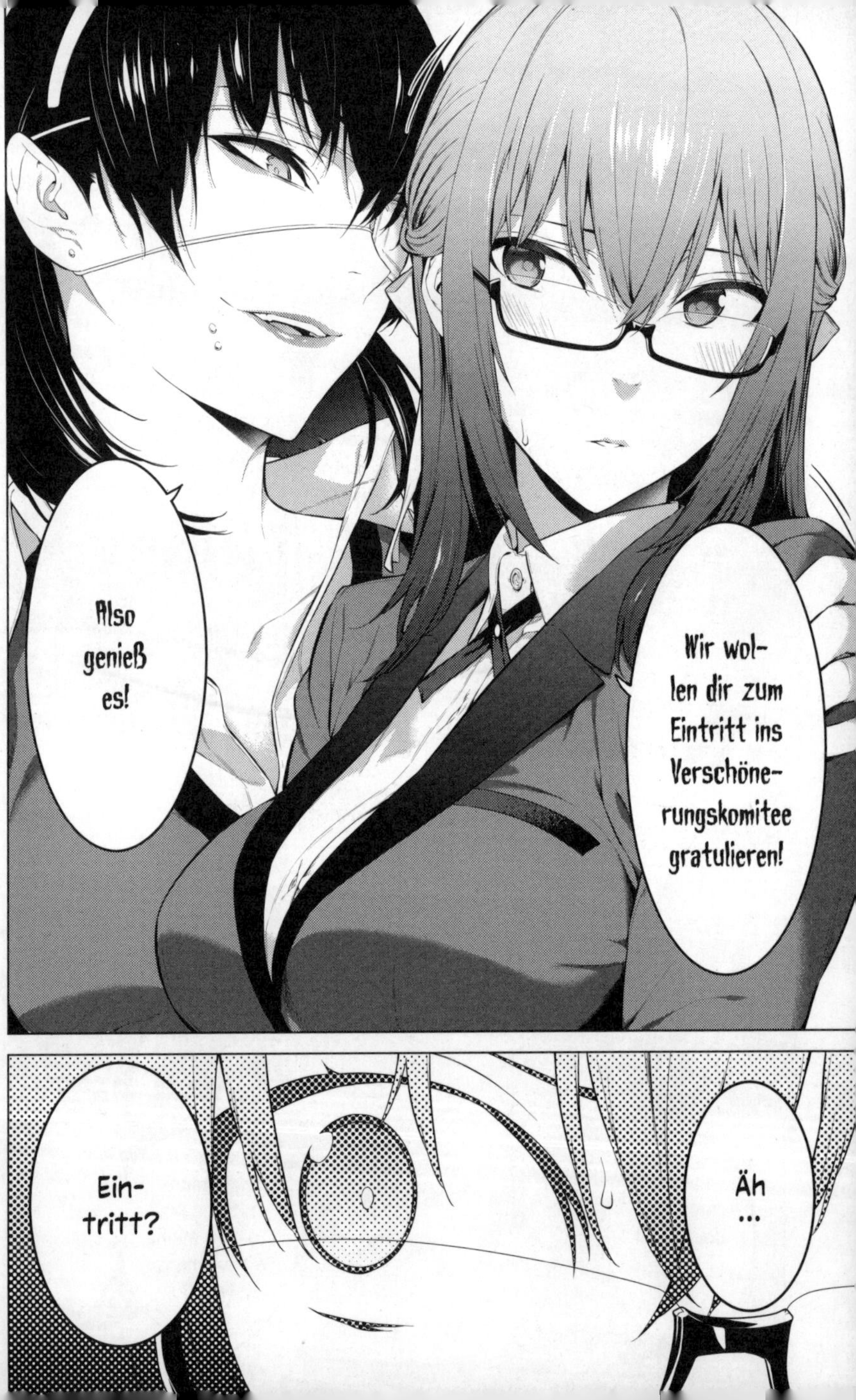
Wir wol-
len dir zum
Eintritt ins
Verschöne-
rungskomitee
gratulieren!
Also
genieß
es!
Äh
...
Ein-
tritt?

Kakegurui

Midari

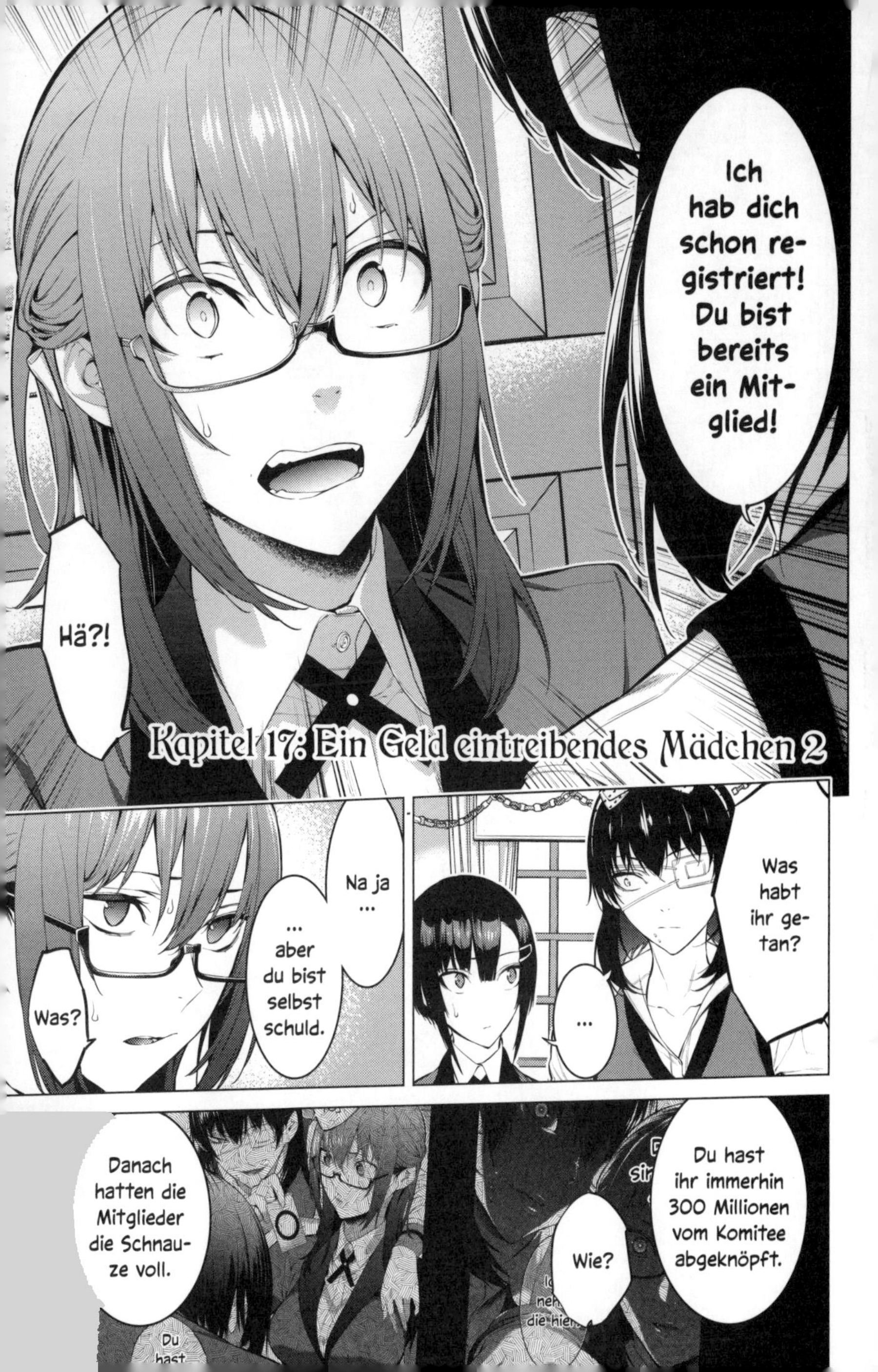
Ich hab dich schon re-gistriert! Du bist bereits ein Mit-glied!
Hä?!
Kapitel 17: Ein Geld eintreibendes Mädchen 2
Was habt ihr ge-tan?
...
Na ja ...
... aber du bist selbst schuld.
Was?
Du hast ihr immerhin 300 Millionen vom Komitee abgeknöpft.
Wie?
Danach hatten die Mitglieder die Schnau-ze voll.

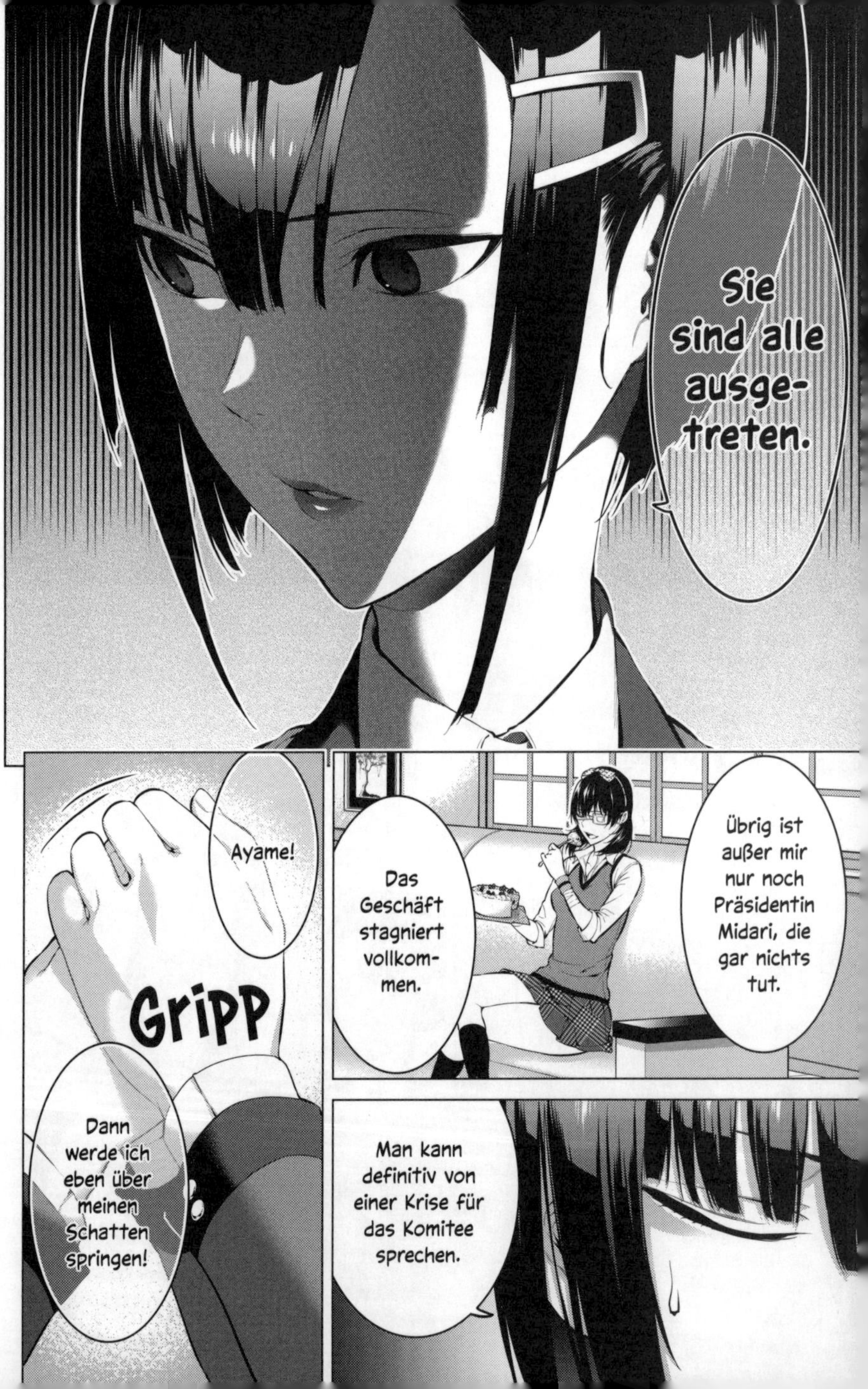
Sie sind alle ausge-treten.
Übrig ist außer mir nur noch Präsidentin Midari, die gar nichts tut.
Das Geschäft stagniert vollkom-men.
Ayame!
Gripp
Man kann definitiv von einer Krise für das Komitee sprechen.
Dann werde ich eben über meinen Schatten springen!

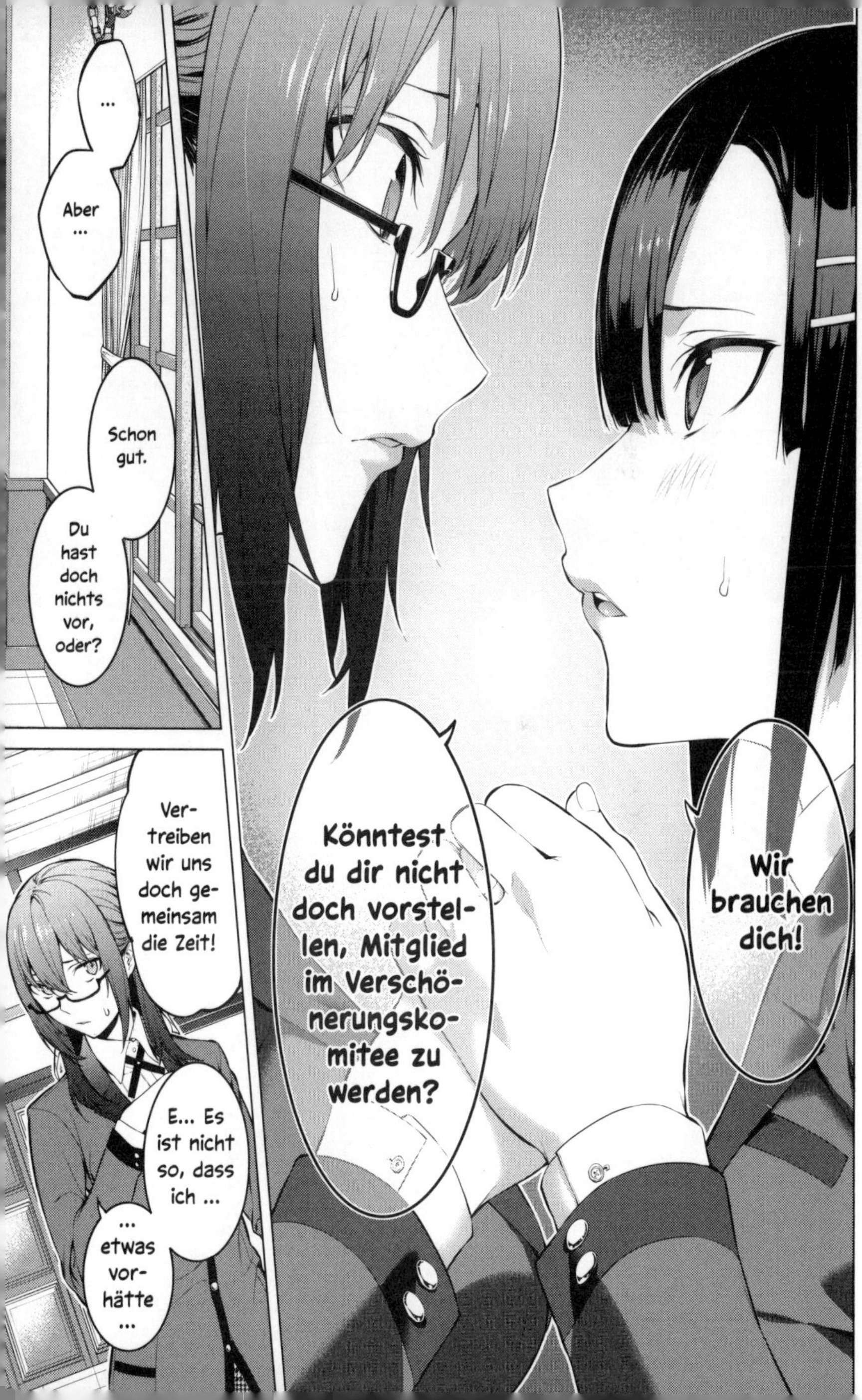

Wir brauchen dich!
Könntest du dir nicht doch vorstellen, Mitglied im Verschönerungskomitee zu werden?
...
Aber ...
Schon gut.
Du hast doch nichts vor, oder?
Vertreiben wir uns doch gemeinsam die Zeit!
E... Es ist nicht so, dass ich ...
... etwas vorhätte ...

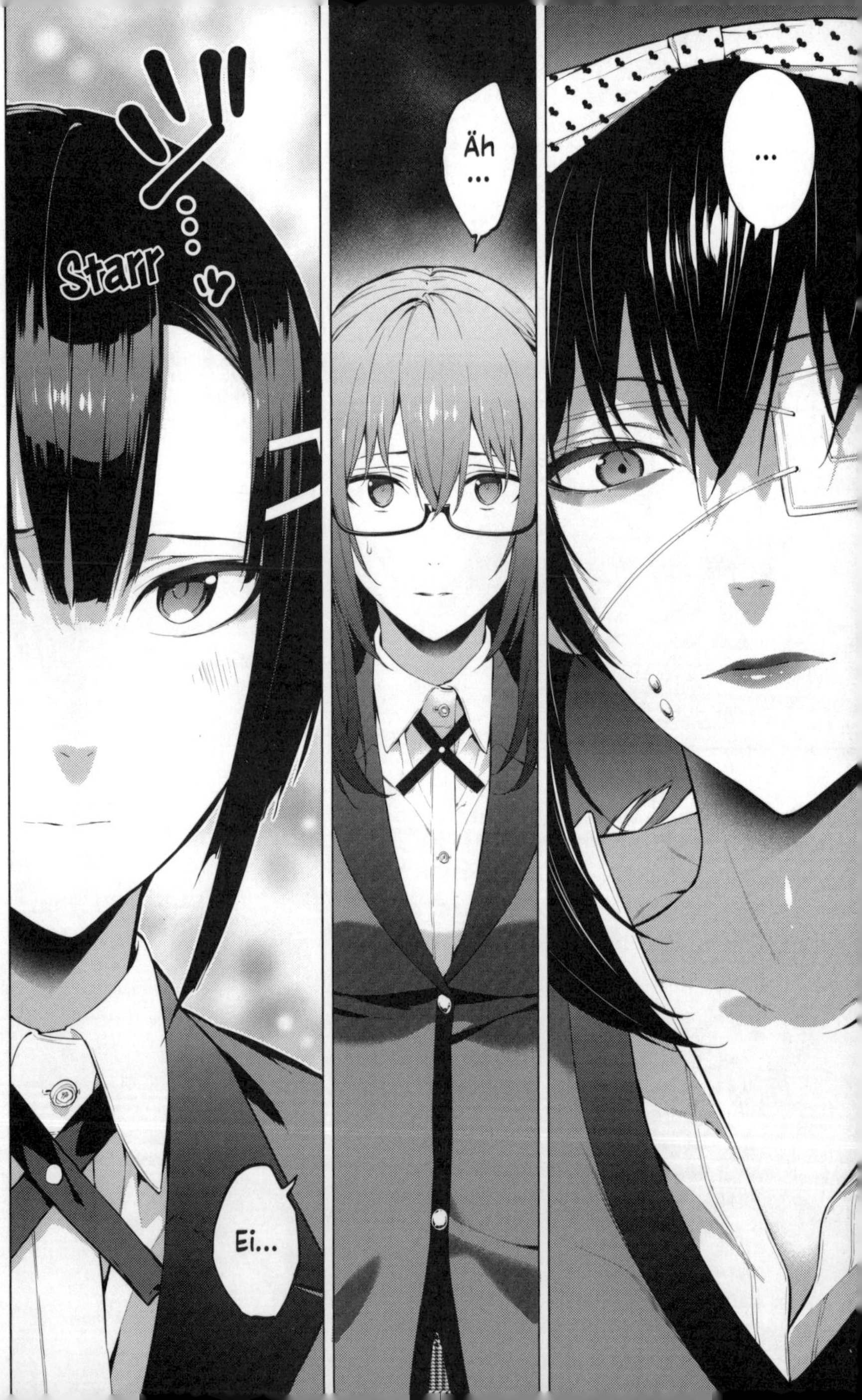

...
Äh ...
Starr
Ei...

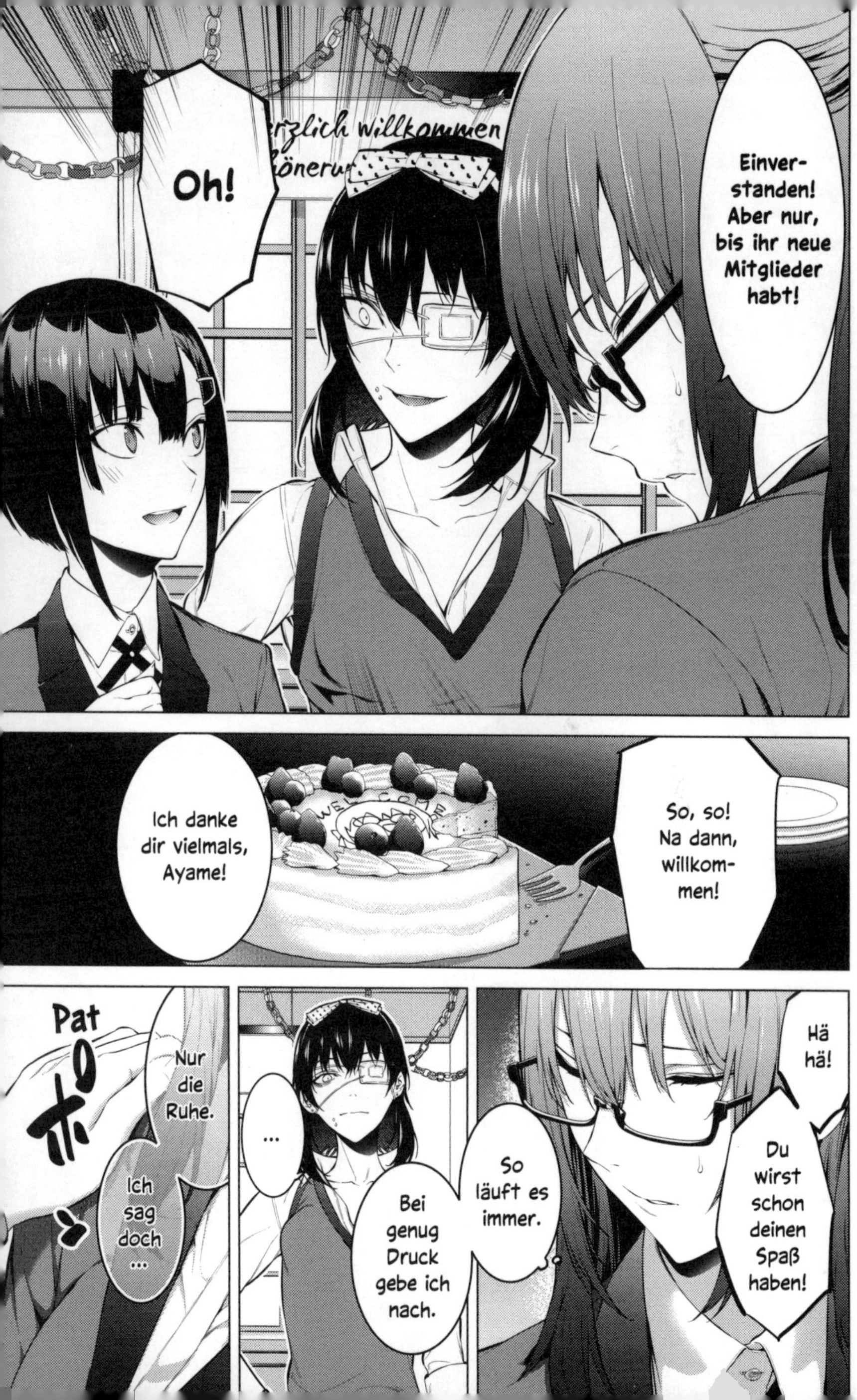
Einverstanden! Aber nur, bis ihr neue Mitglieder habt!
Oh!
So, so! Na dann, willkommen!
Ich danke dir vielmals, Ayame!
Hä hä!
Du wirst schon deinen Spaß haben!
So läuft es immer.
Bei genug Druck gebe ich nach.
...
Nur die Ruhe.
Ich sag doch ...
Pat

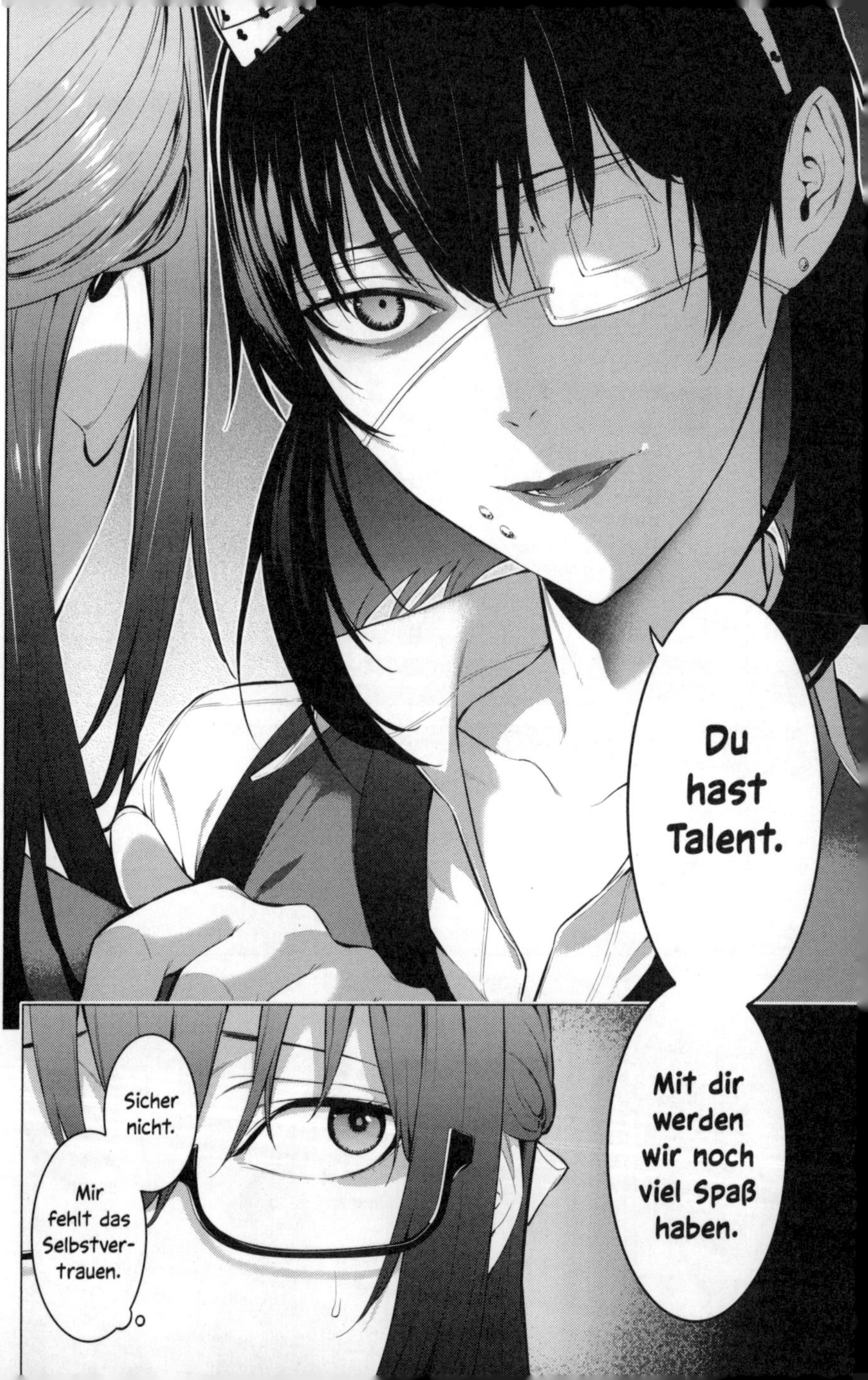
Du hast Talent.
Mit dir werden wir noch viel Spaß haben.
Sicher nicht.
Mir fehlt das Selbstver-trauen.

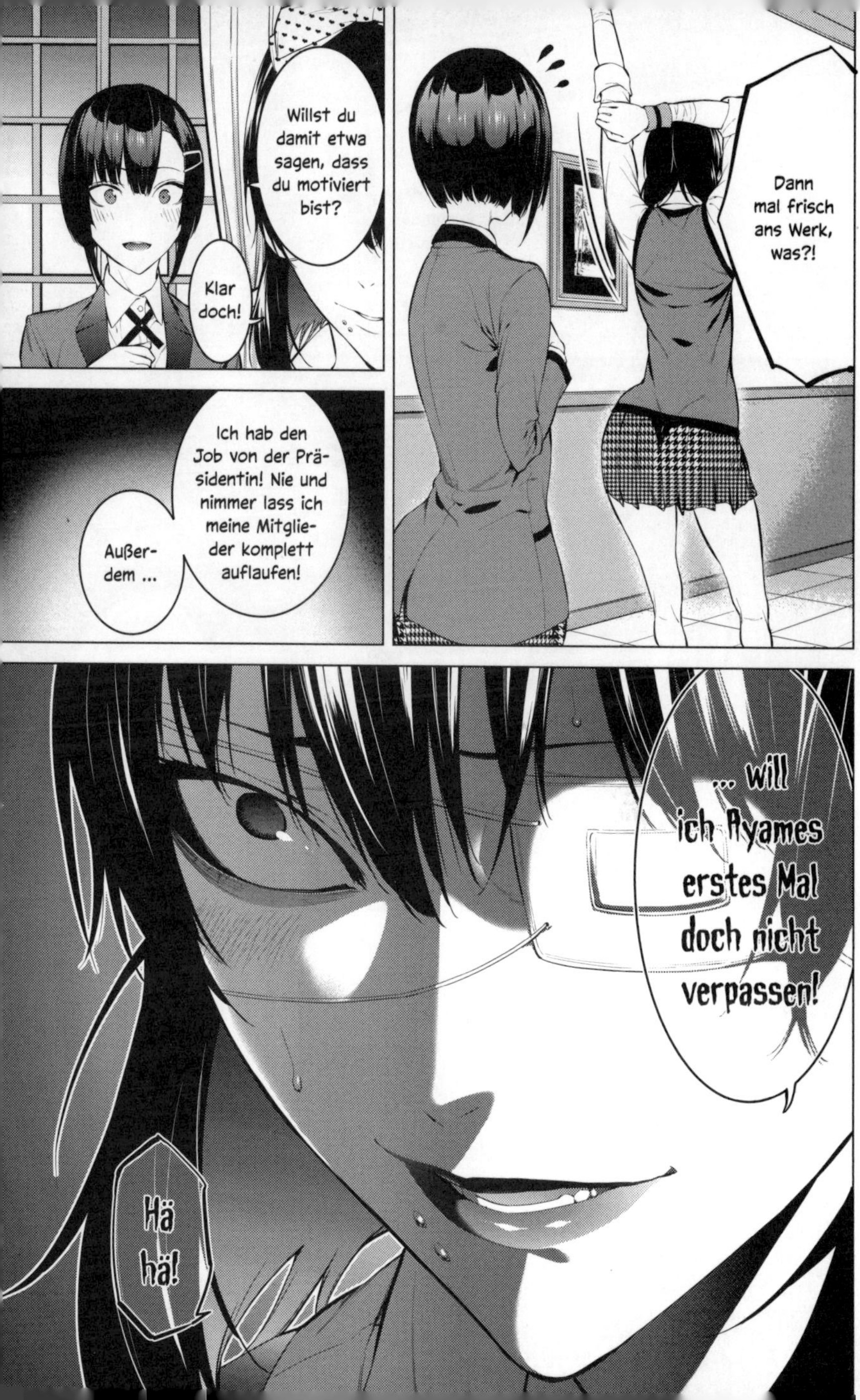
Dann mal frisch ans Werk, was?!
Willst du damit etwa sagen, dass du motiviert bist?
Klar doch!
Ich hab den Job von der Präsidentin! Nie und nimmer lass ich meine Mitglieder komplett auflaufen!
Außerdem ...
... will ich Ayames erstes Mal doch nicht verpassen!
Hä hä!

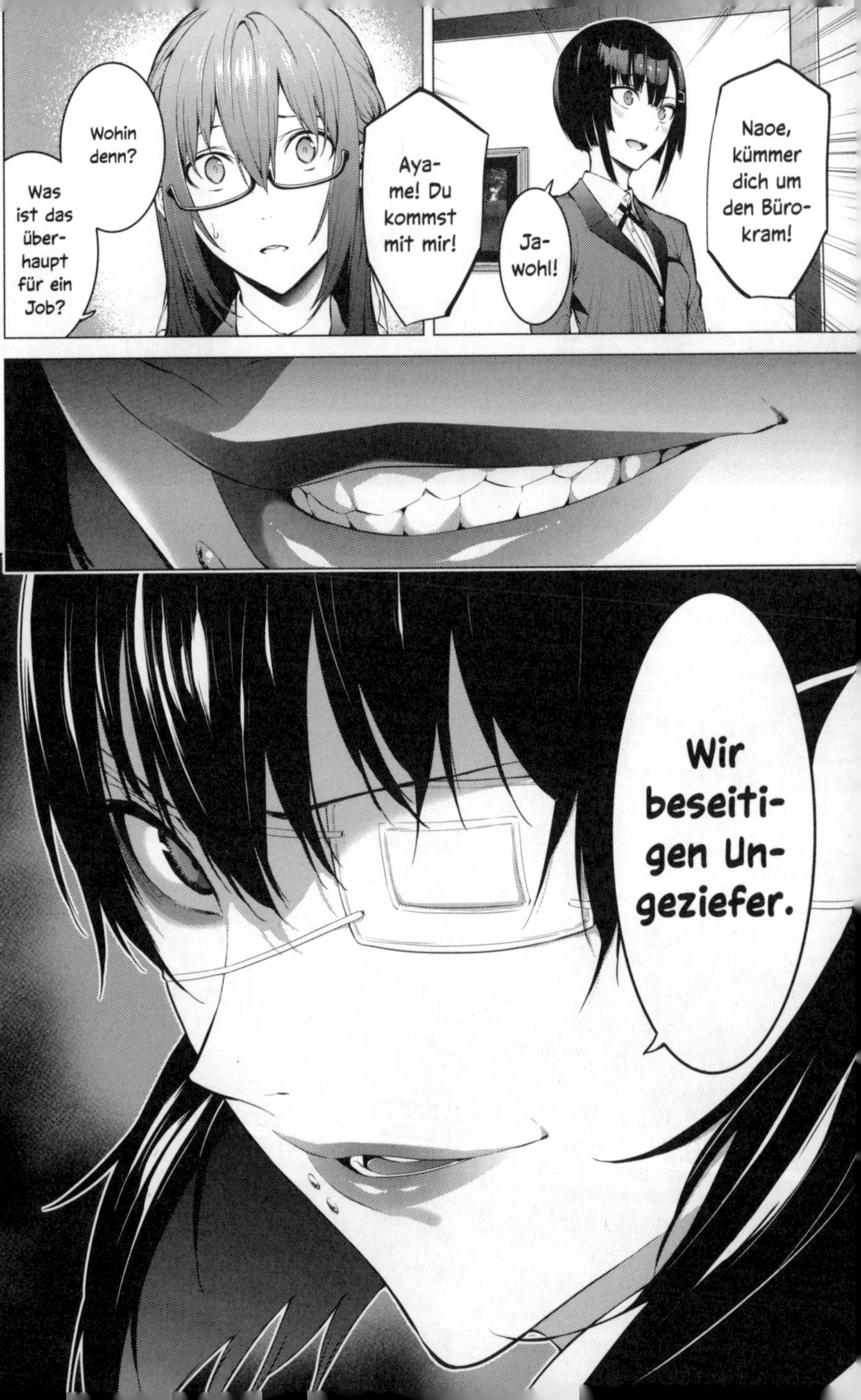
Naoe, kümmer dich um den Bürokram!
Jawohl!
Ayame! Du kommst mit mir!
Wohin denn?
Was ist das überhaupt für ein Job?
Wir beseitigen Ungeziefer.

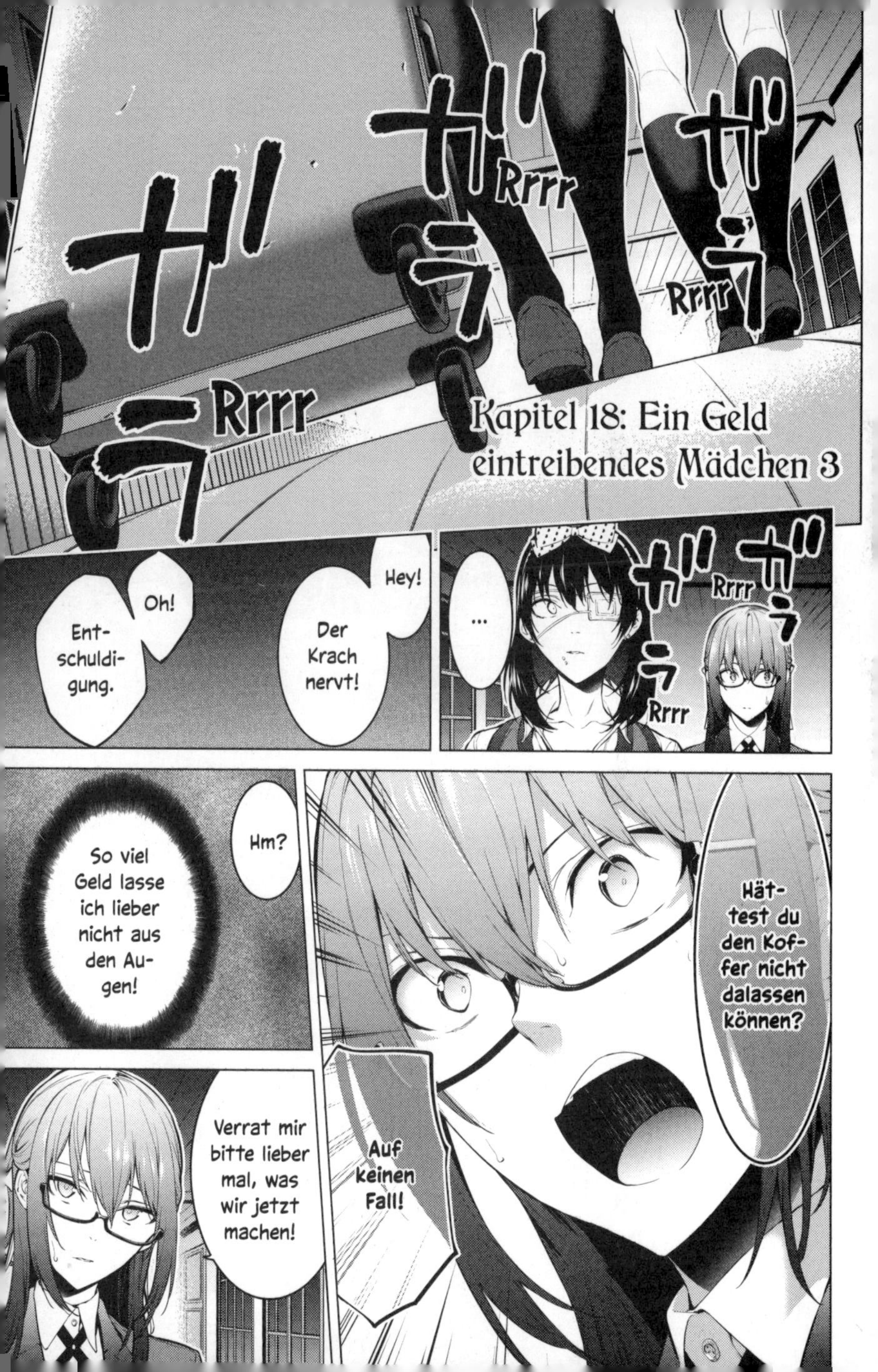
ガラ Rrrr
ガラ Rrrr
ガラ Rrrr
Kapitel 18: Ein Geld eintreibendes Mädchen 3
ガラ Rrrr
ガラ Rrrr
...
Hey! Der Krach nervt!
Oh! Entschuldigung.
Hätt-test du den Kof-fer nicht dalassen können?
Hm?
So viel Geld lasse ich lieber nicht aus den Au-gen!
Auf keinen Fall!
Verrat mir bitte lieber mal, was wir jetzt machen!

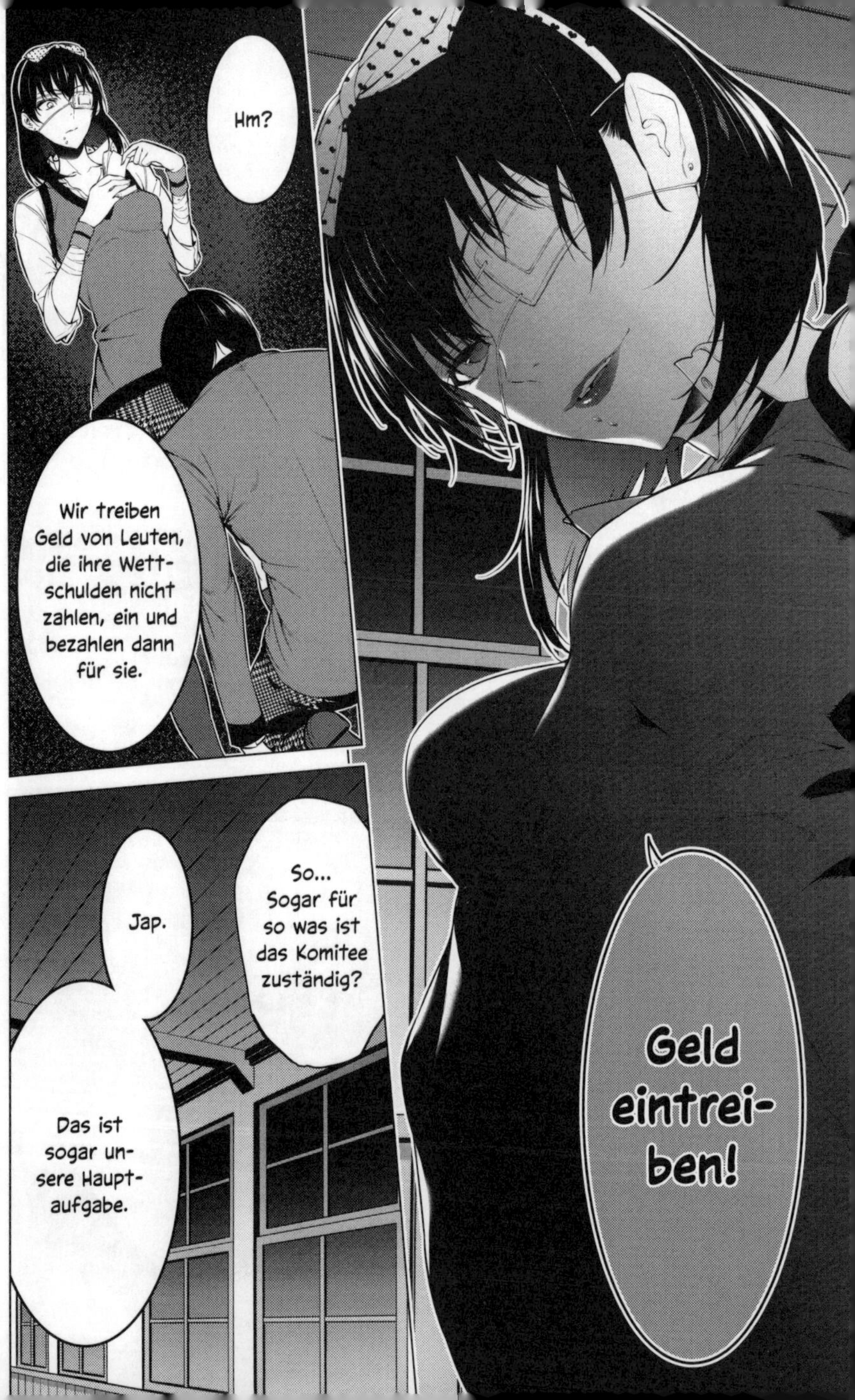
Geld eintrei-ben!
Hm?
Wir treiben Geld von Leuten, die ihre Wett-schulden nicht zahlen, ein und bezahlen dann für sie.
So... Sogar für so was ist das Komitee zuständig?
Jap.
Das ist sogar un-sere Haupt-aufgabe.

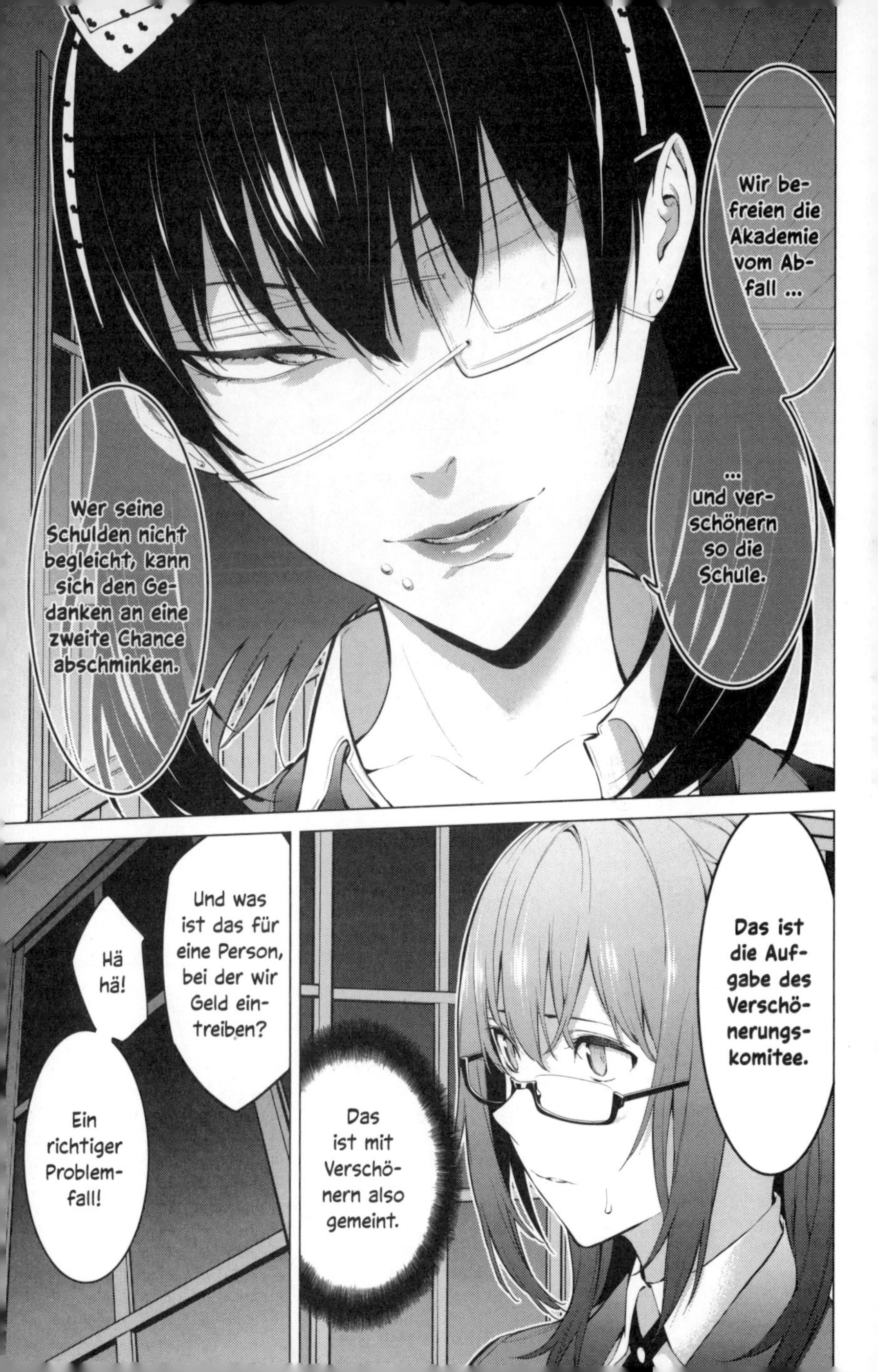
Wir befreien die Akademie vom Abfall ...
... und verschönern so die Schule.
Wer seine Schulden nicht begleicht, kann sich den Gedanken an eine zweite Chance abschminken.
Das ist die Aufgabe des Verschönerungskomitee.
Und was ist das für eine Person, bei der wir Geld eintreiben?
Hä hä!
Ein richtiger Problemfall!
Das ist mit Verschönern also gemeint.

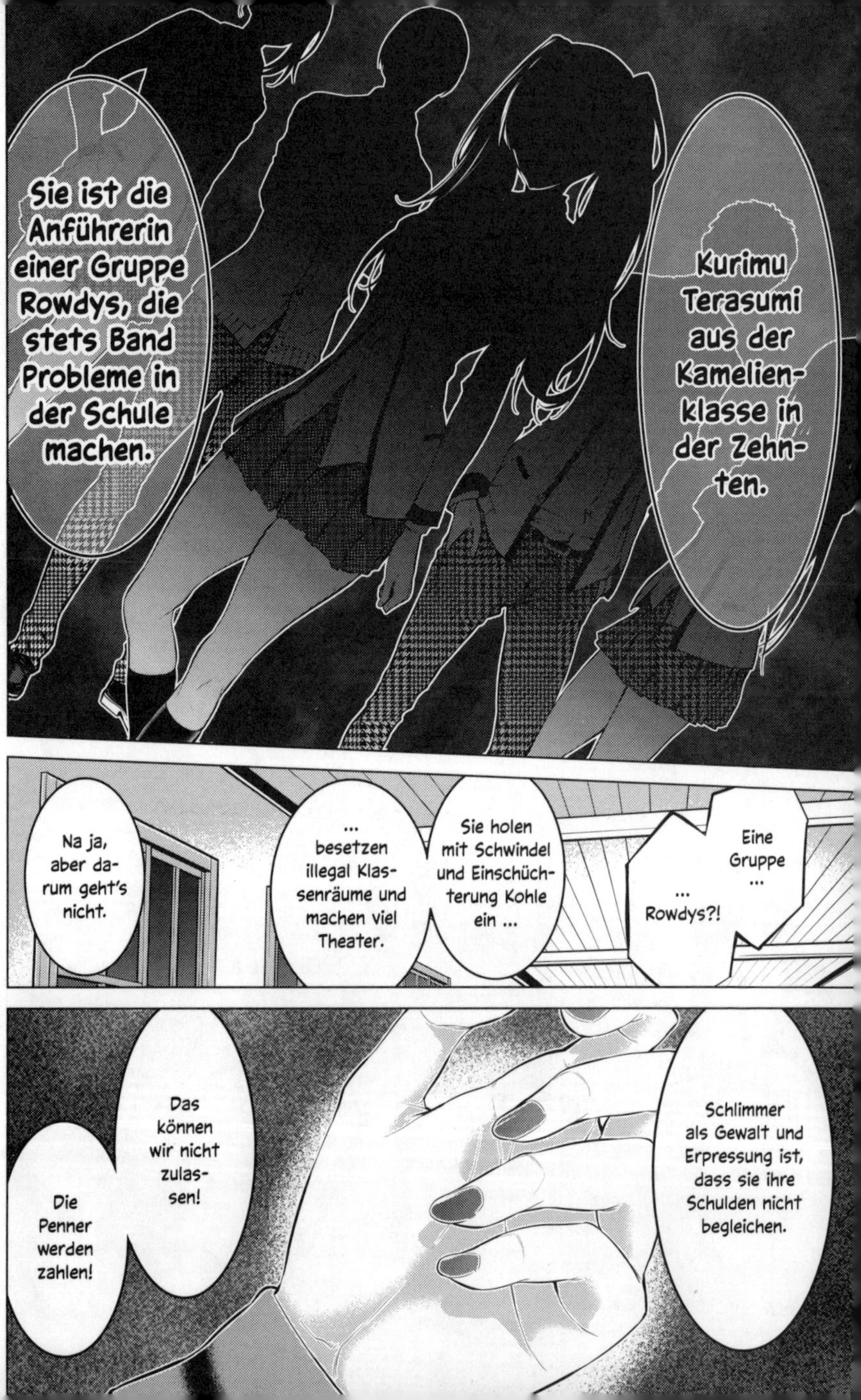
Kurimu Terasumi aus der Kamelienklasse in der Zehnten.
Sie ist die Anführerin einer Gruppe Rowdys, die stets Band Probleme in der Schule machen.
Eine Gruppe … … Rowdys?!
Sie holen mit Schwindel und Einschüchterung Kohle ein …
… besetzen illegal Klassenräume und machen viel Theater.
Na ja, aber darum geht's nicht.
Schlimmer als Gewalt und Erpressung ist, dass sie ihre Schulden nicht begleichen.
Das können wir nicht zulassen!
Die Penner werden zahlen!

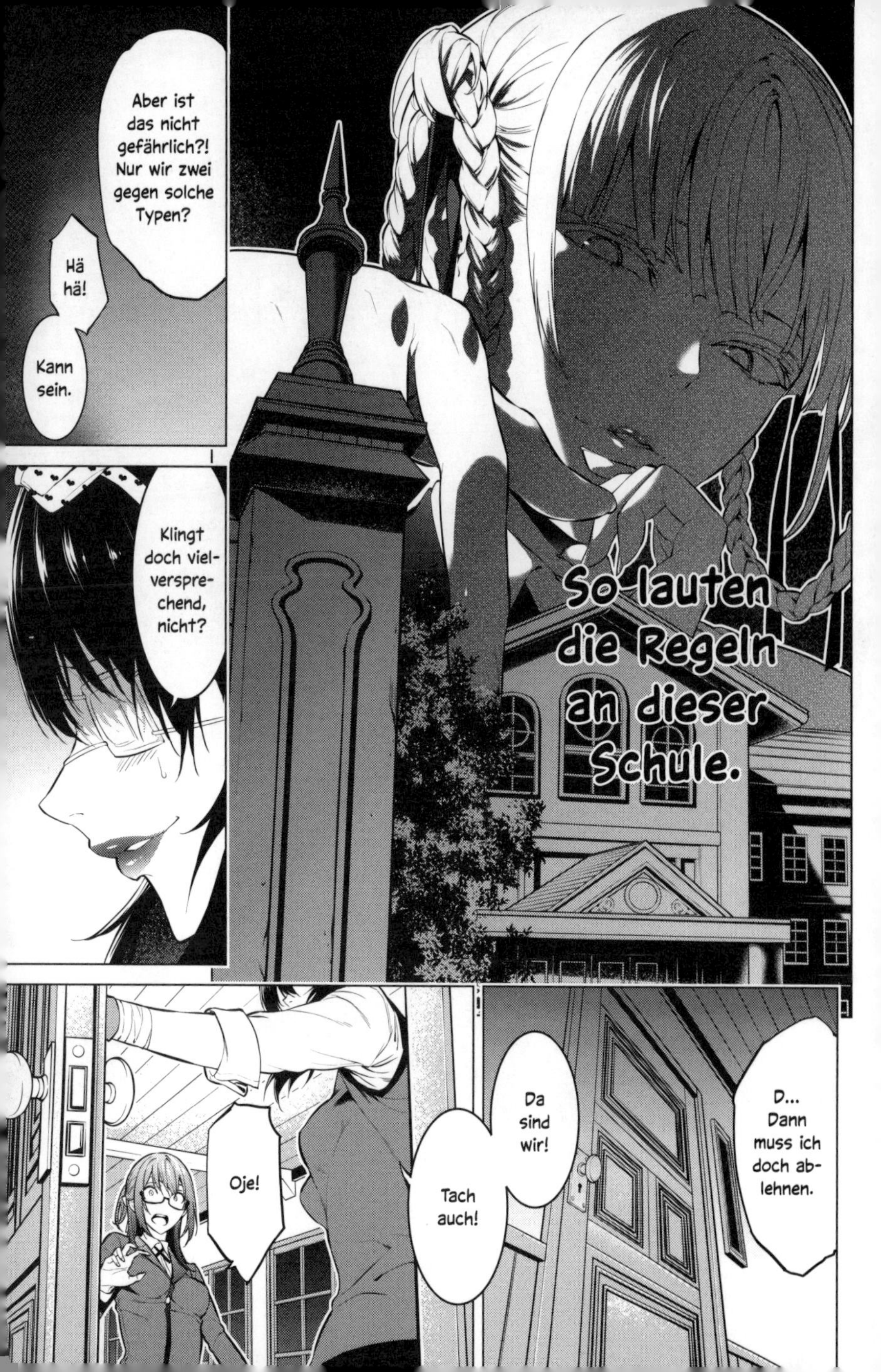
Aber ist das nicht gefährlich?! Nur wir zwei gegen solche Typen?
Hä hä!
Kann sein.
So lauten die Regeln an dieser Schule.
Klingt doch vielversprechend, nicht?
D... Dann muss ich doch ablehnen.
Da sind wir!
Tach auch!
Oje!

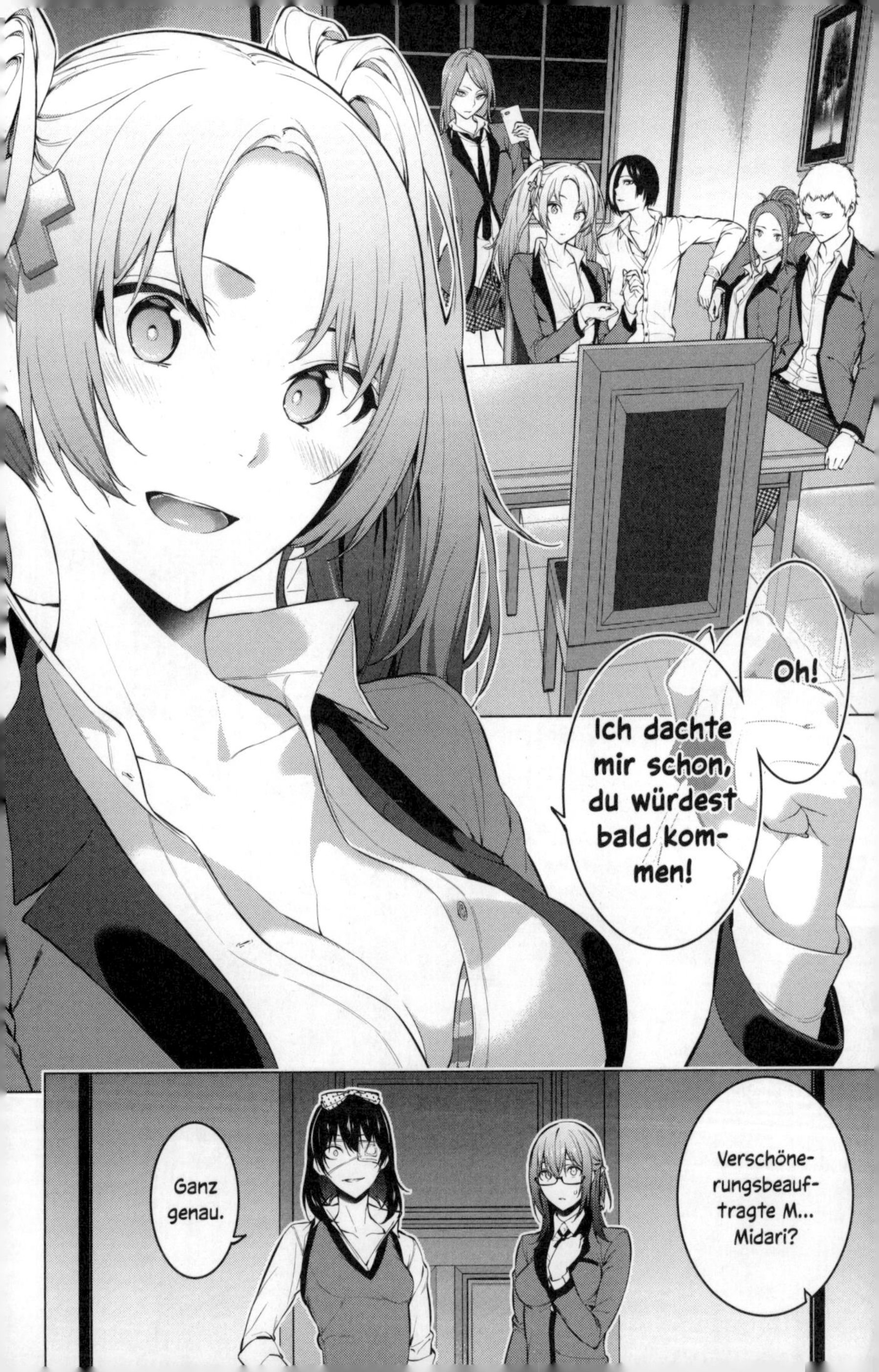
Oh!
Ich dachte mir schon, du würdest bald kom-men!
Verschöne-rungsbeauf-tragte M... Midari?
Ganz genau.

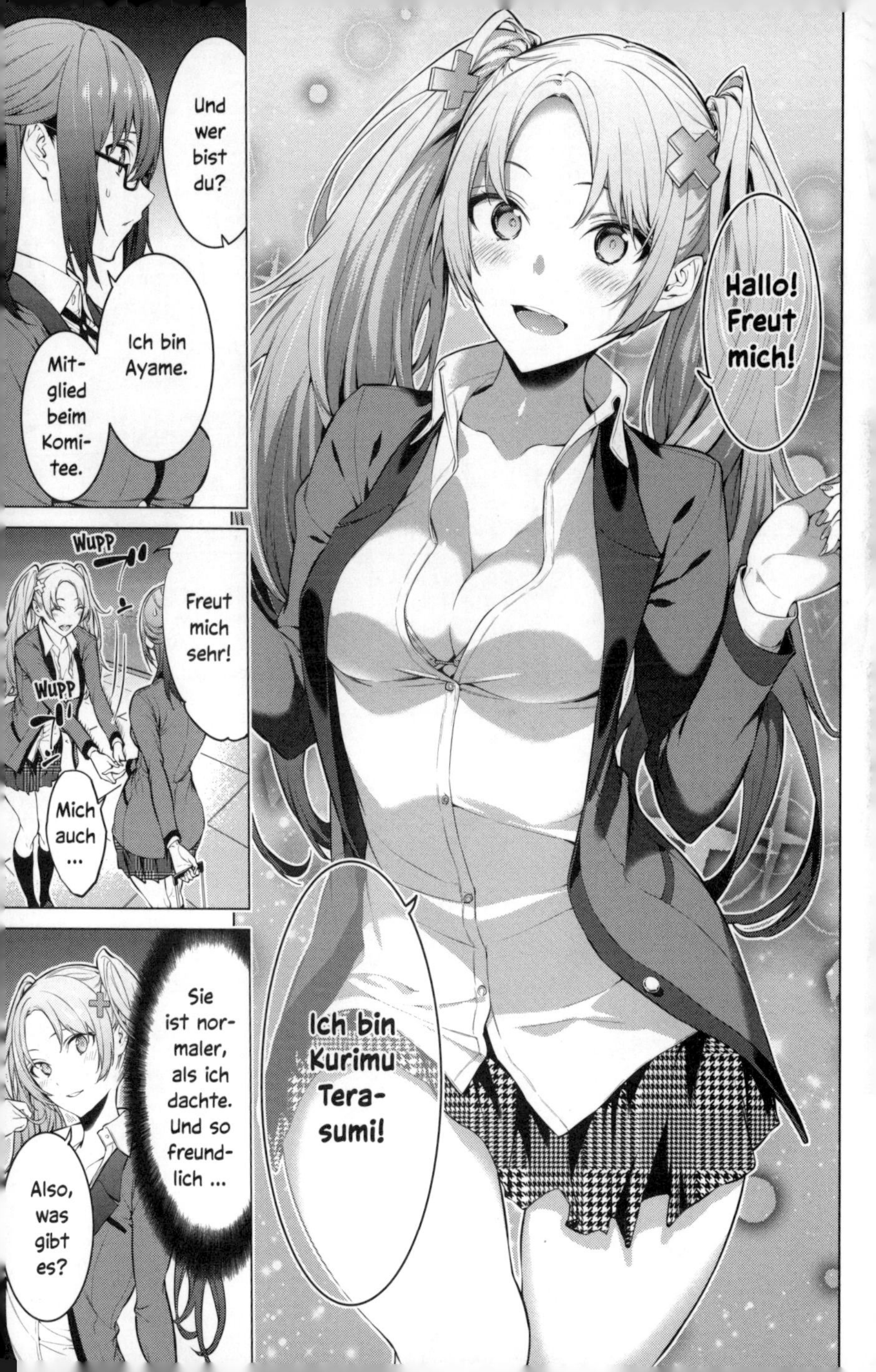
Hallo! Freut mich!
Ich bin Kurimu Tera-sumi!
Und wer bist du?
Ich bin Ayame.
Mit-glied beim Komi-tee.
WUPP
Freut mich sehr!
WUPP
Mich auch ...
Sie ist nor-maler, als ich dachte. Und so freund-lich ...
Also, was gibt es?

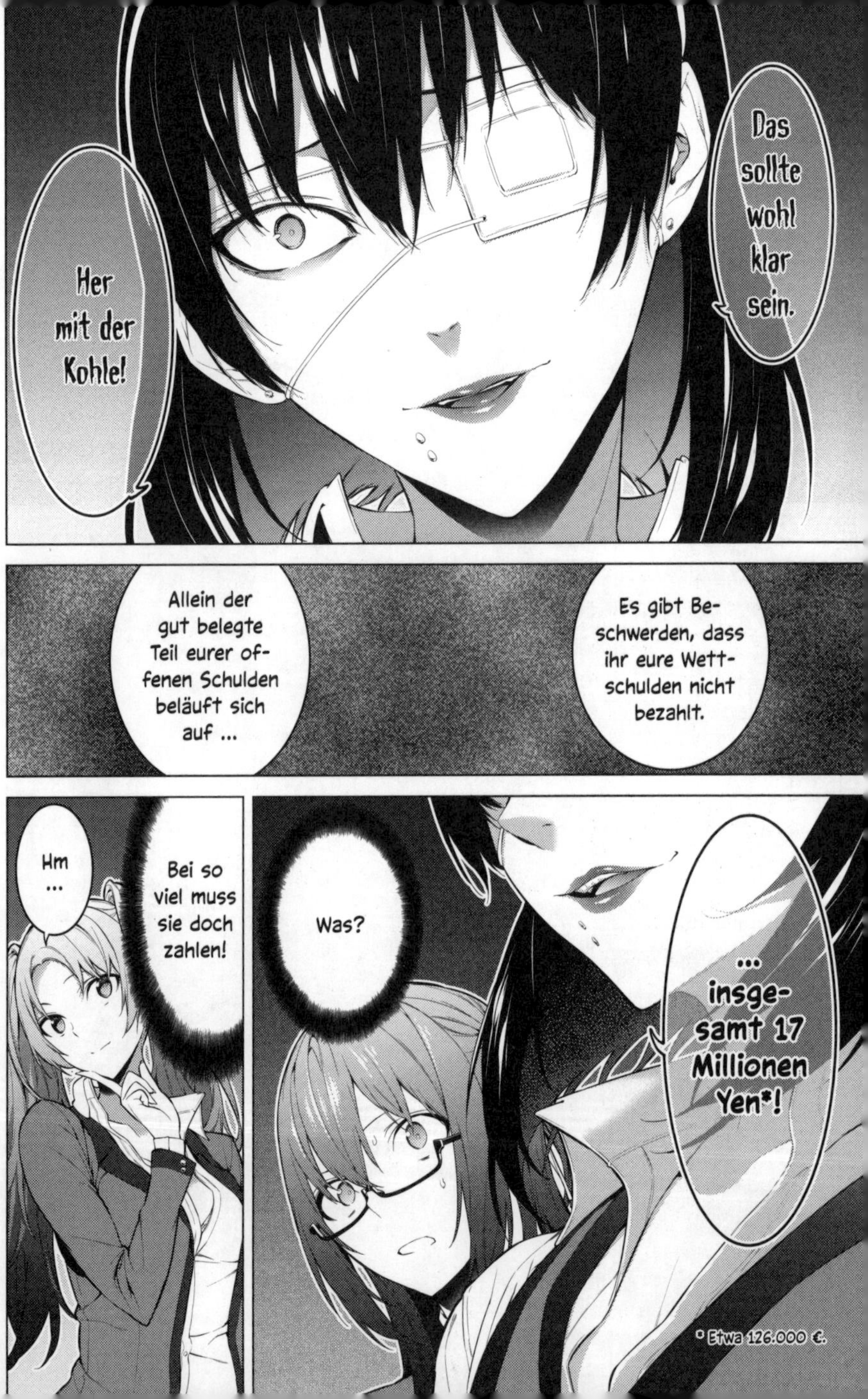
Das sollte wohl klar sein.
Her mit der Kohle!
Es gibt Beschwerden, dass ihr eure Wettschulden nicht bezahlt.
Allein der gut belegte Teil eurer offenen Schulden beläuft sich auf ...
... insgesamt 17 Millionen Yen*!
Was?
Bei so viel muss sie doch zahlen!
Hm ...
* Etwa 126.000 €.

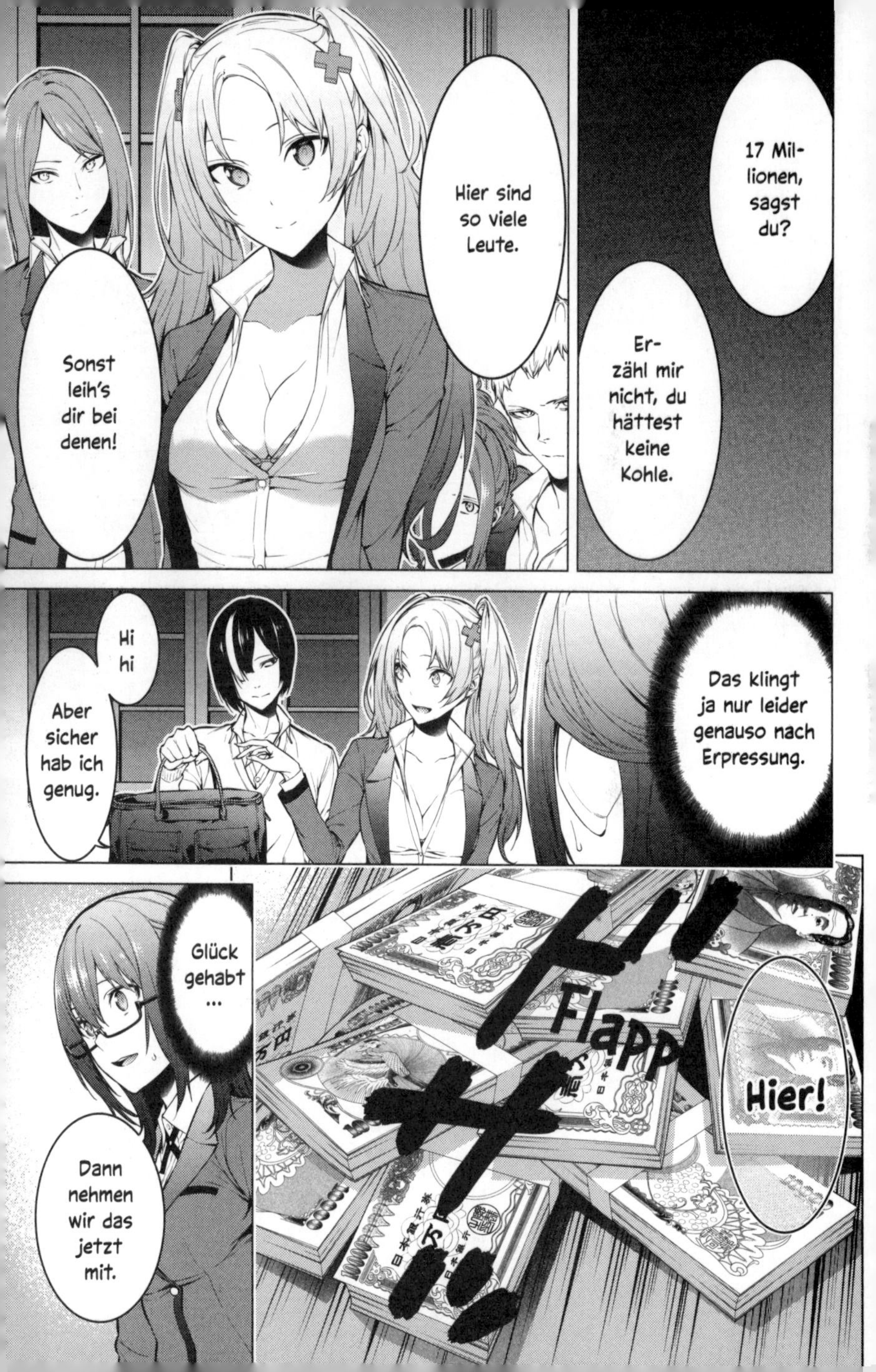
17 Millionen, sagst du?
Erzähl mir nicht, du hättest keine Kohle.
Hier sind so viele Leute.
Sonst leih's dir bei denen!
Das klingt ja nur leider genauso nach Erpressung.
Hi hi
Aber sicher hab ich genug.
Hier!
Flapp
Glück gehabt ...
Dann nehmen wir das jetzt mit.

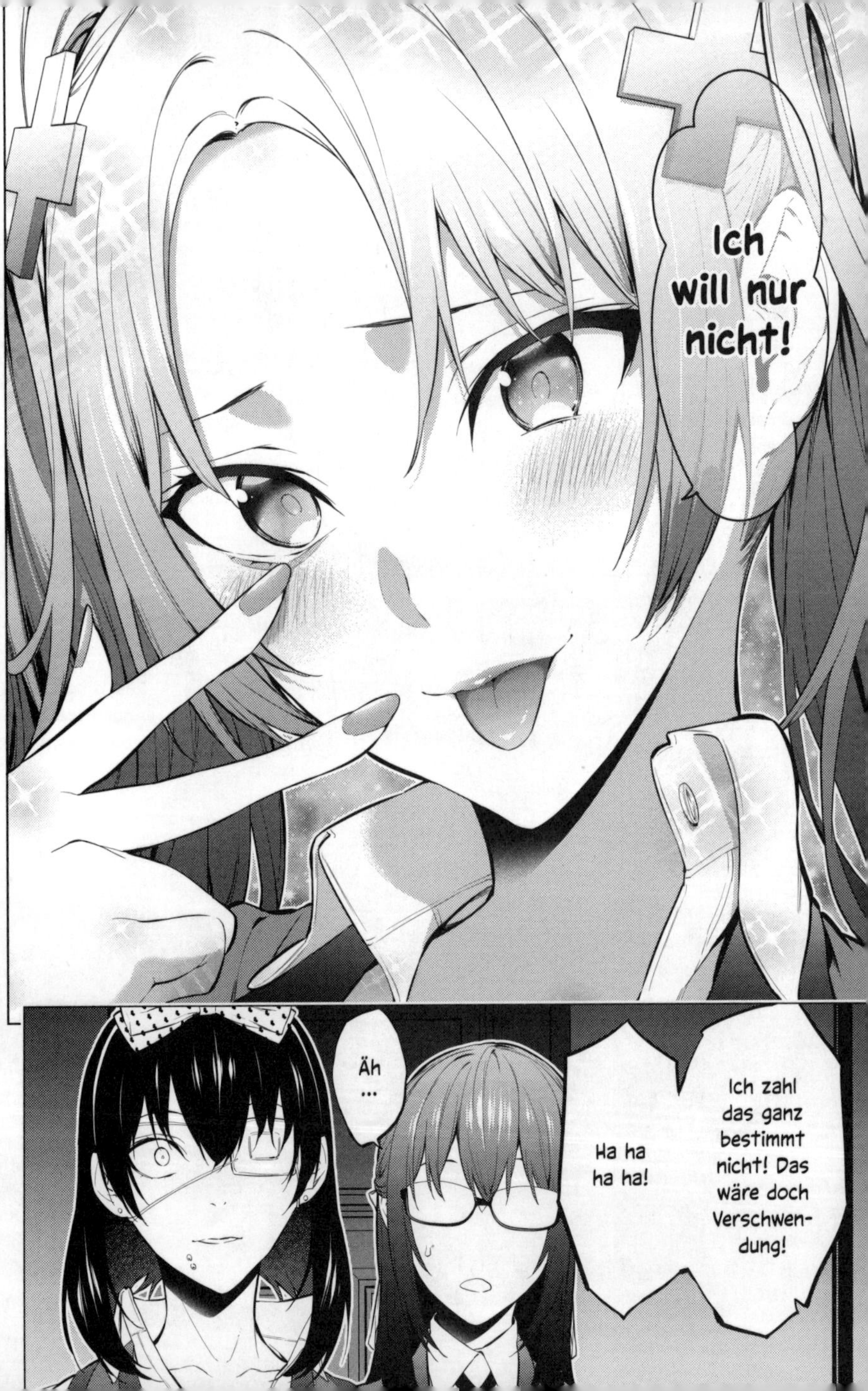
Ich will nur nicht!
Ich zahl das ganz bestimmt nicht! Das wäre doch Verschwendung!
Ha ha ha ha!
Äh ...

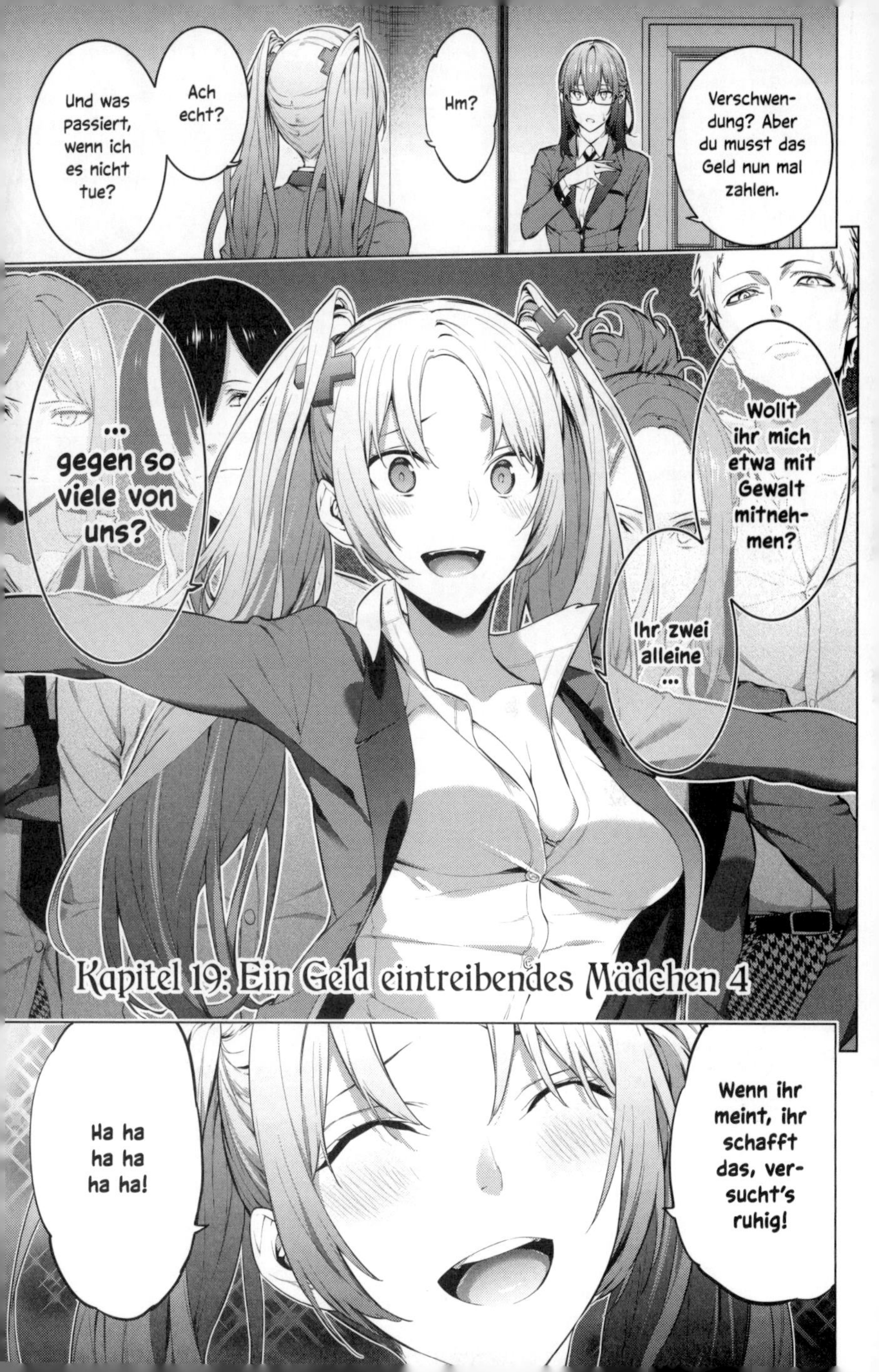
Verschwendung? Aber du musst das Geld nun mal zahlen.
Hm?
Ach echt?
Und was passiert, wenn ich es nicht tue?
Wollt ihr mich etwa mit Gewalt mitnehmen?
Ihr zwei alleine ...
... gegen so viele von uns?
Kapitel 19: Ein Geld eintreibendes Mädchen 4
Wenn ihr meint, ihr schafft das, versucht's ruhig!
Ha ha ha ha ha ha!

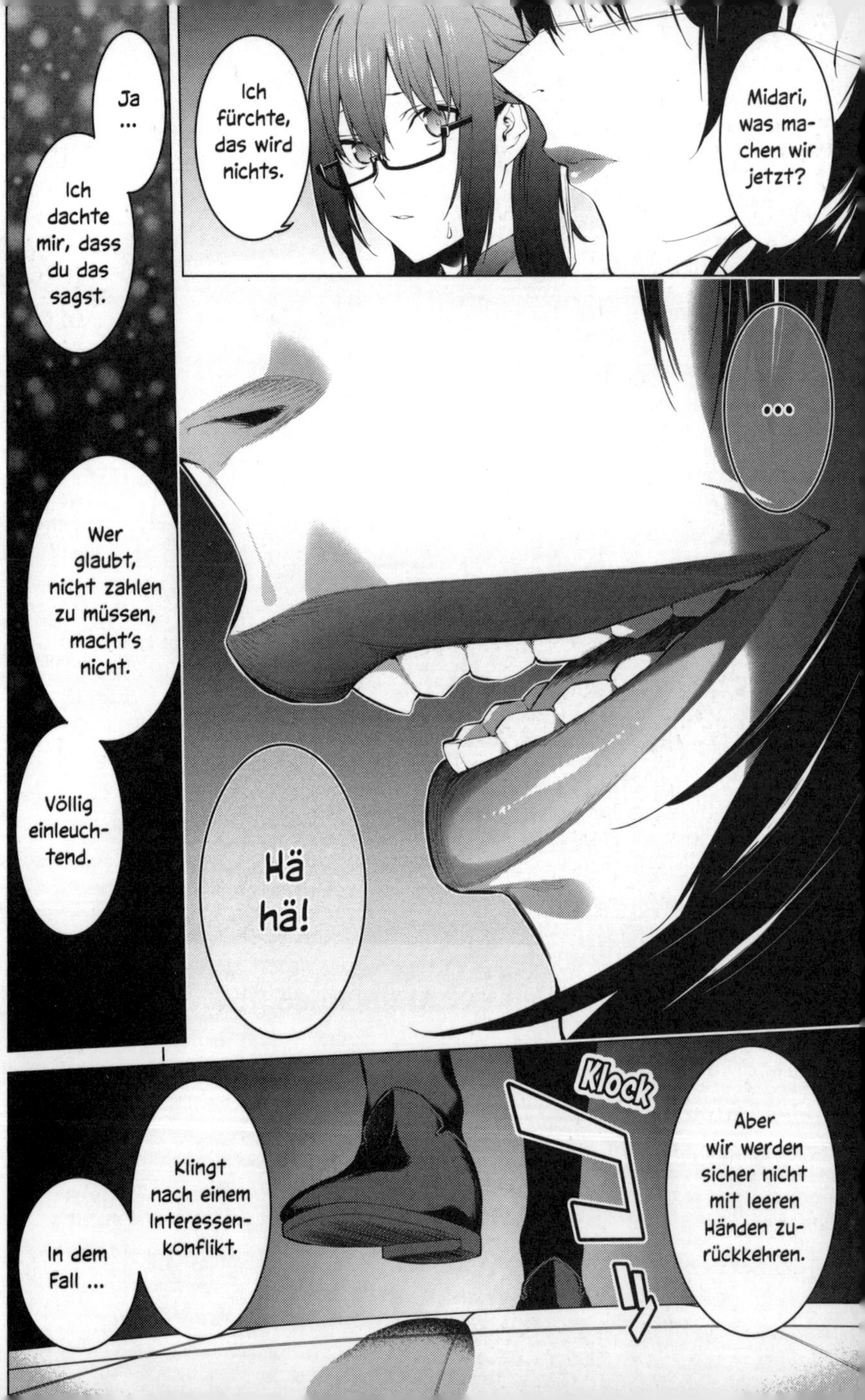
Midari, was machen wir jetzt?
Ich fürchte, das wird nichts.
Ja ...
Ich dachte mir, dass du das sagst.
...
Hä hä!
Wer glaubt, nicht zahlen zu müssen, macht's nicht.
Völlig einleuchtend.
Klock
Aber wir werden sicher nicht mit leeren Händen zurückkehren.
Klingt nach einem Interessenkonflikt.
In dem Fall ...

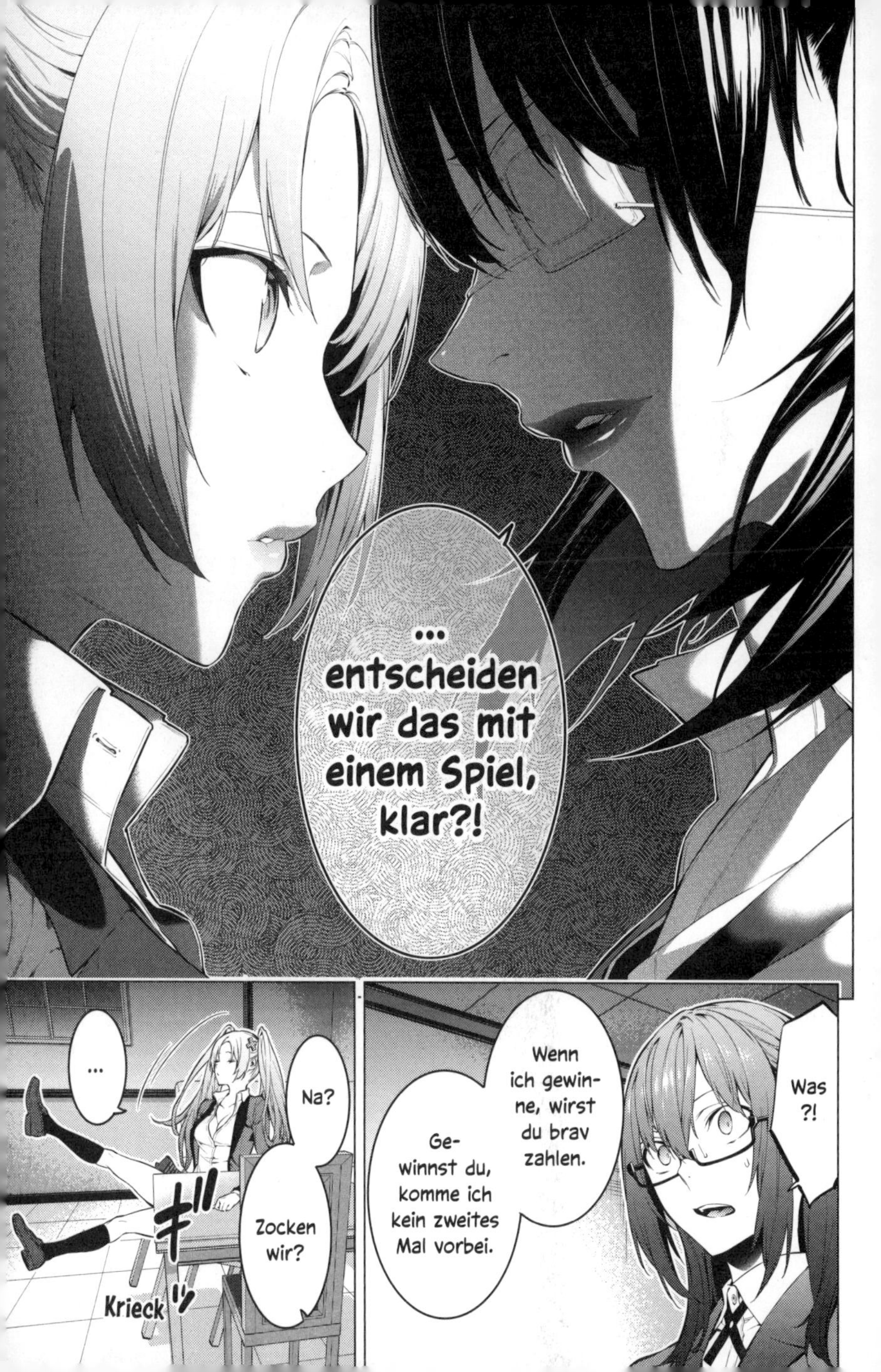
... entscheiden wir das mit einem Spiel, klar?!
Was ?!
Wenn ich gewinne, wirst du brav zahlen.
Ge-winnst du, komme ich kein zweites Mal vorbei.
Na?
Zocken wir?
...
Krieck

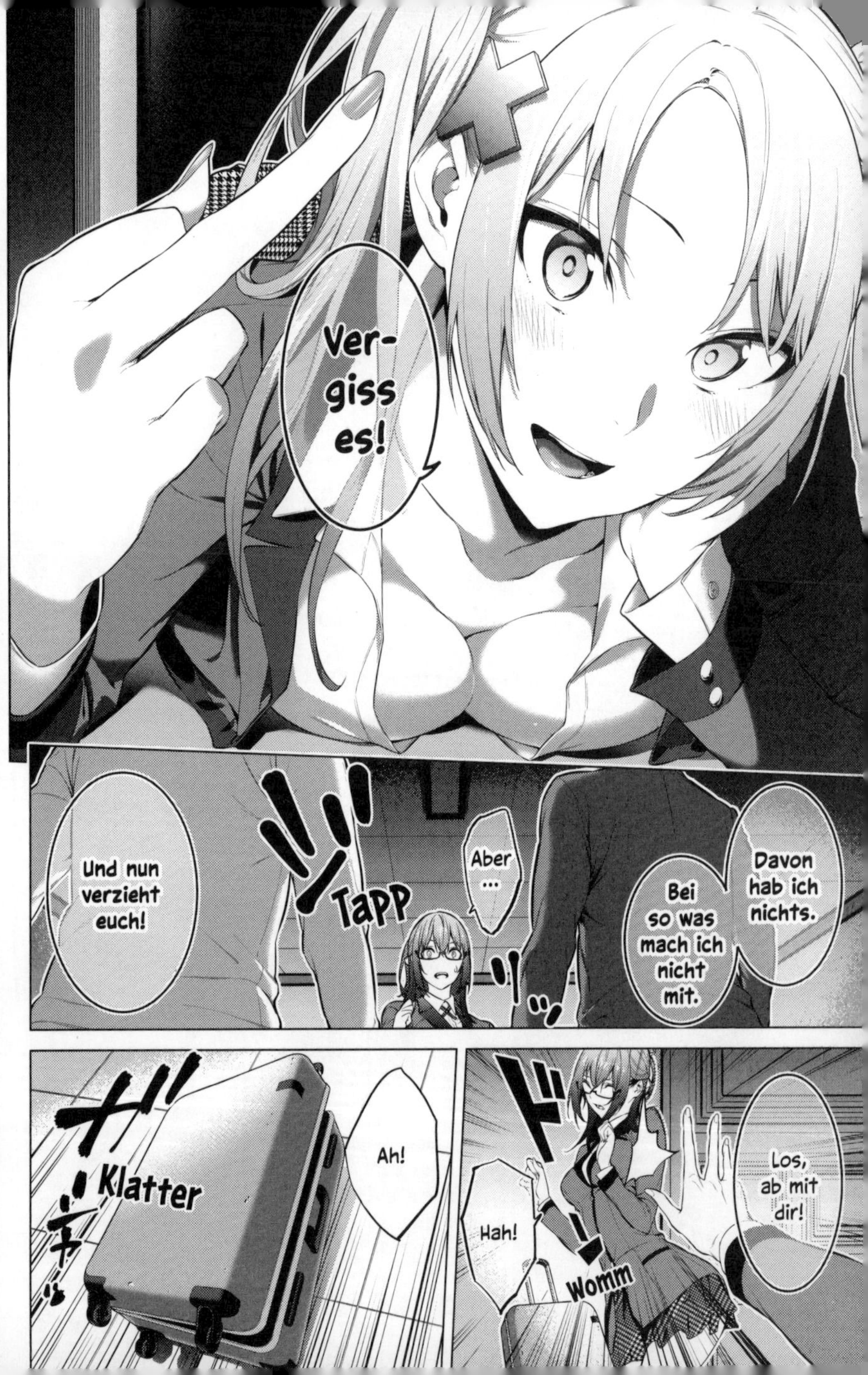
Ver-
giss
es!
Davon hab ich nichts.
Bei so was mach ich nicht mit.
Aber ...
Tapp
Und nun verzieht euch!
Los, ab mit dir!
Hah!
Womm
Ah!
Klatter

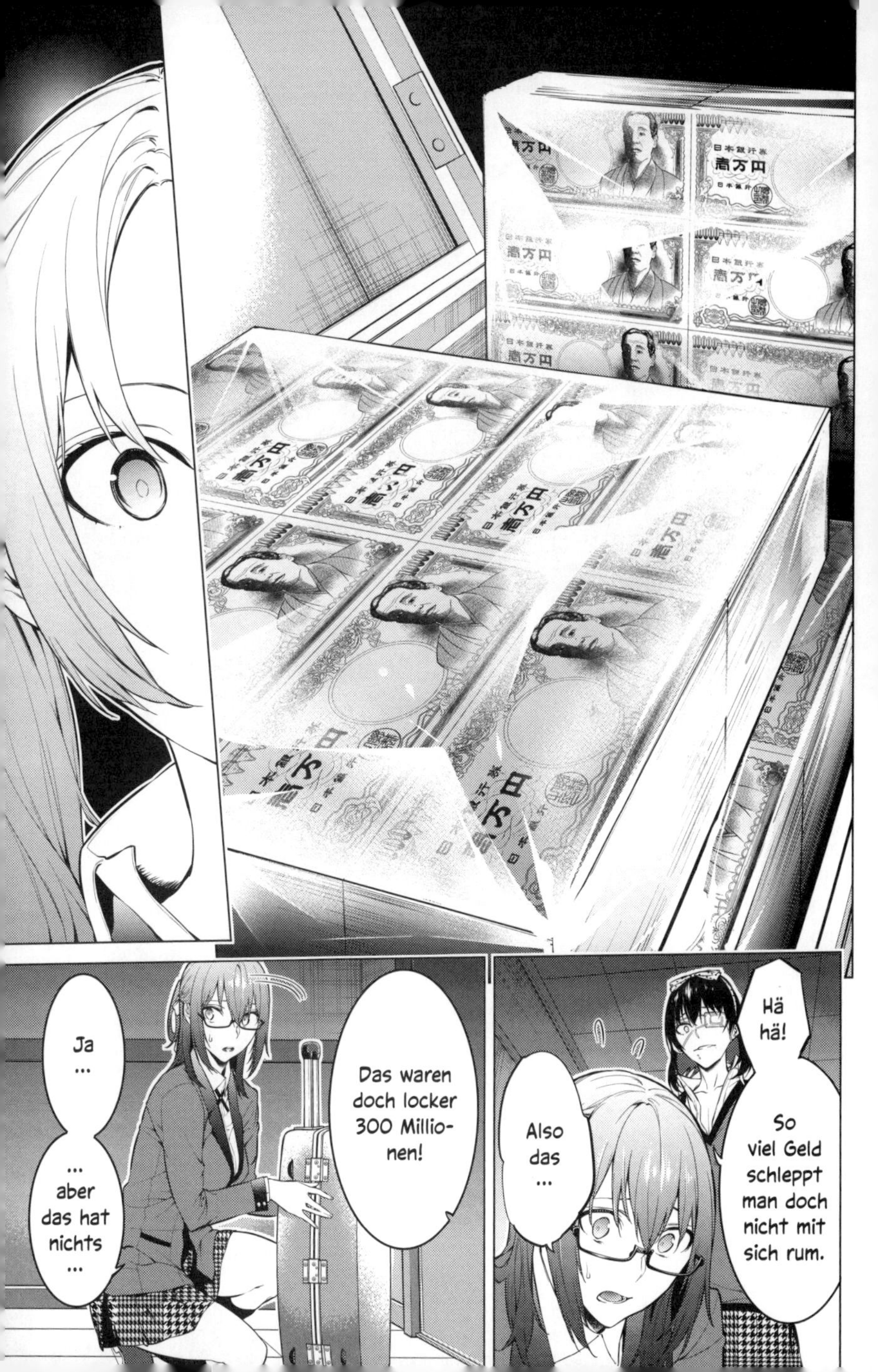
Hä hä!
So viel Geld schleppt man doch nicht mit sich rum.
Also das ...
Das waren doch locker 300 Millionen!
Ja ...
... aber das hat nichts ...

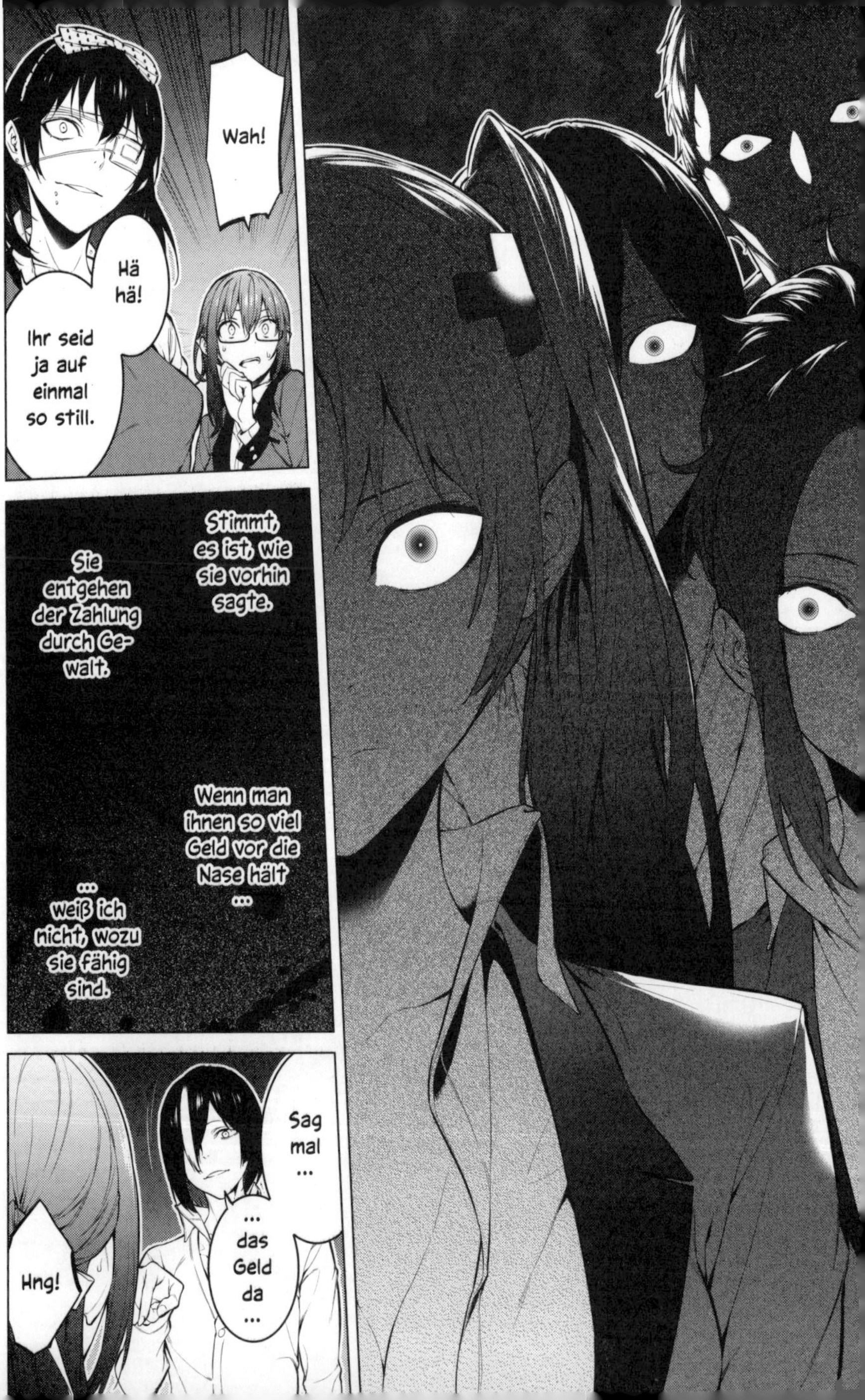
Wah!
Hä hä!
Ihr seid ja auf einmal so still.
Stimmt, es ist, wie sie vorhin sagte.
Sie entgehen der Zahlung durch Gewalt.
Wenn man ihnen so viel Geld vor die Nase hält ...
... weiß ich nicht, wozu sie fähig sind.
Sag mal ...
... das Geld da ...
Hng!

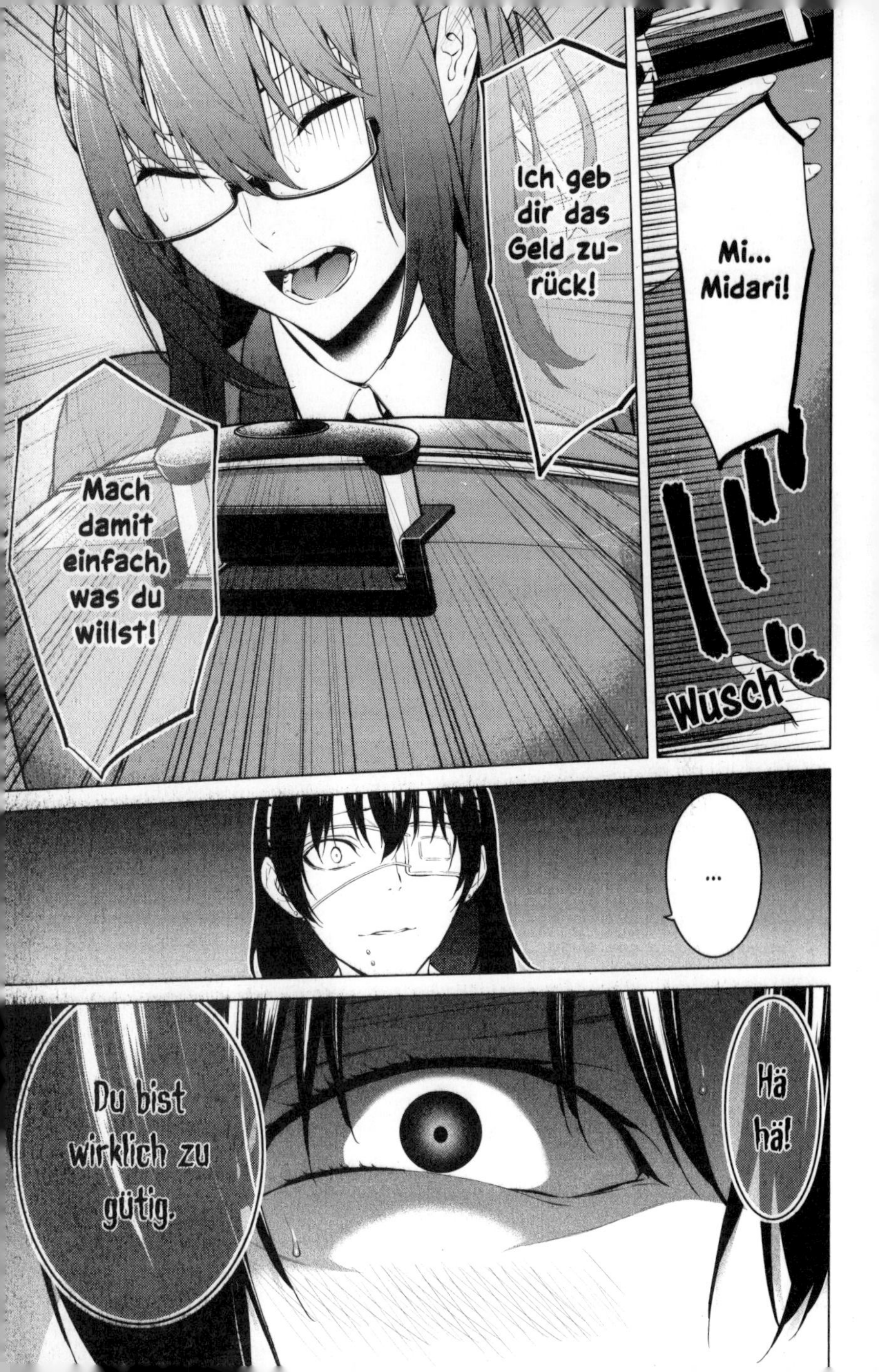
Mi... Midari!
Wusch
Ich geb dir das Geld zurück!
Mach damit einfach, was du willst!
...
Hä hä!
Du bist wirklich zu gütig.

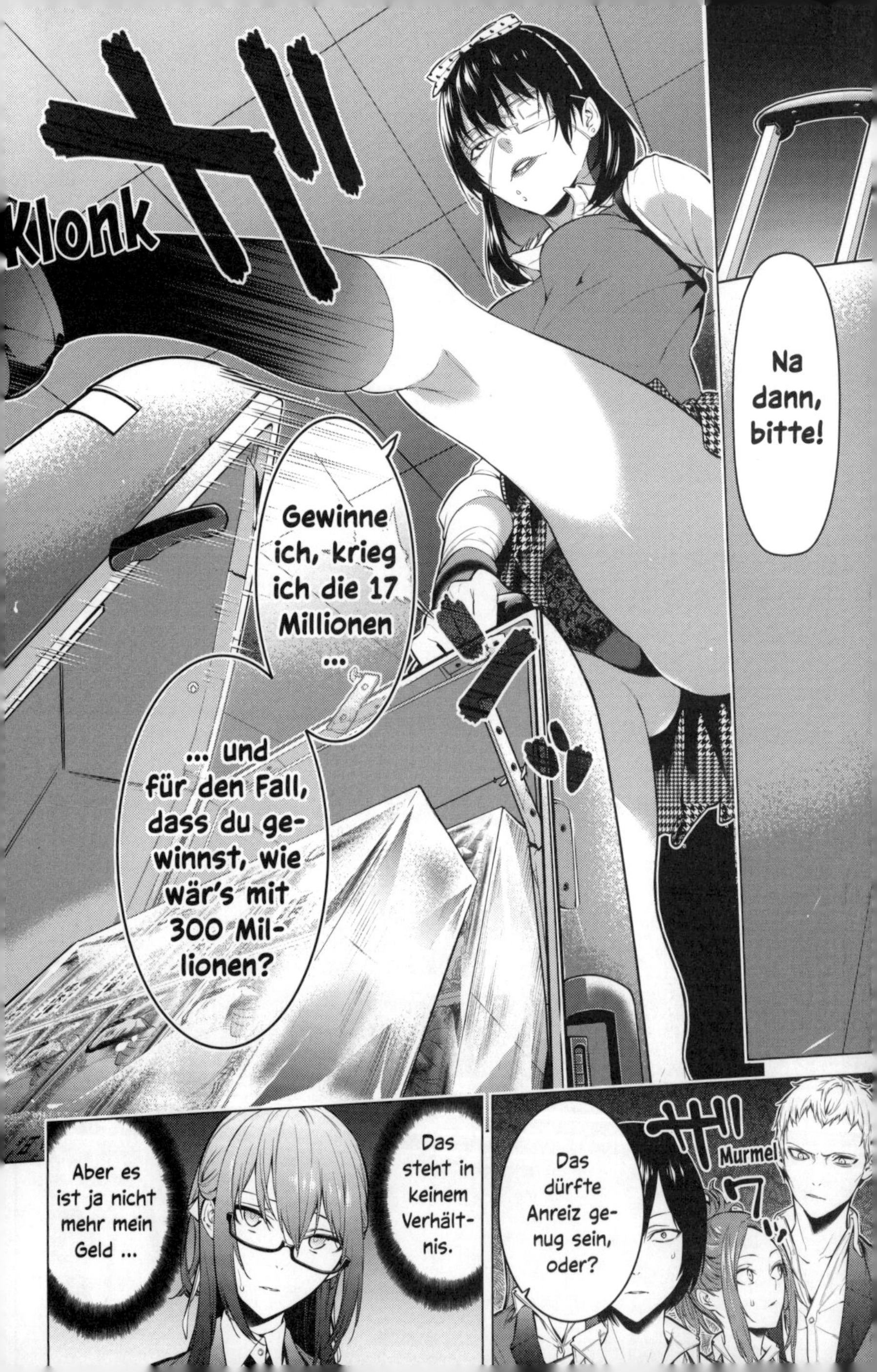
Klonk
Na dann, bitte!
Gewinne ich, krieg ich die 17 Millionen ...
... und für den Fall, dass du gewinnst, wie wär's mit 300 Millionen?
Murmel
Das dürfte Anreiz genug sein, oder?
Das steht in keinem Verhältnis.
Aber es ist ja nicht mehr mein Geld ...

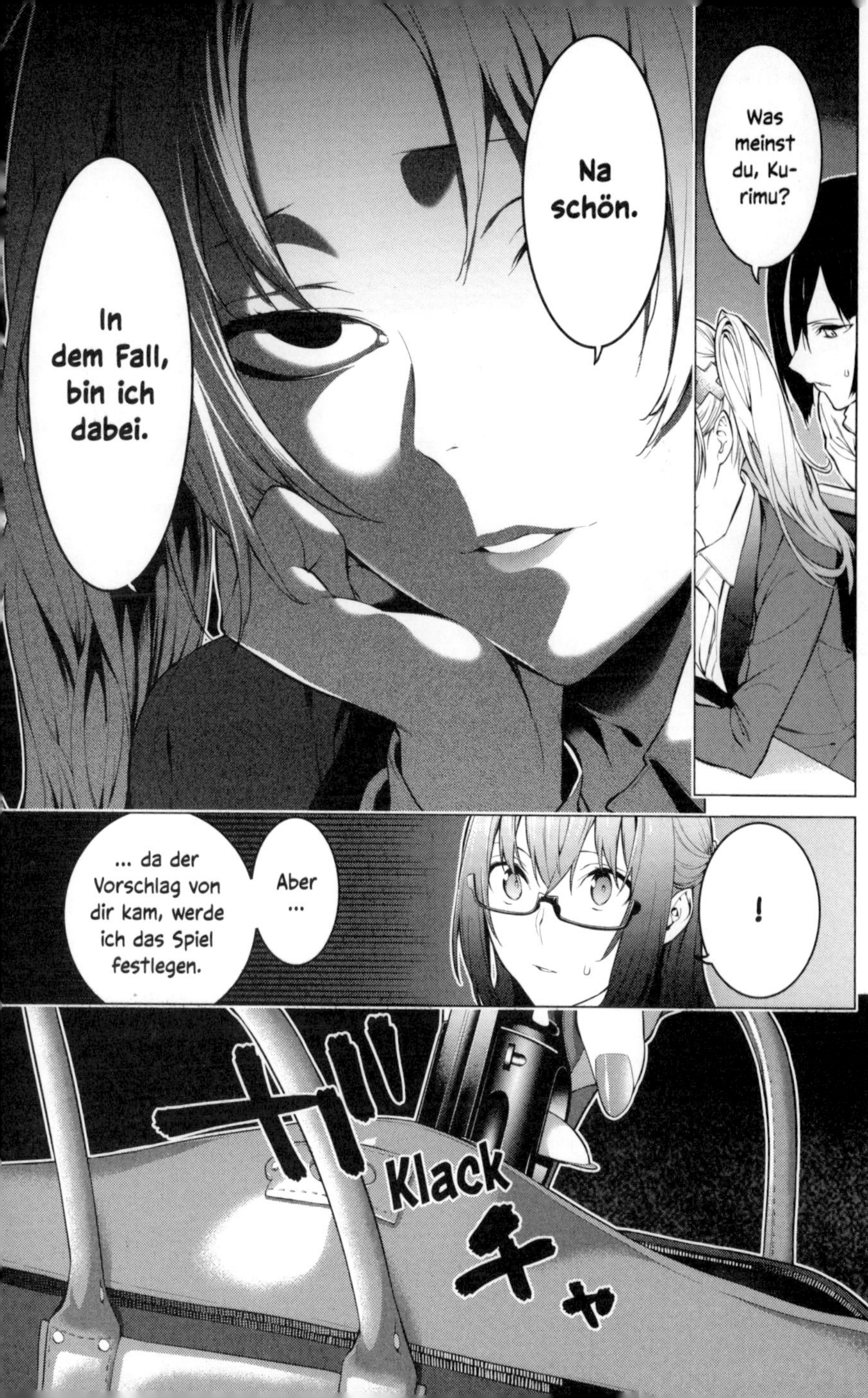
Was meinst du, Kurimu?
Na schön.
In dem Fall, bin ich dabei.
!
Aber ...
... da der Vorschlag von dir kam, werde ich das Spiel festlegen.
ガチャ
Klack

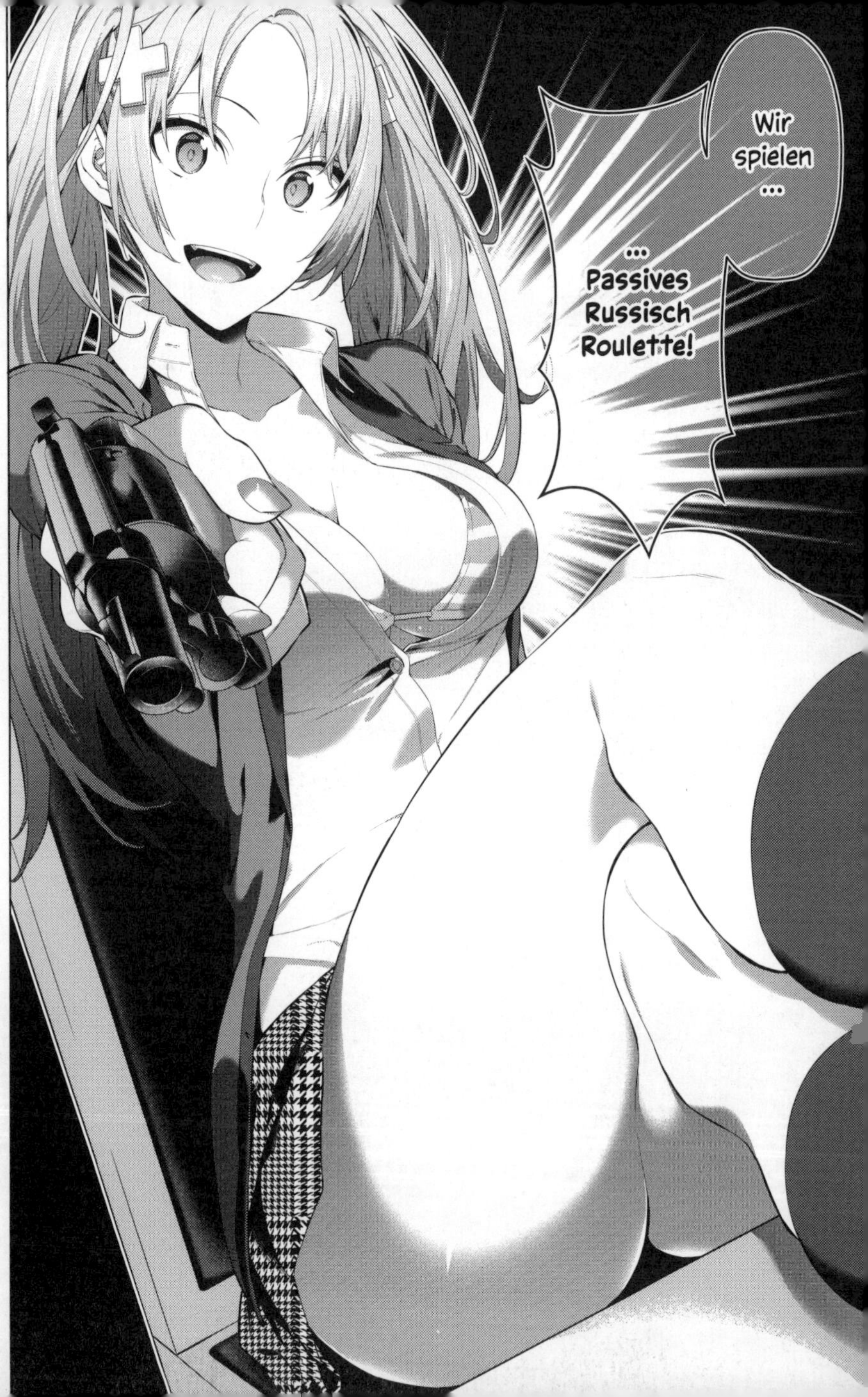
Wir spielen ...
... Passives Russisch Roulette!

Kakegurui

Midari

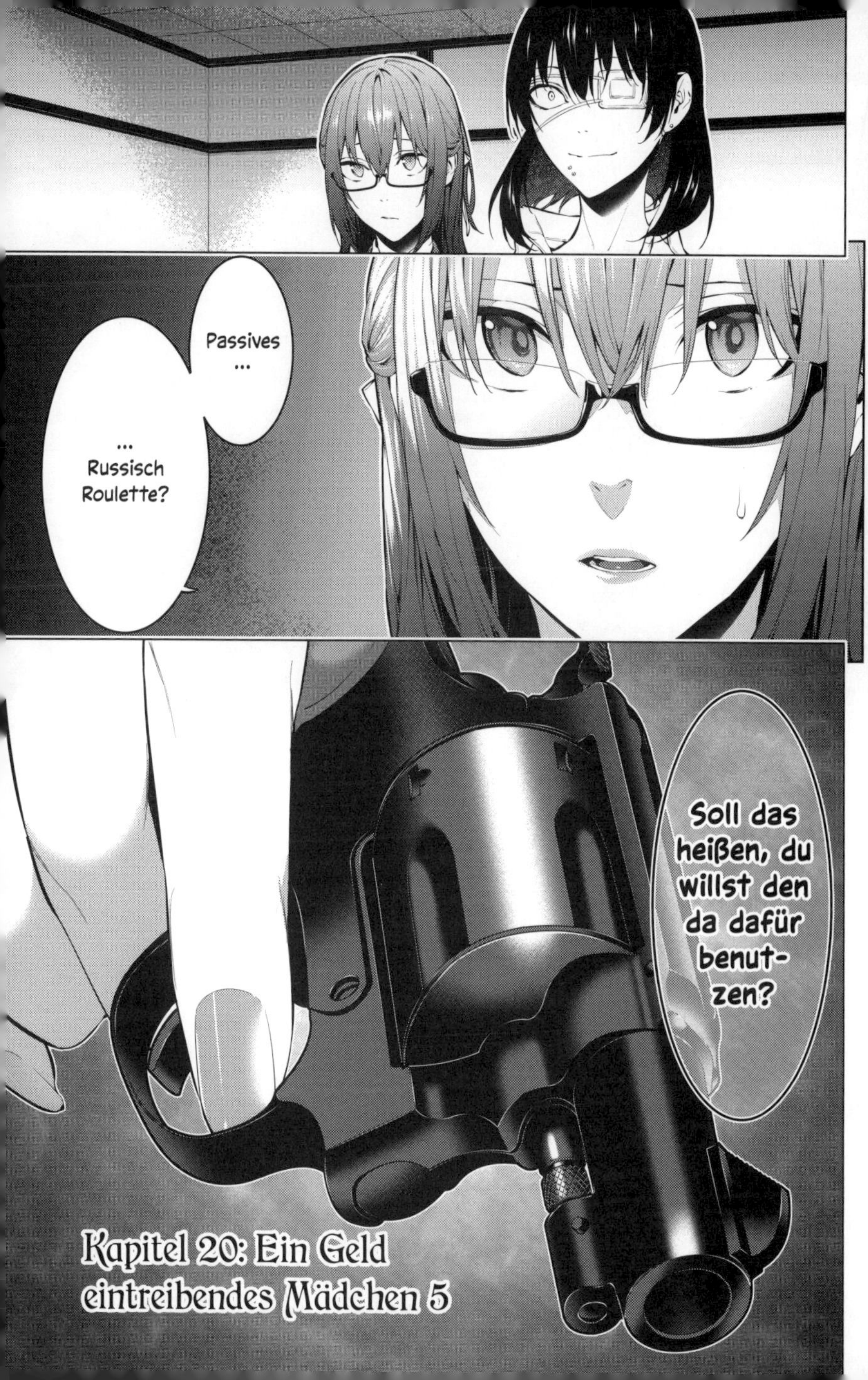

Passives ...
... Russisch Roulette?
Soll das heißen, du willst den da dafür benut-zen?
Kapitel 20: Ein Geld eintreibendes Mädchen 5

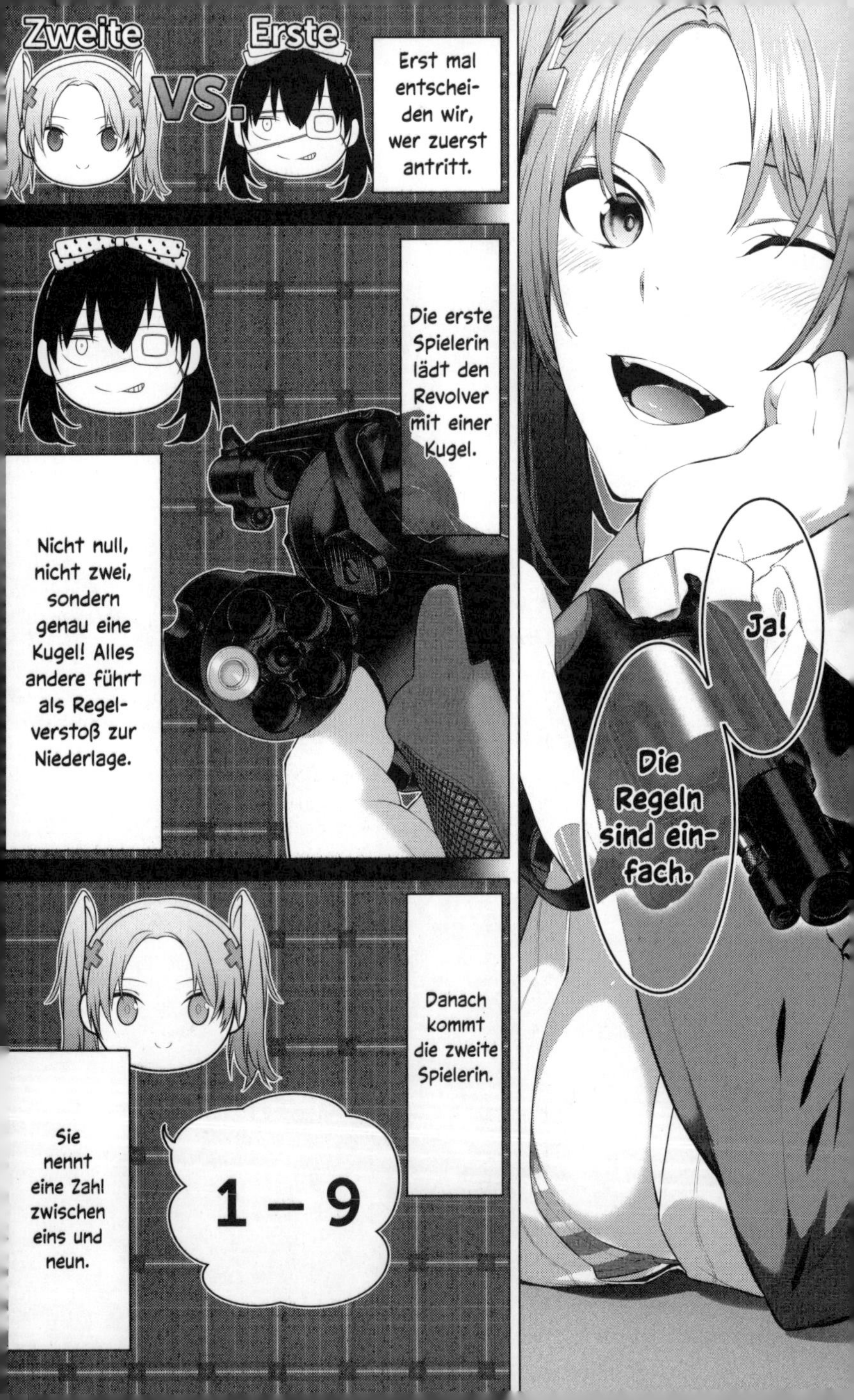

Ja!
Die Regeln sind ein-fach.
Zweite
Erste
VS.
Erst mal entschei-den wir, wer zuerst antritt.
Die erste Spielerin lädt den Revolver mit einer Kugel.
Nicht null, nicht zwei, sondern genau eine Kugel! Alles andere führt als Regel-verstoß zur Niederlage.
Danach kommt die zweite Spielerin.
Sie nennt eine Zahl zwischen eins und neun.
1 – 9

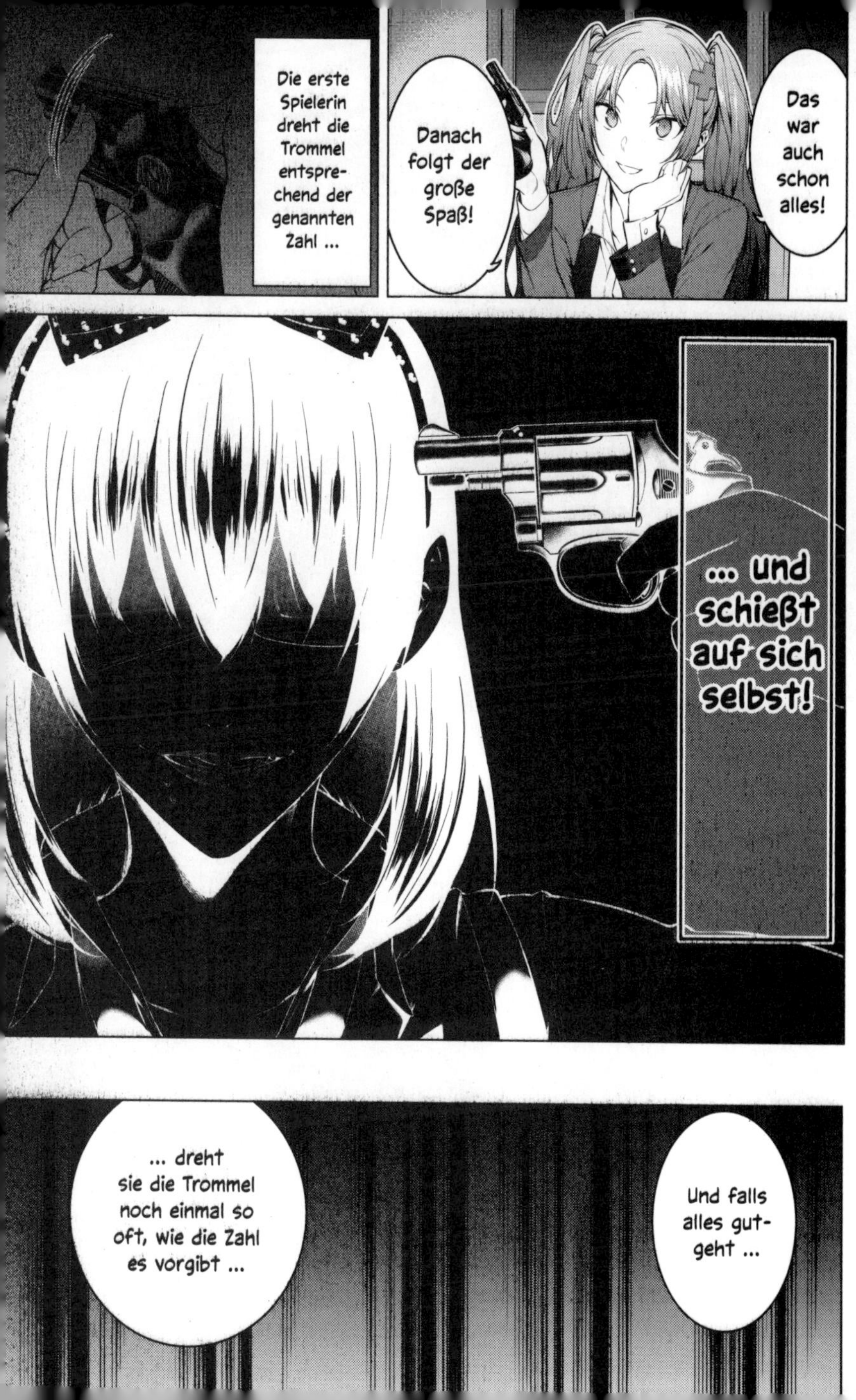
Das war auch schon alles!
Danach folgt der große Spaß!
Die erste Spielerin dreht die Trommel entsprechend der genannten Zahl ...
... und schießt auf sich selbst!
Und falls alles gutgeht ...
... dreht sie die Trommel noch einmal so oft, wie die Zahl es vorgibt ...

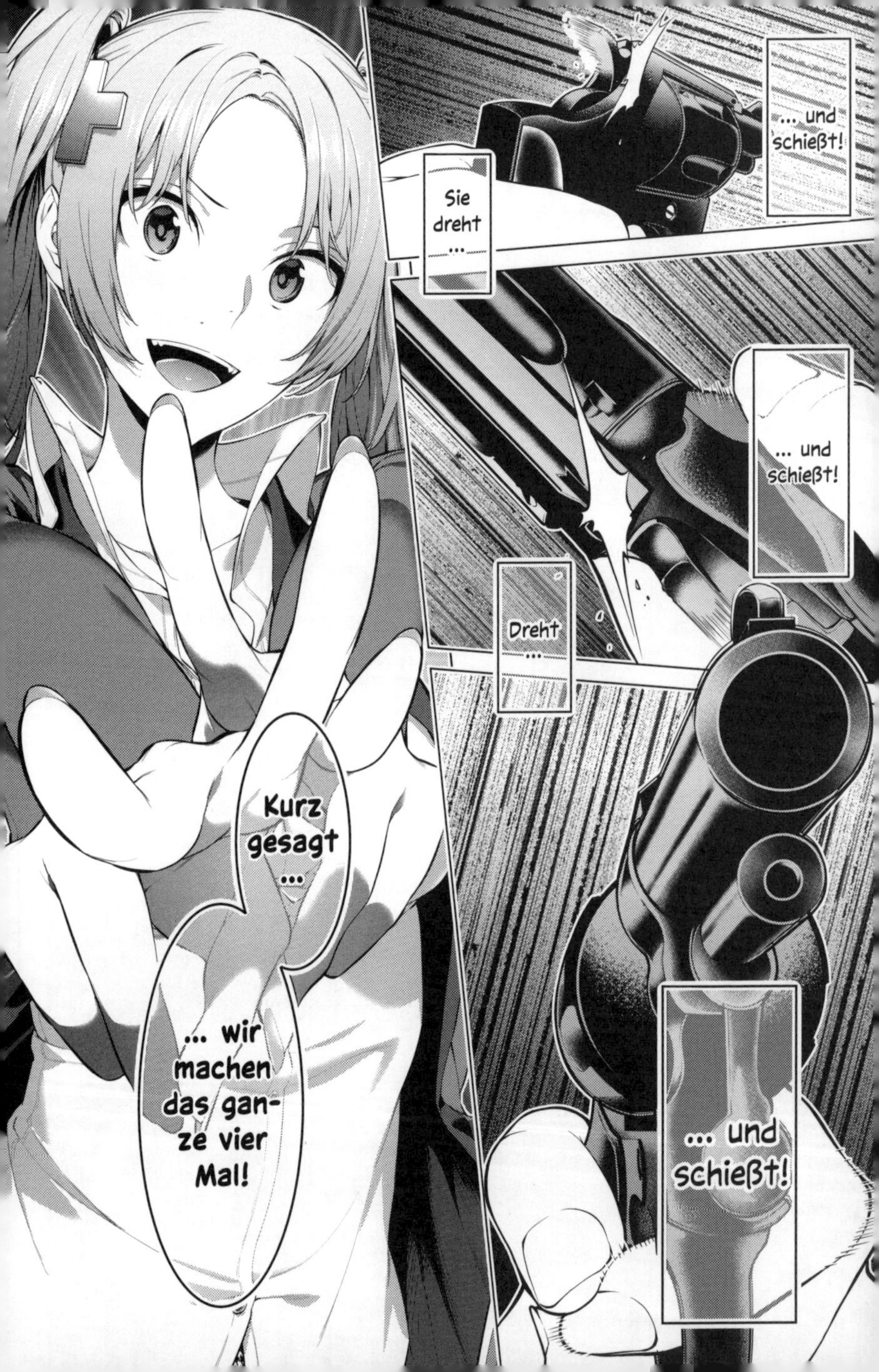

... und schießt!
Sie dreht ...
... und schießt!
Dreht ...
... und schießt!
Kurz gesagt ...
... wir machen das ganze vier Mal!

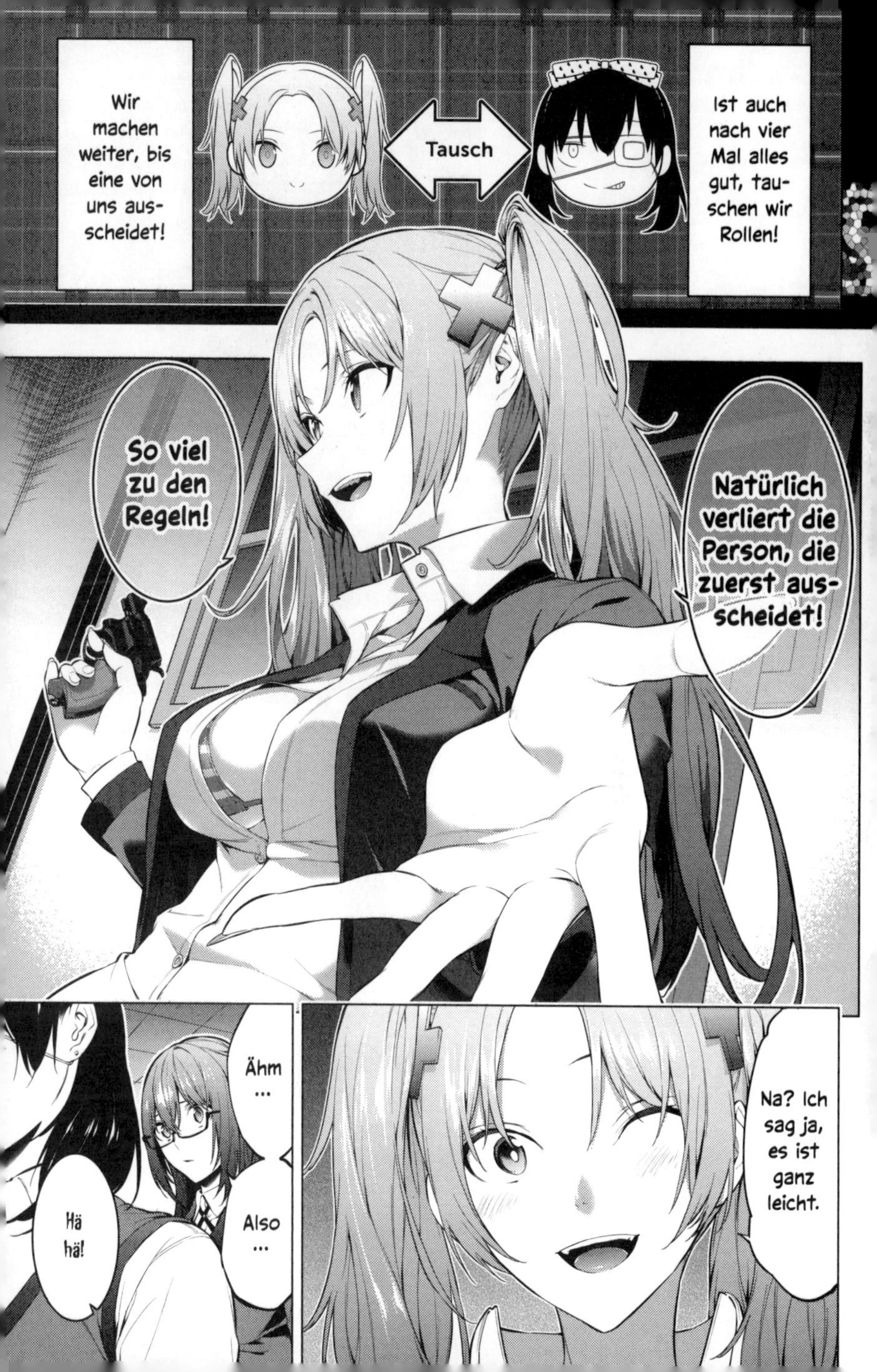
Ist auch nach vier Mal alles gut, tauschen wir Rollen!
Tausch
Wir machen weiter, bis eine von uns ausscheidet!
Natürlich verliert die Person, die zuerst ausscheidet!
So viel zu den Regeln!
Na? Ich sag ja, es ist ganz leicht.
Ähm …
Also …
Hä hä!

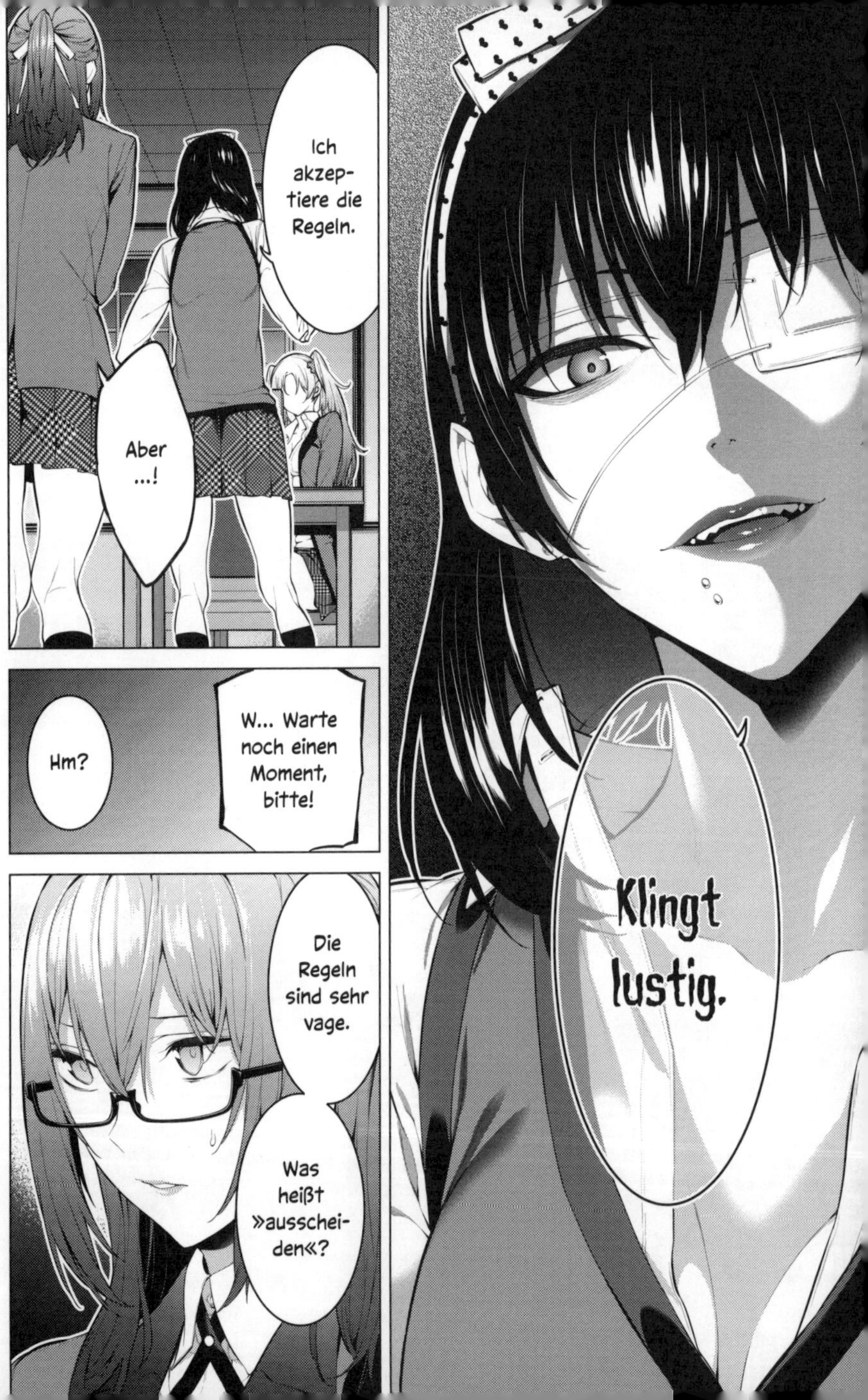
Klingt lustig.
Ich akzeptiere die Regeln.
Aber ...!
W... Warte noch einen Moment, bitte!
Hm?
Die Regeln sind sehr vage.
Was heißt »ausscheiden«?

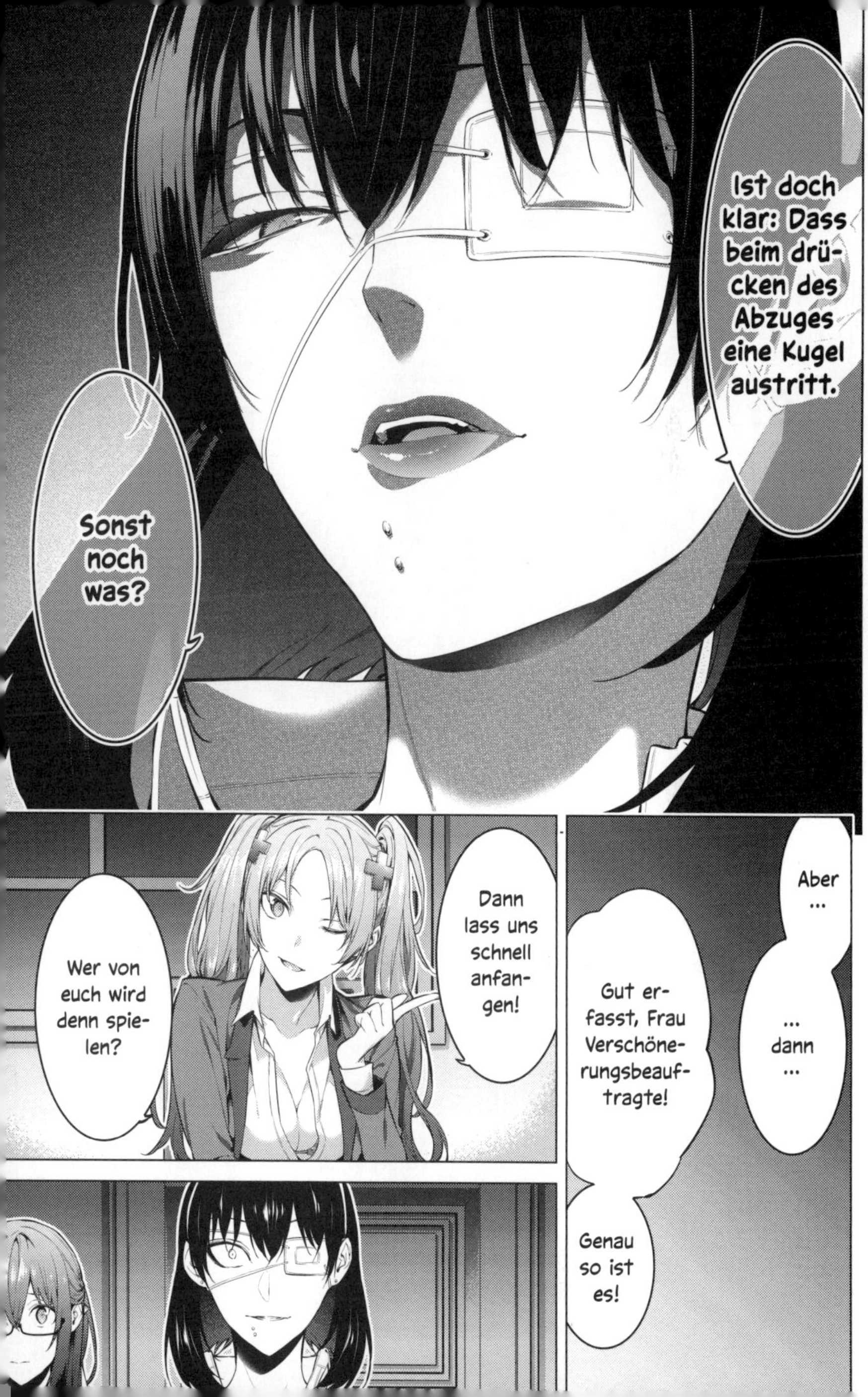
Ist doch klar: Dass beim drücken des Abzuges eine Kugel austritt.
Sonst noch was?
Aber ...
... dann ...
Gut erfasst, Frau Verschönerungsbeauftragte!
Genau so ist es!
Dann lass uns schnell anfangen!
Wer von euch wird denn spielen?

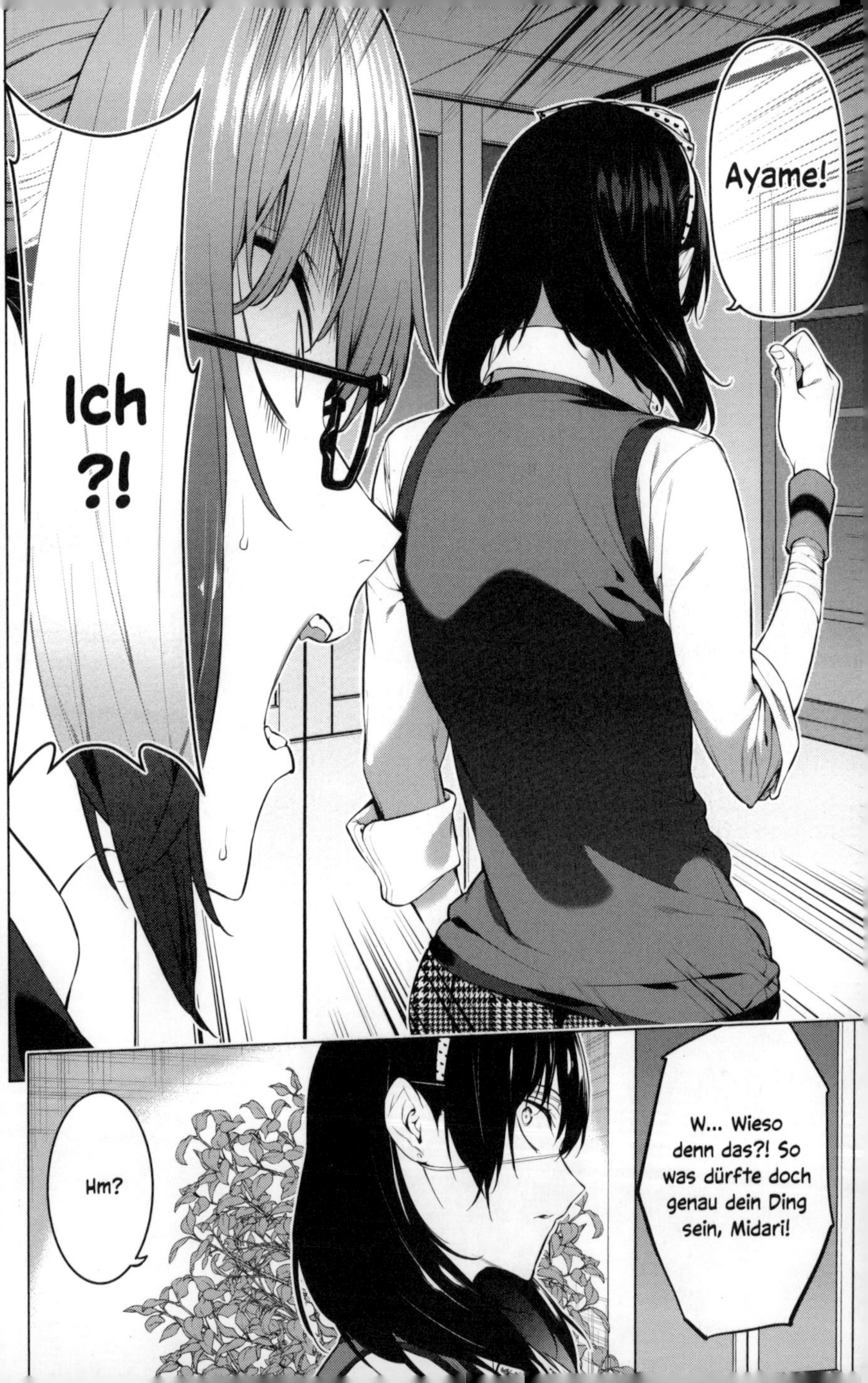
Ayame!
Ich ?!
W... Wieso denn das?! So was dürfte doch genau dein Ding sein, Midari!
Hm?

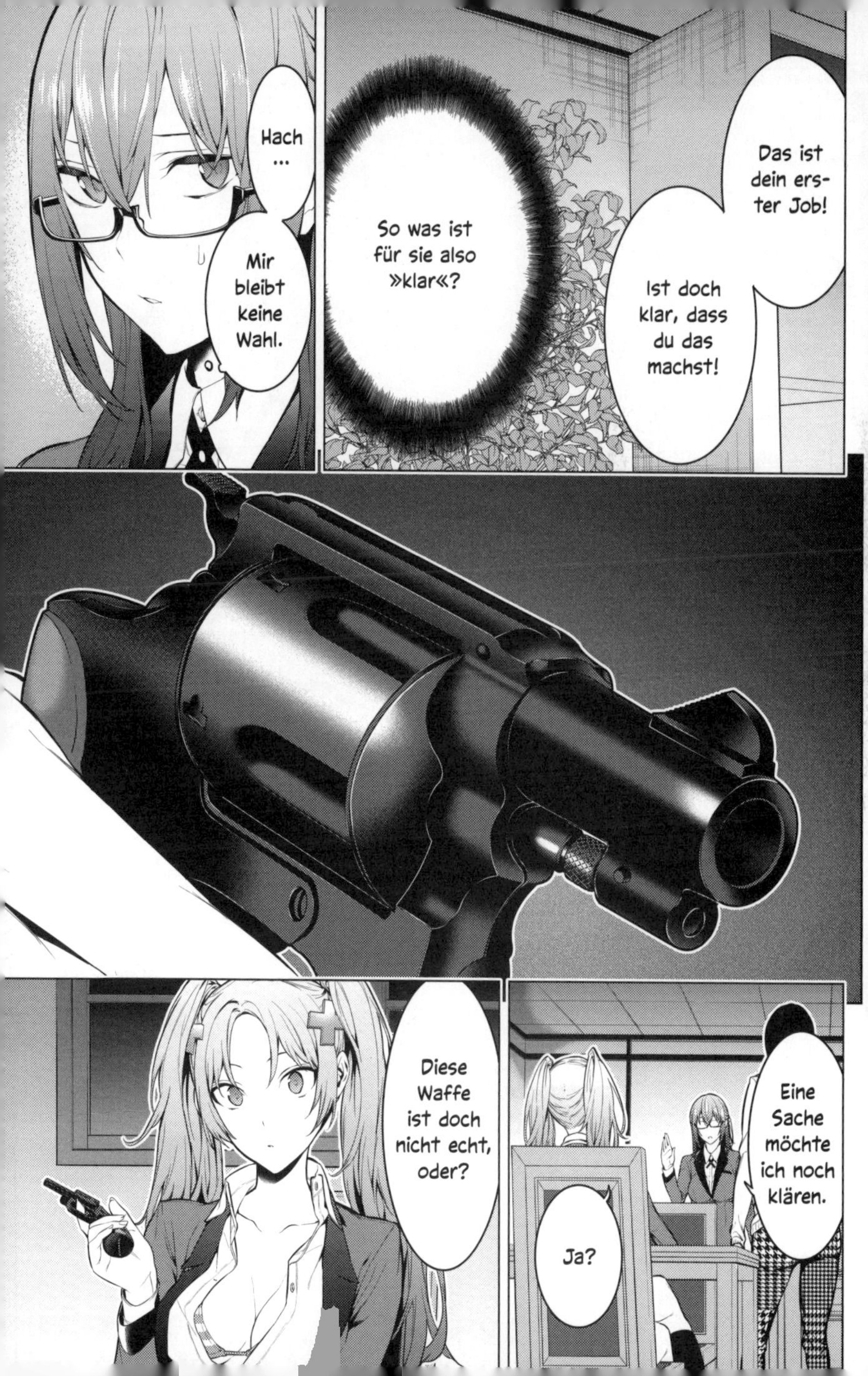
Das ist dein erster Job!
Ist doch klar, dass du das machst!
So was ist für sie also »klar«?
Hach ...
Mir bleibt keine Wahl.
Eine Sache möchte ich noch klären.
Ja?
Diese Waffe ist doch nicht echt, oder?

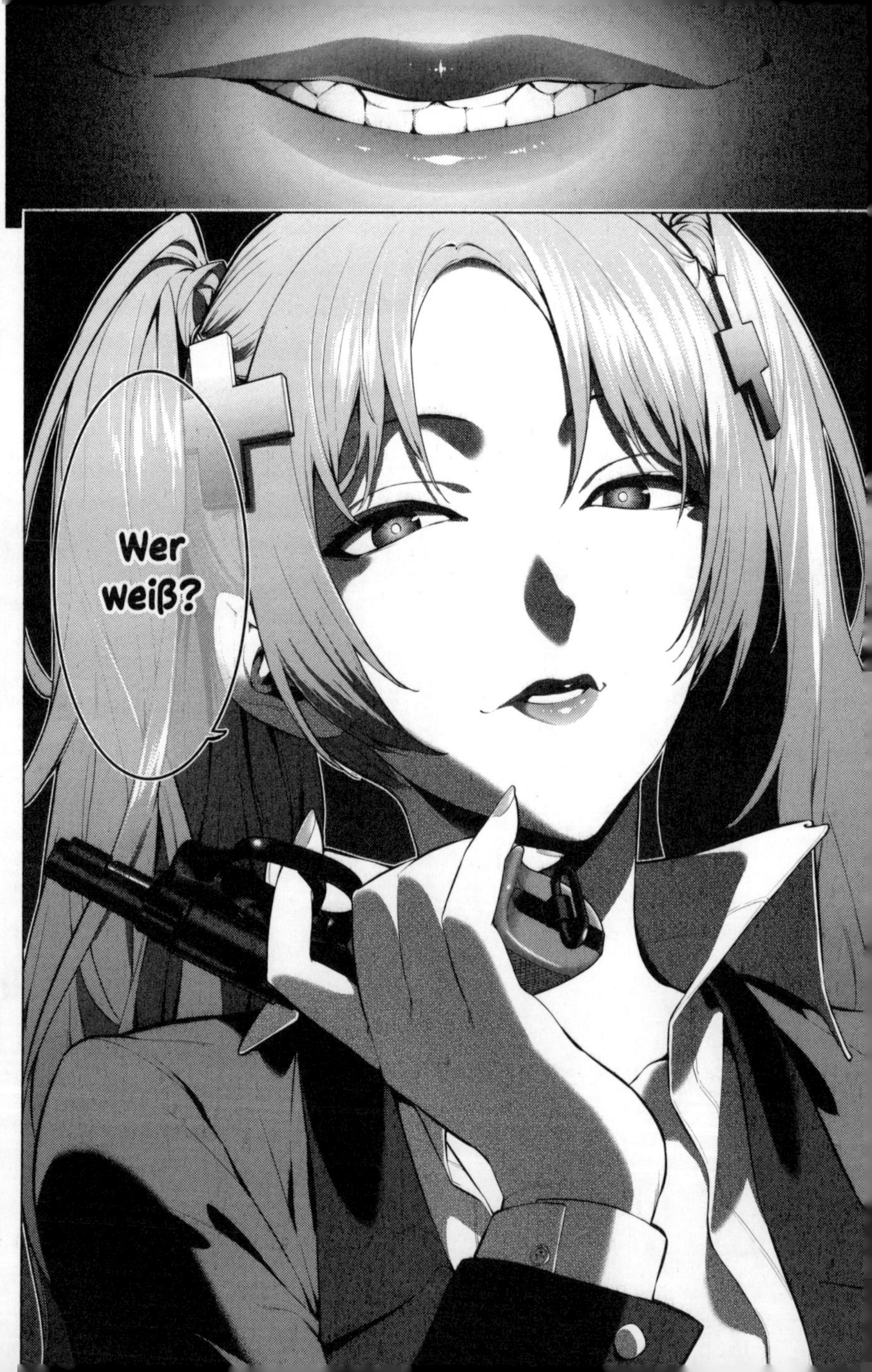
Wer weiß?

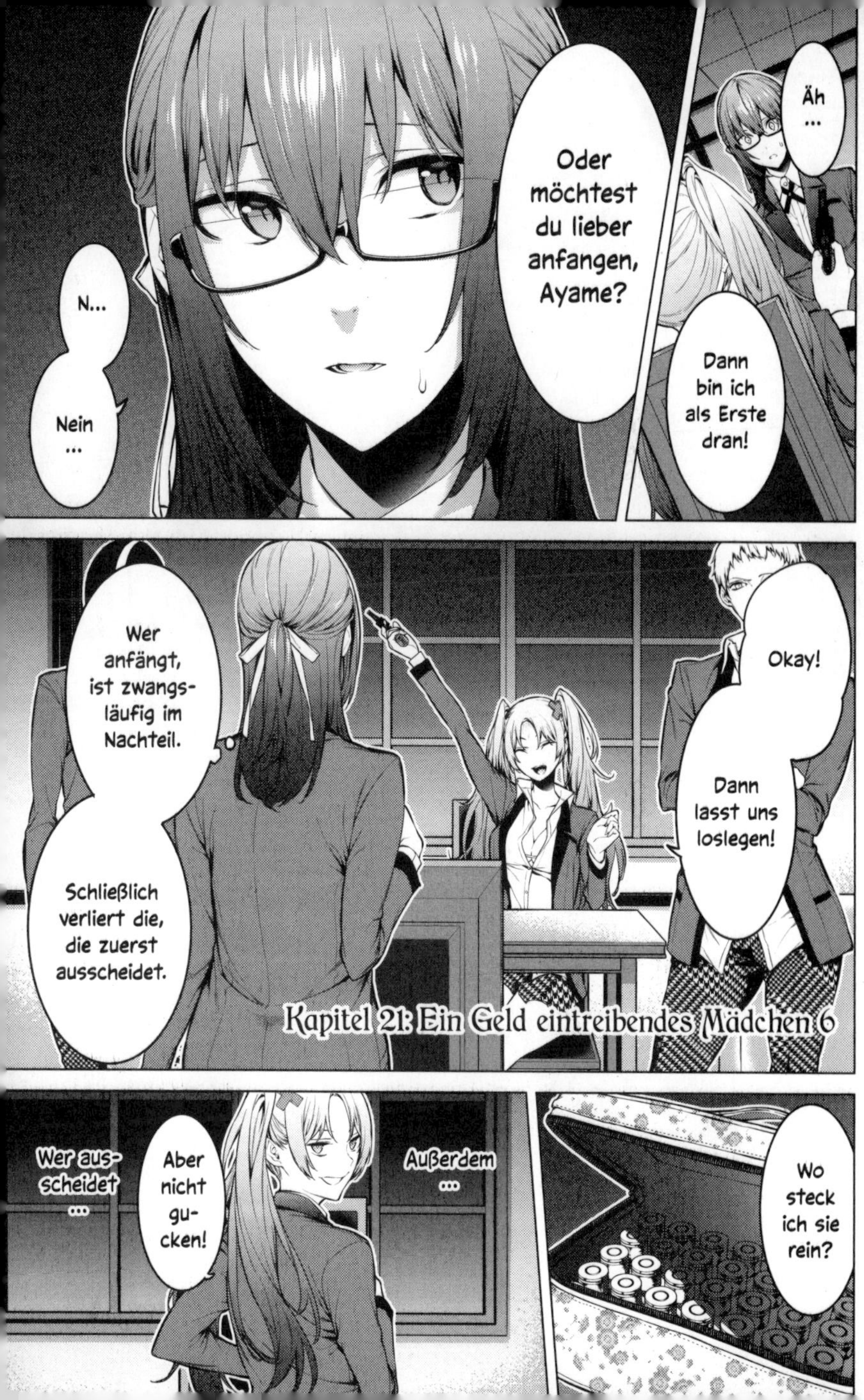
Äh ...
Dann bin ich als Erste dran!
Oder möchtest du lieber anfangen, Ayame?
N...
Nein ...
Okay!
Dann lasst uns loslegen!
Wer anfängt, ist zwangsläufig im Nachteil.
Schließlich verliert die, die zuerst ausscheidet.
Kapitel 21: Ein Geld eintreibendes Mädchen 6
Wo steck ich sie rein?
Außerdem ...
Aber nicht gucken!
Wer ausscheidet ...

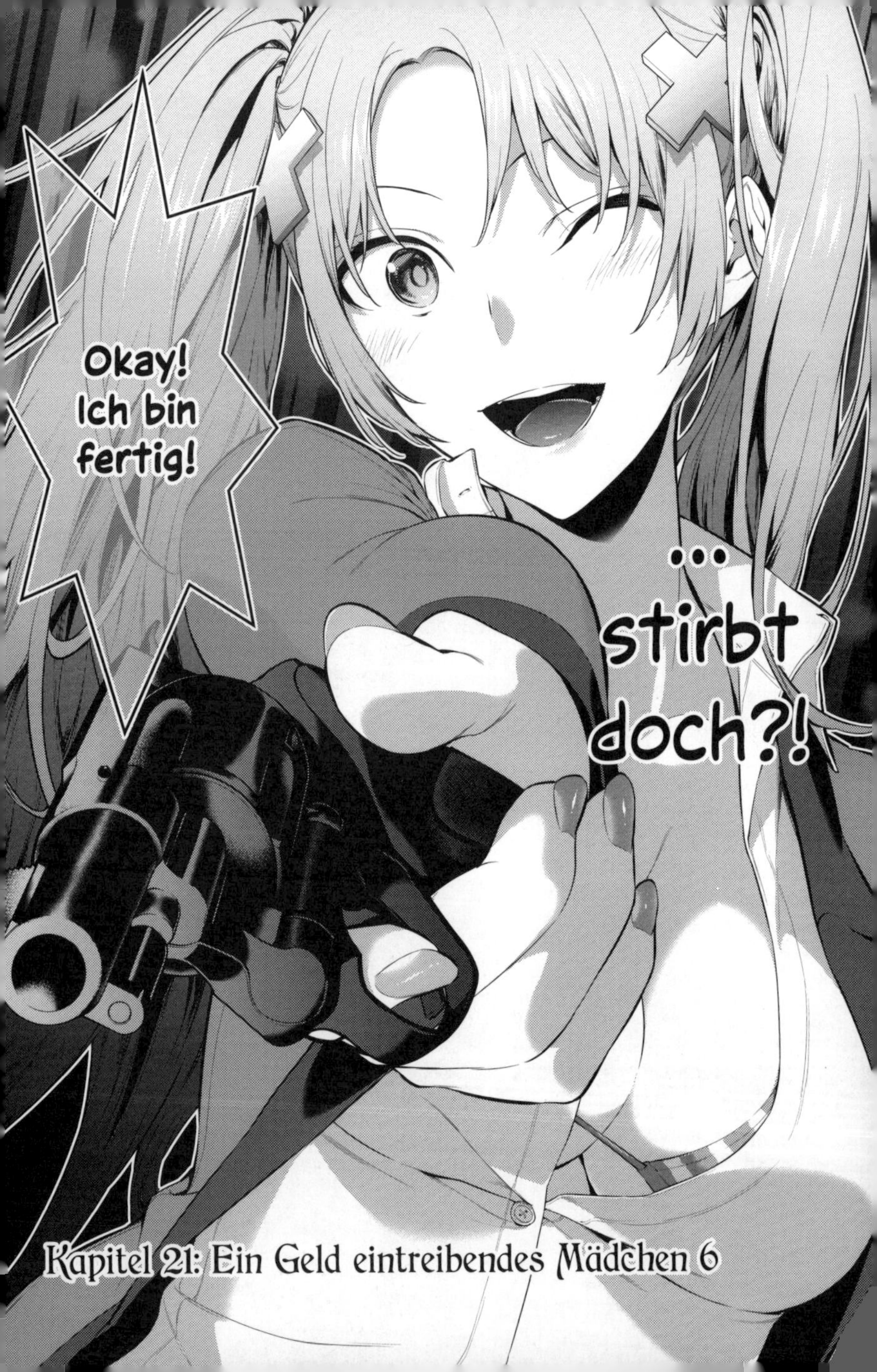
Okay! Ich bin fertig!
... stirbt doch?!
Kapitel 21: Ein Geld eintreibendes Mädchen 6

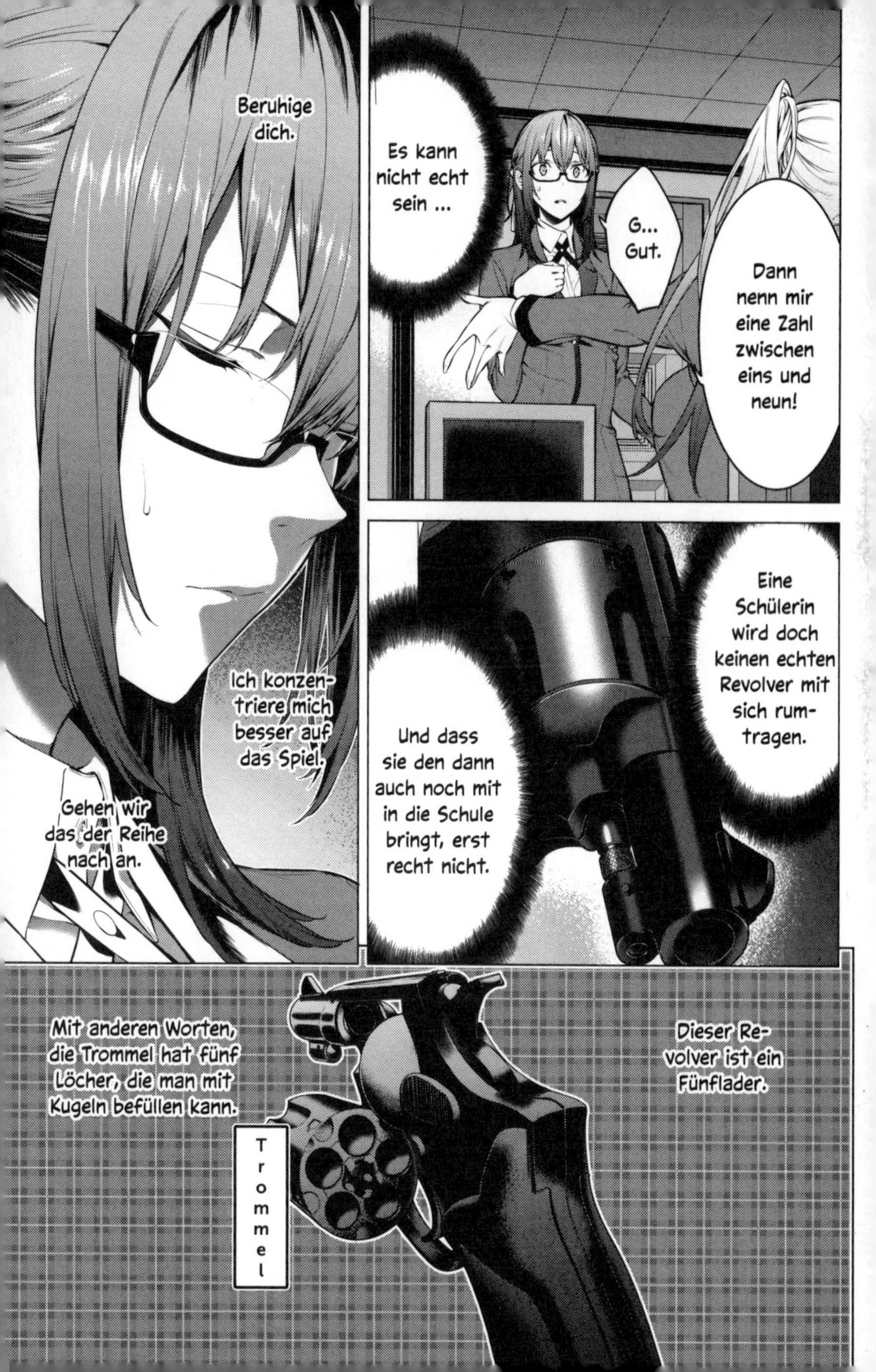
Dann nenn mir eine Zahl zwischen eins und neun!
G... Gut.
Es kann nicht echt sein ...
Beruhige dich.
Eine Schülerin wird doch keinen echten Revolver mit sich rum-tragen.
Und dass sie den dann auch noch mit in die Schule bringt, erst recht nicht.
Ich konzen-triere mich besser auf das Spiel.
Gehen wir das der Reihe nach an.
Dieser Re-volver ist ein Fünflader.
Trommel
Mit anderen Worten, die Trommel hat fünf Löcher, die man mit Kugeln befüllen kann.

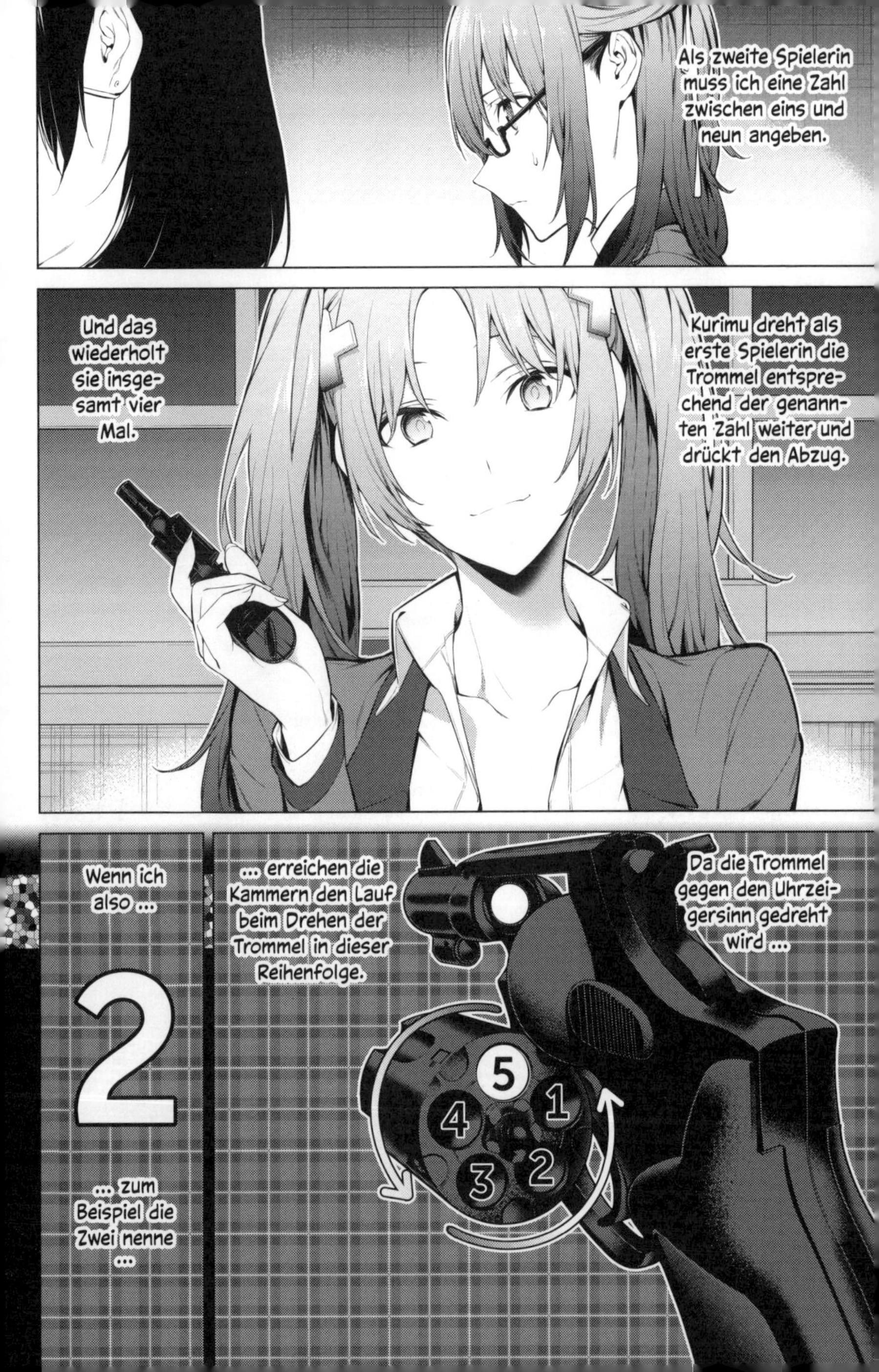
Als zweite Spielerin muss ich eine Zahl zwischen eins und neun angeben.
Kurimu dreht als erste Spielerin die Trommel entsprechend der genannten Zahl weiter und drückt den Abzug.
Und das wiederholt sie insgesamt vier Mal.
Wenn ich also ...
2
... zum Beispiel die Zwei nenne ...
Da die Trommel gegen den Uhrzeigersinn gedreht wird ...
... erreichen die Kammern den Lauf beim Drehen der Trommel in dieser Reihenfolge.
5
1
4
2
3

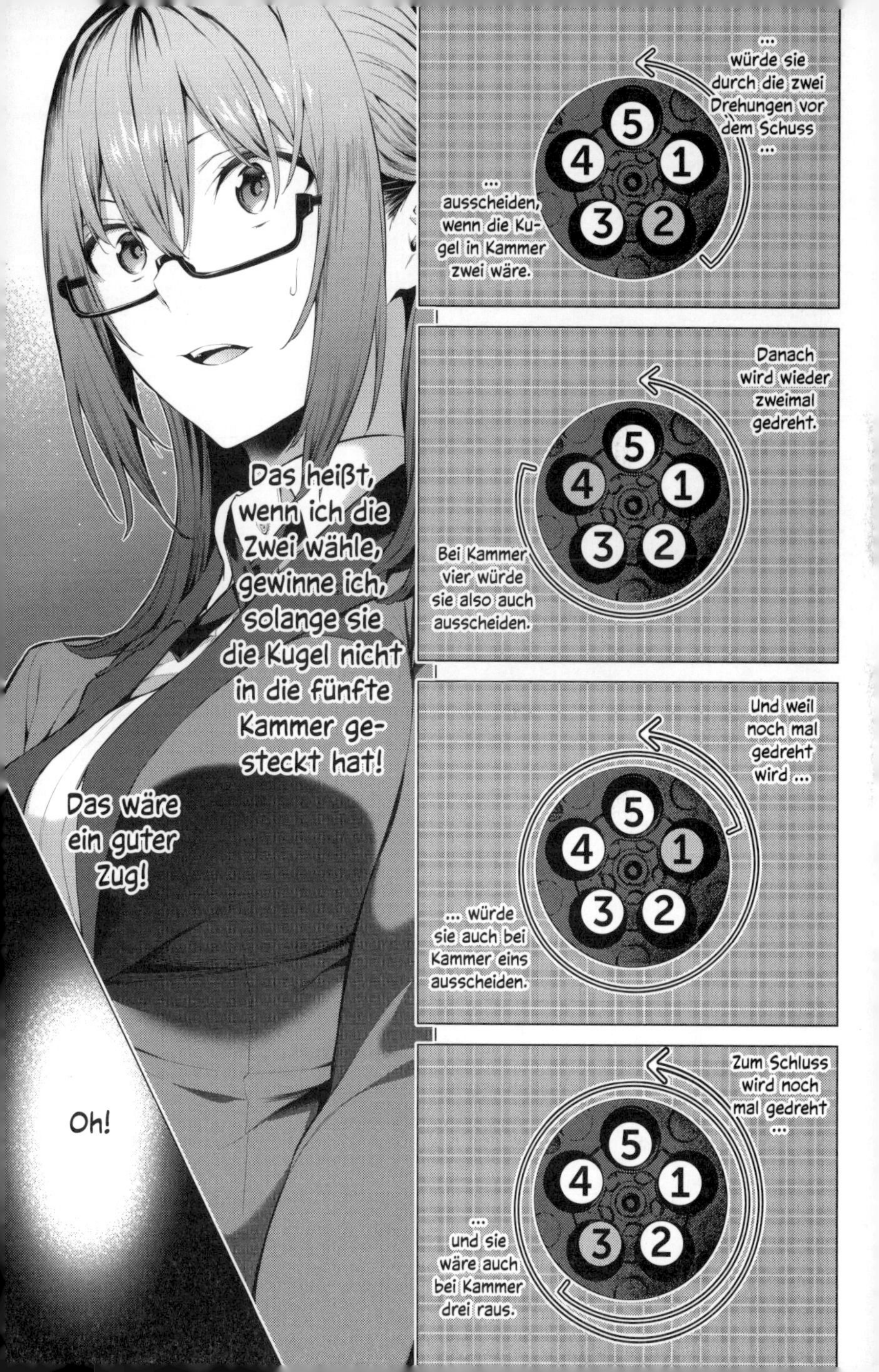

... würde sie durch die zwei Drehungen vor dem Schuss ...
... ausscheiden, wenn die Kugel in Kammer zwei wäre.
5
4
1
3
2
Danach wird wieder zweimal gedreht.
Bei Kammer vier würde sie also auch ausscheiden.
5
4
1
3
2
Und weil noch mal gedreht wird ...
... würde sie auch bei Kammer eins ausscheiden.
5
4
1
3
2
Zum Schluss wird noch mal gedreht ...
... und sie wäre auch bei Kammer drei raus.
5
4
1
3
2
Das heißt, wenn ich die Zwei wähle, gewinne ich, solange sie die Kugel nicht in die fünfte Kammer gesteckt hat!
Das wäre ein guter Zug!
Oh!

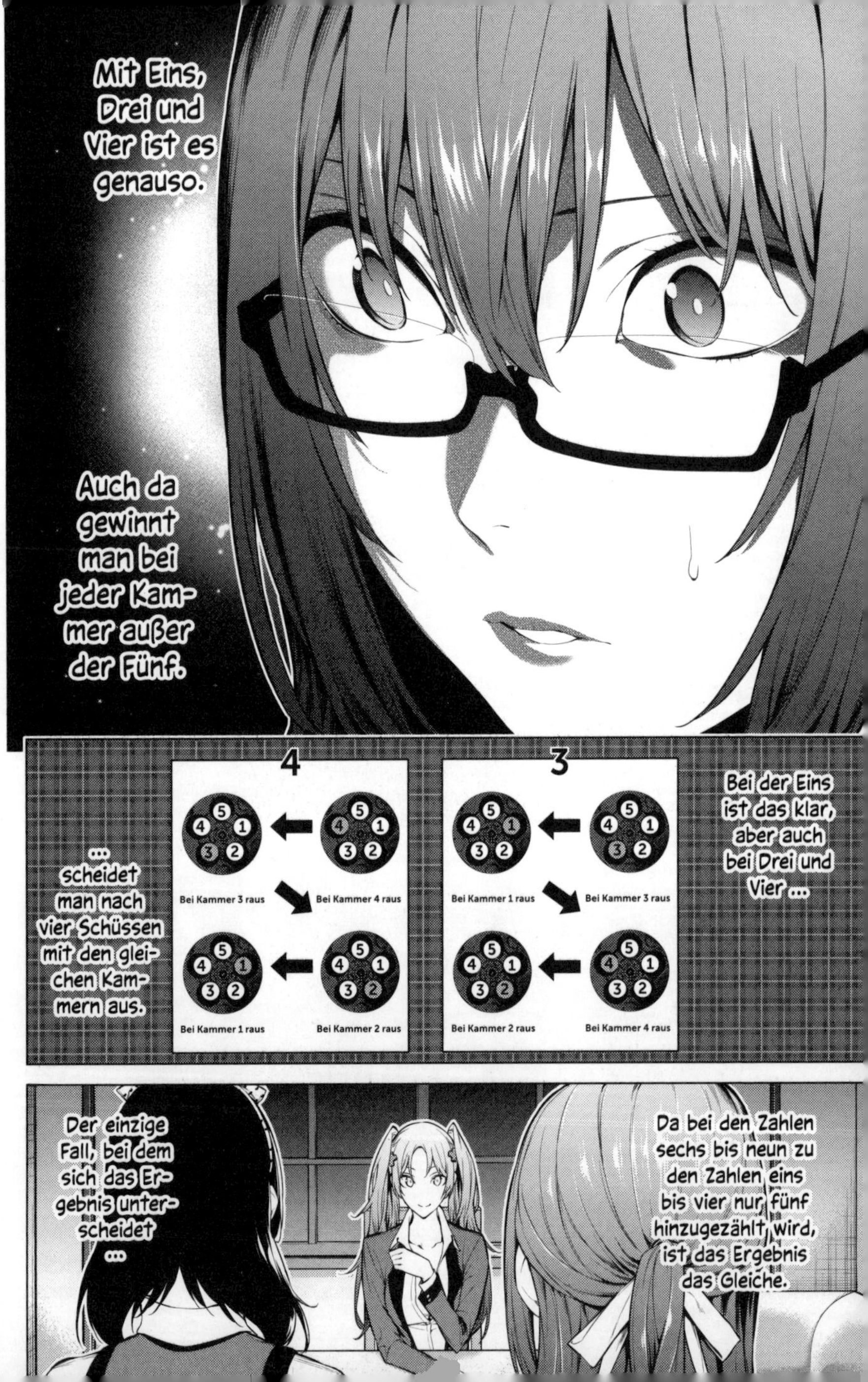
Mit Eins, Drei und Vier ist es genauso.
Auch da gewinnt man bei jeder Kammer außer der Fünf.
Bei der Eins ist das klar, aber auch bei Drei und Vier ...
3
Bei Kammer 3 raus
Bei Kammer 1 raus
Bei Kammer 4 raus
Bei Kammer 2 raus
4
Bei Kammer 4 raus
Bei Kammer 3 raus
Bei Kammer 2 raus
Bei Kammer 1 raus
... scheidet man nach vier Schüssen mit den gleichen Kammern aus.
Da bei den Zahlen sechs bis neun zu den Zahlen eins bis vier nur fünf hinzugezählt wird, ist das Ergebnis das Gleiche.
Der einzige Fall, bei dem sich das Ergebnis unterscheidet ...

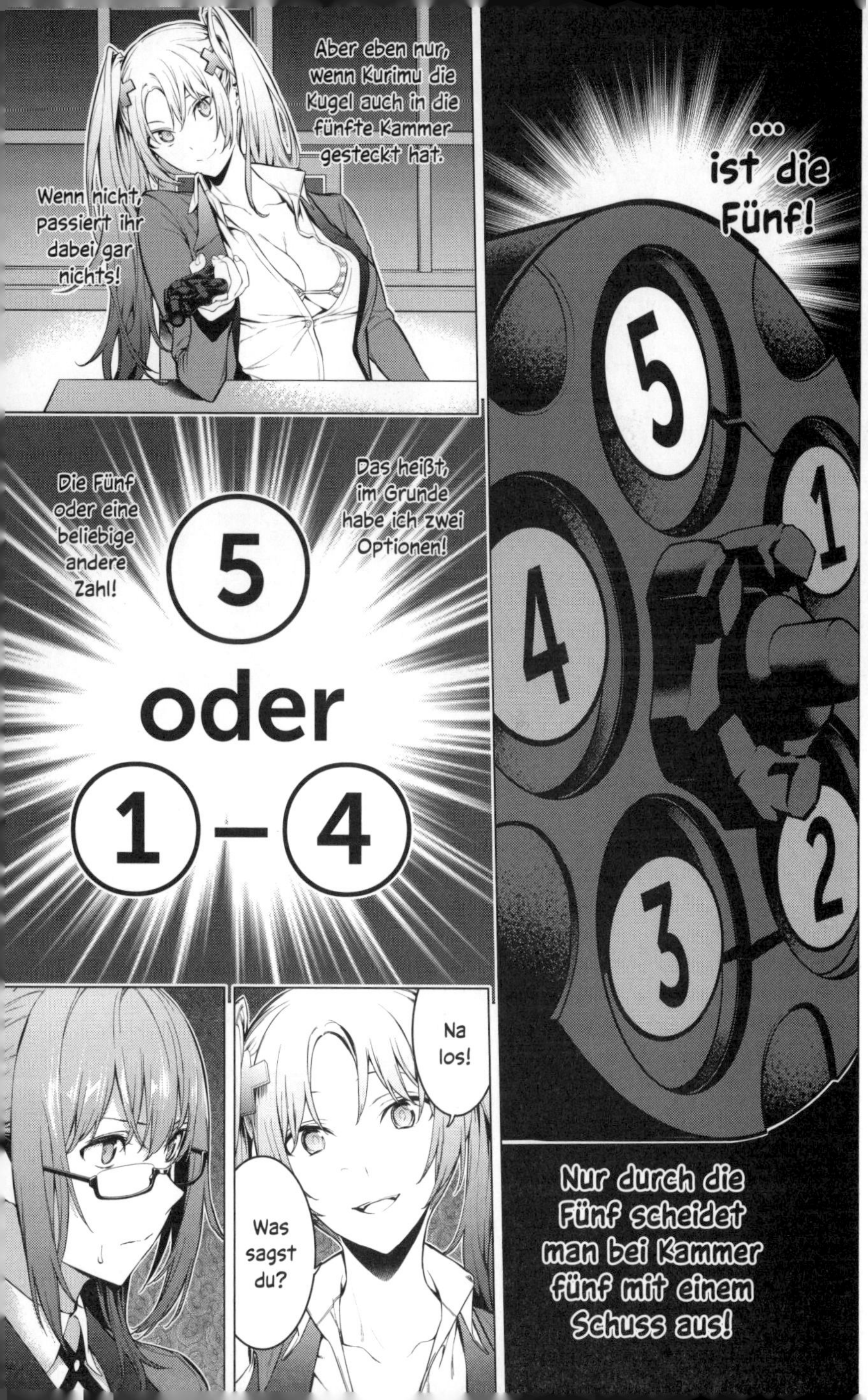

Aber eben nur, wenn Kurimu die Kugel auch in die fünfte Kammer gesteckt hat.
Wenn nicht, passiert ihr dabei gar nichts!
Das heißt, im Grunde habe ich zwei Optionen!
Die Fünf oder eine beliebige andere Zahl!
5 oder 1–4
Na los!
Was sagst du?
... ist die Fünf!
Nur durch die Fünf scheidet man bei Kammer fünf mit einem Schuss aus!

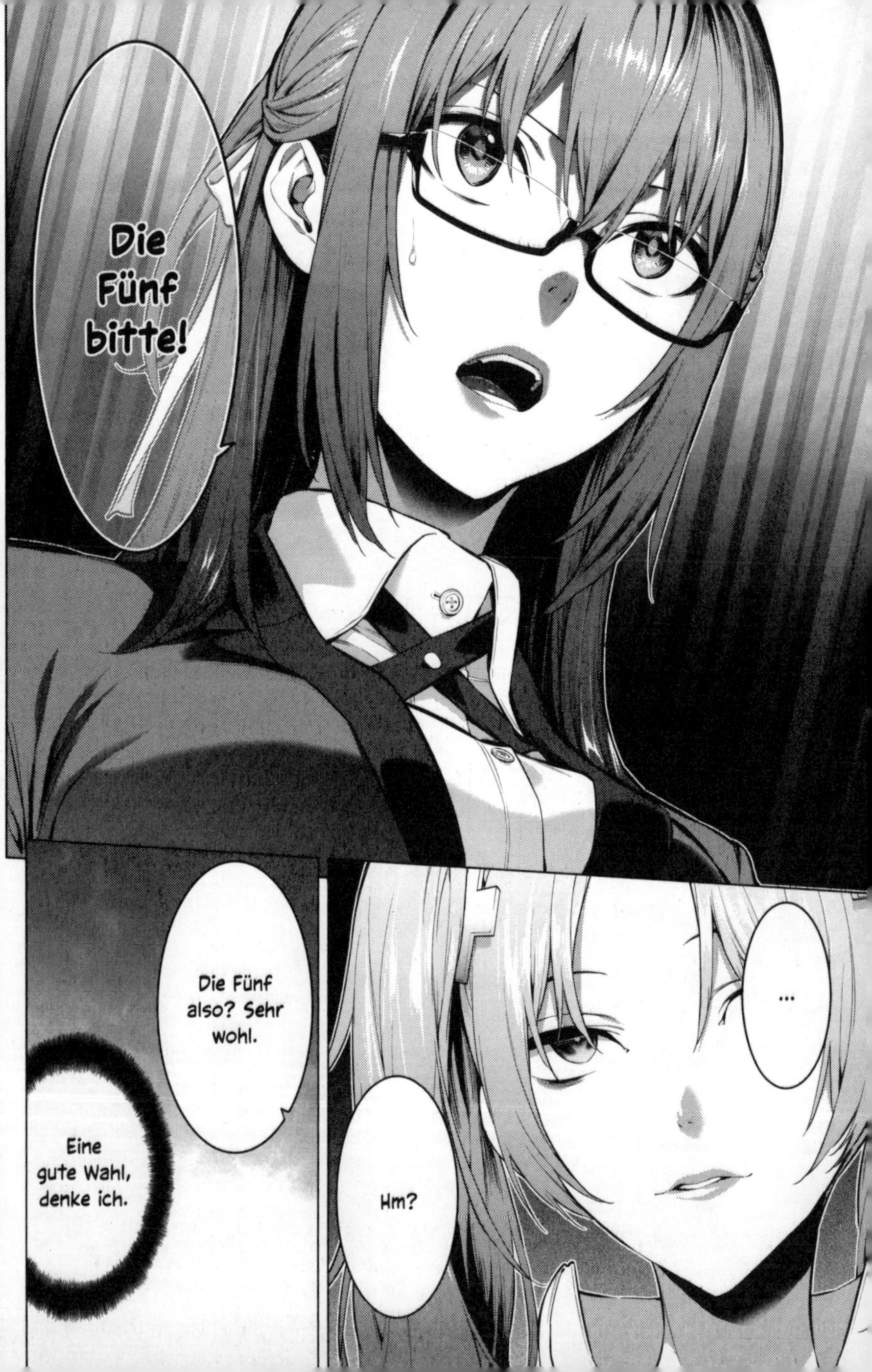
Die Fünf bitte!
...
Hm?
Die Fünf also? Sehr wohl.
Eine gute Wahl, denke ich.

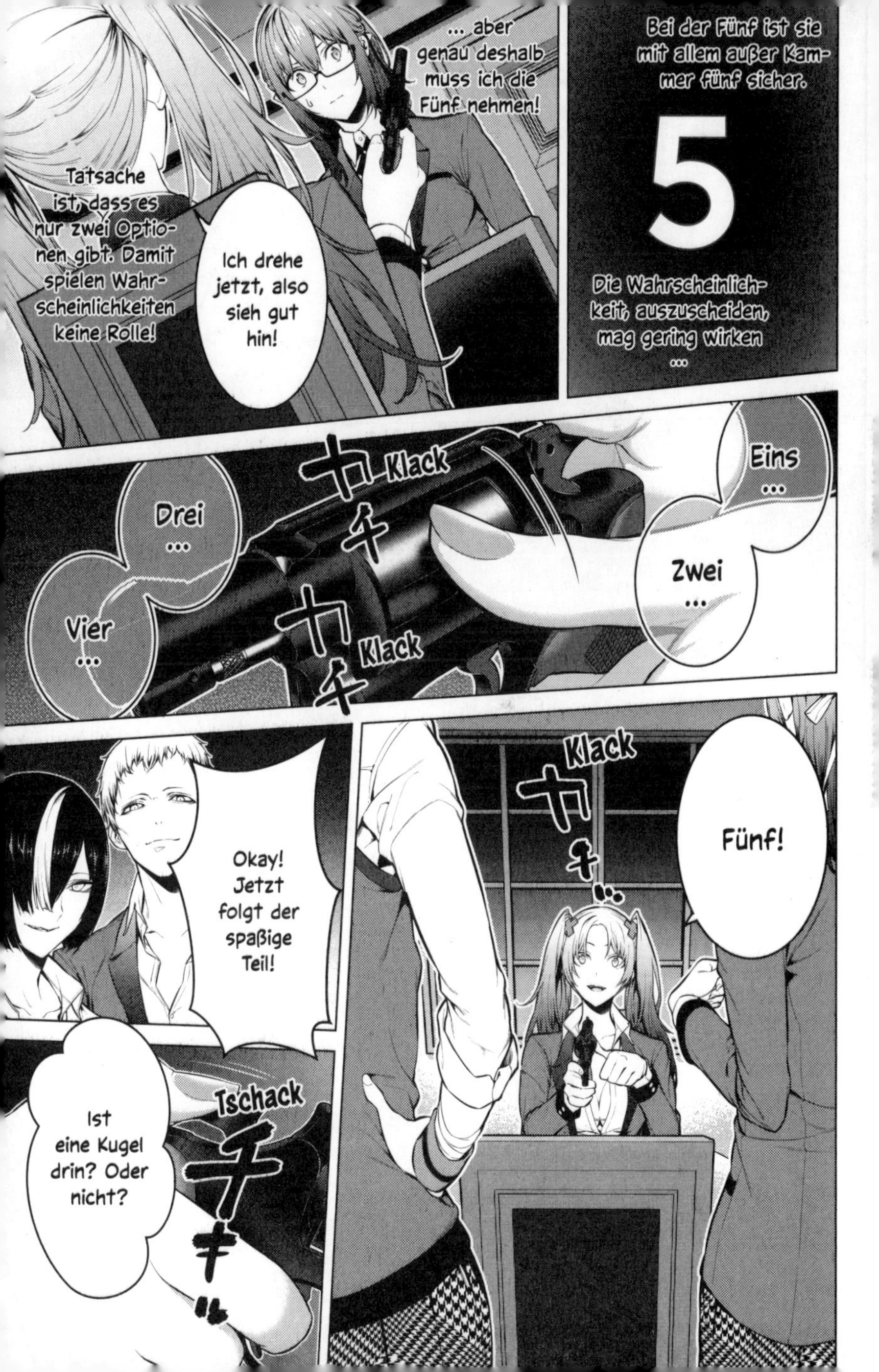
Bei der Fünf ist sie mit allem außer Kammer fünf sicher.
5
Die Wahrscheinlichkeit, auszuscheiden, mag gering wirken …
… aber genau deshalb muss ich die Fünf nehmen!
Tatsache ist, dass es nur zwei Optionen gibt. Damit spielen Wahrscheinlichkeiten keine Rolle!
Ich drehe jetzt, also sieh gut hin!
Eins …
Zwei …
Klack
Drei …
Vier …
Klack
Fünf!
Klack
Okay! Jetzt folgt der spaßige Teil!
Tschack
Ist eine Kugel drin? Oder nicht?

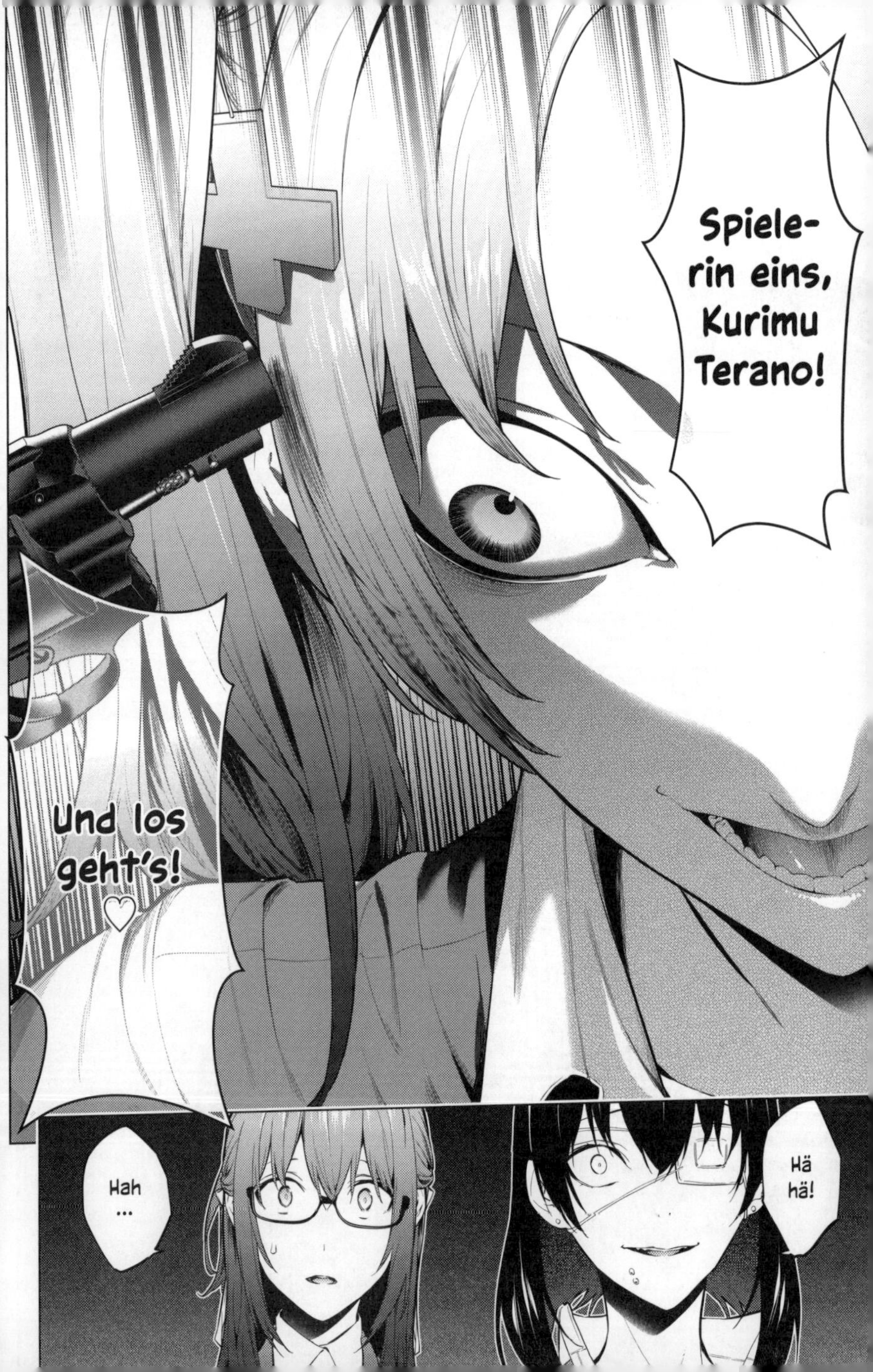
Spiele-
rin eins,
Kurimu
Terano!
Und los
geht's!
♡
Hä
hä!
Hah
...

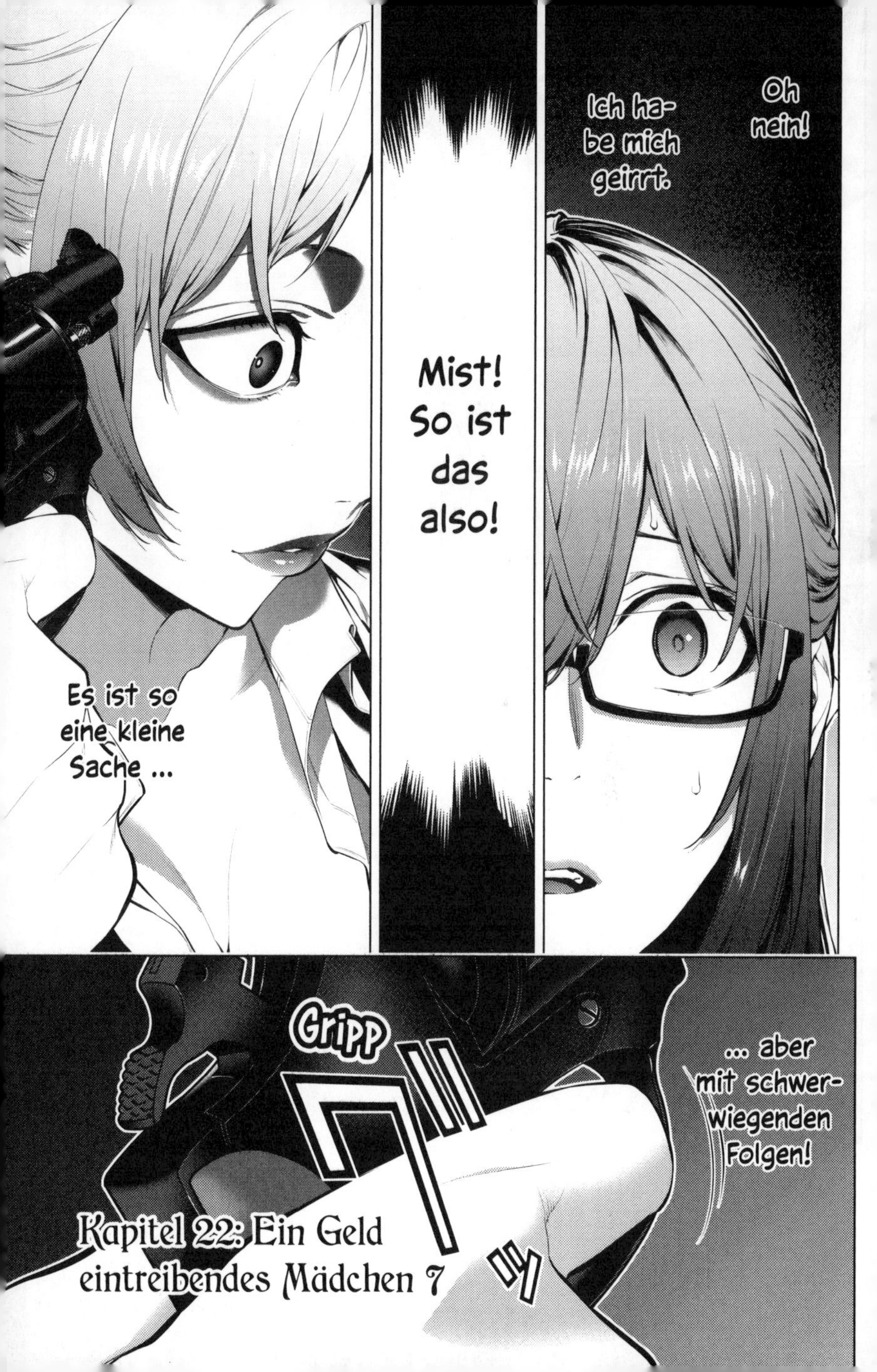
Oh nein!
Ich habe mich geirrt.
Mist! So ist das also!
Es ist so eine kleine Sache ...
... aber mit schwerwiegenden Folgen!
Gripp
Kapitel 22: Ein Geld eintreibendes Mädchen 7

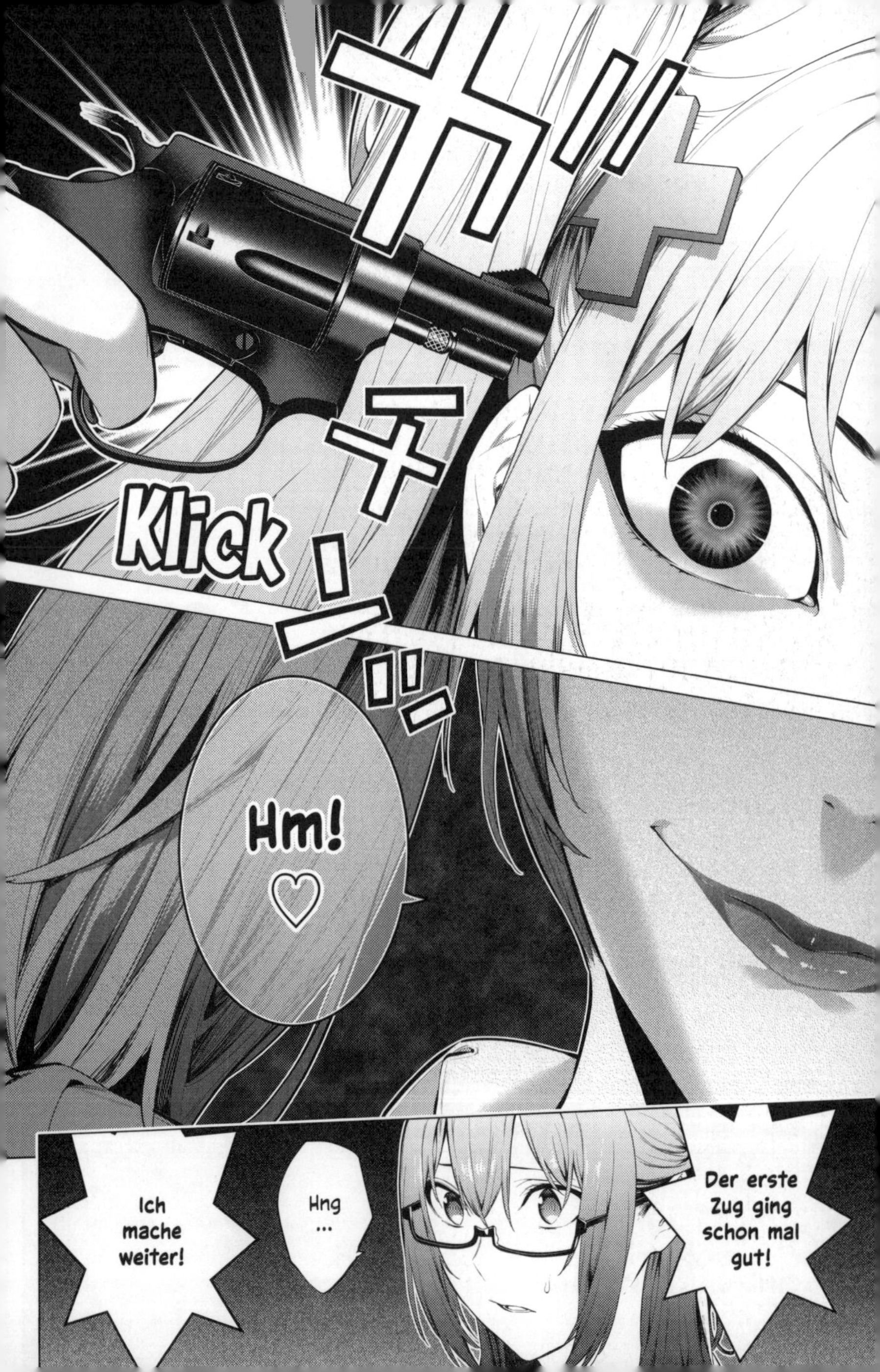
ガチッ
Klick
ニィ
Hm! ♡
Der erste Zug ging schon mal gut!
Hng ...
Ich mache weiter!

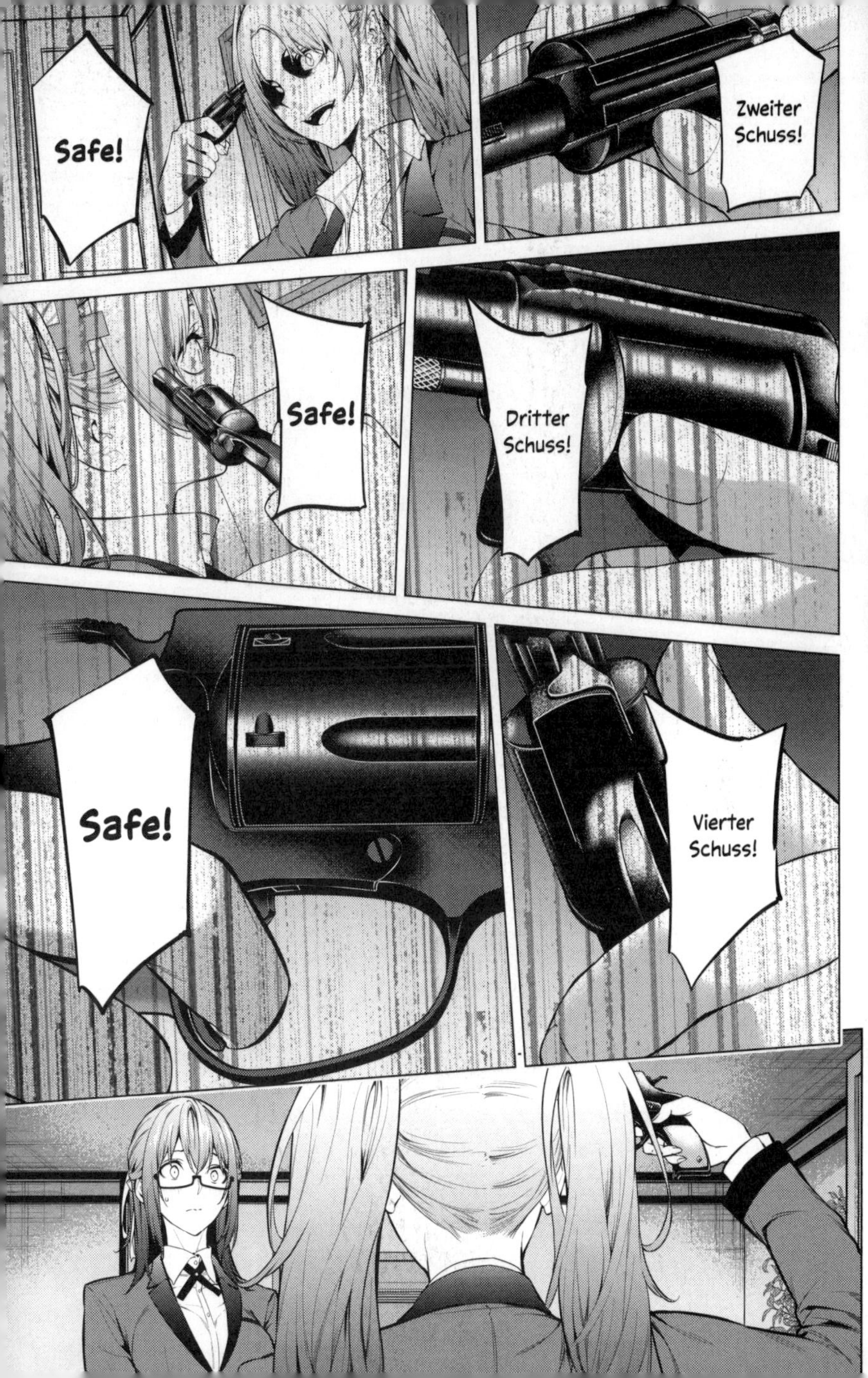
Zweiter Schuss!
Safe!
Dritter Schuss!
Safe!
Vierter Schuss!
Safe!

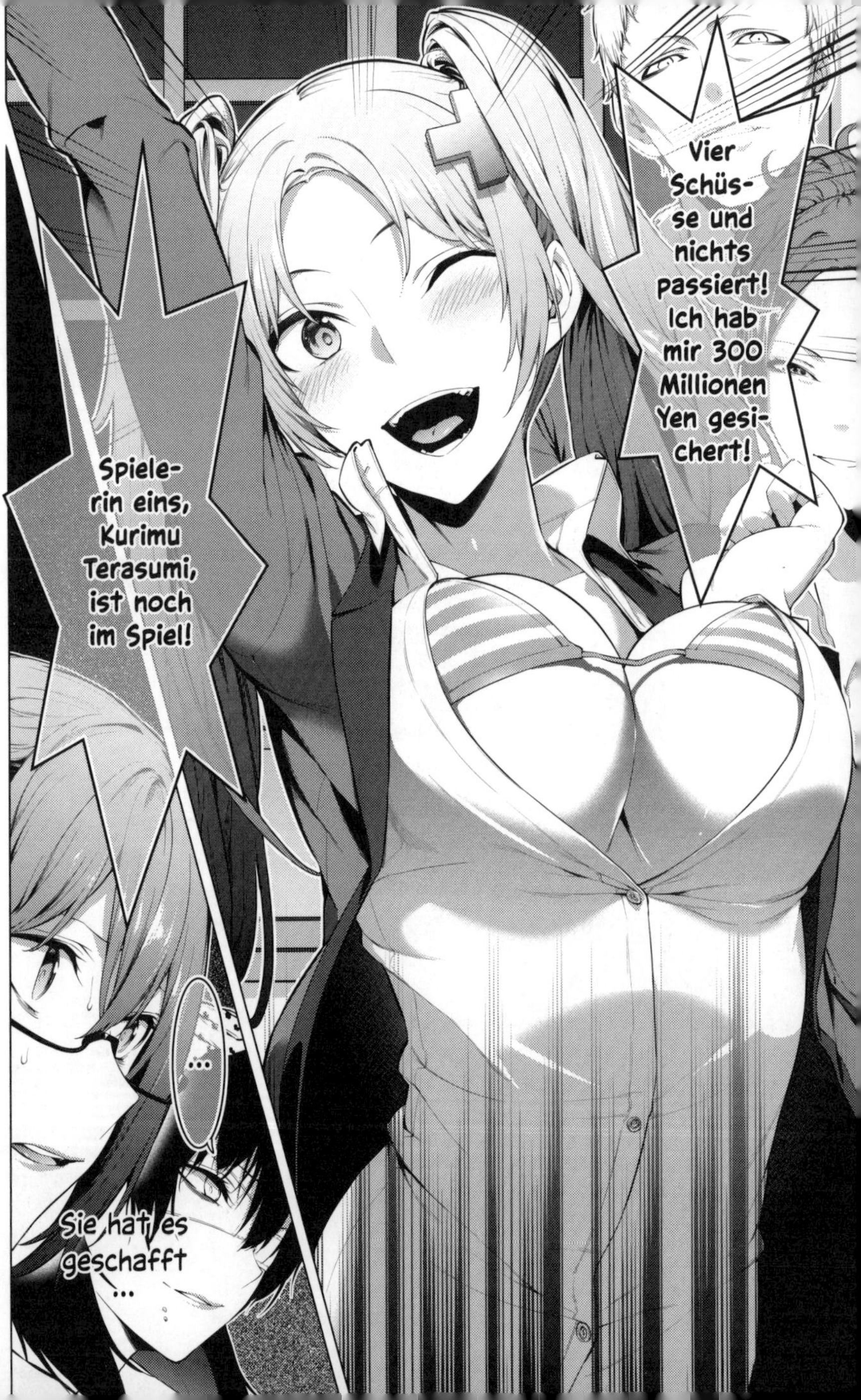
Vier Schüsse und nichts passiert! Ich hab mir 300 Millionen Yen gesichert!
Spielerin eins, Kurimu Terasumi, ist noch im Spiel!
...
Sie hat es geschafft ...

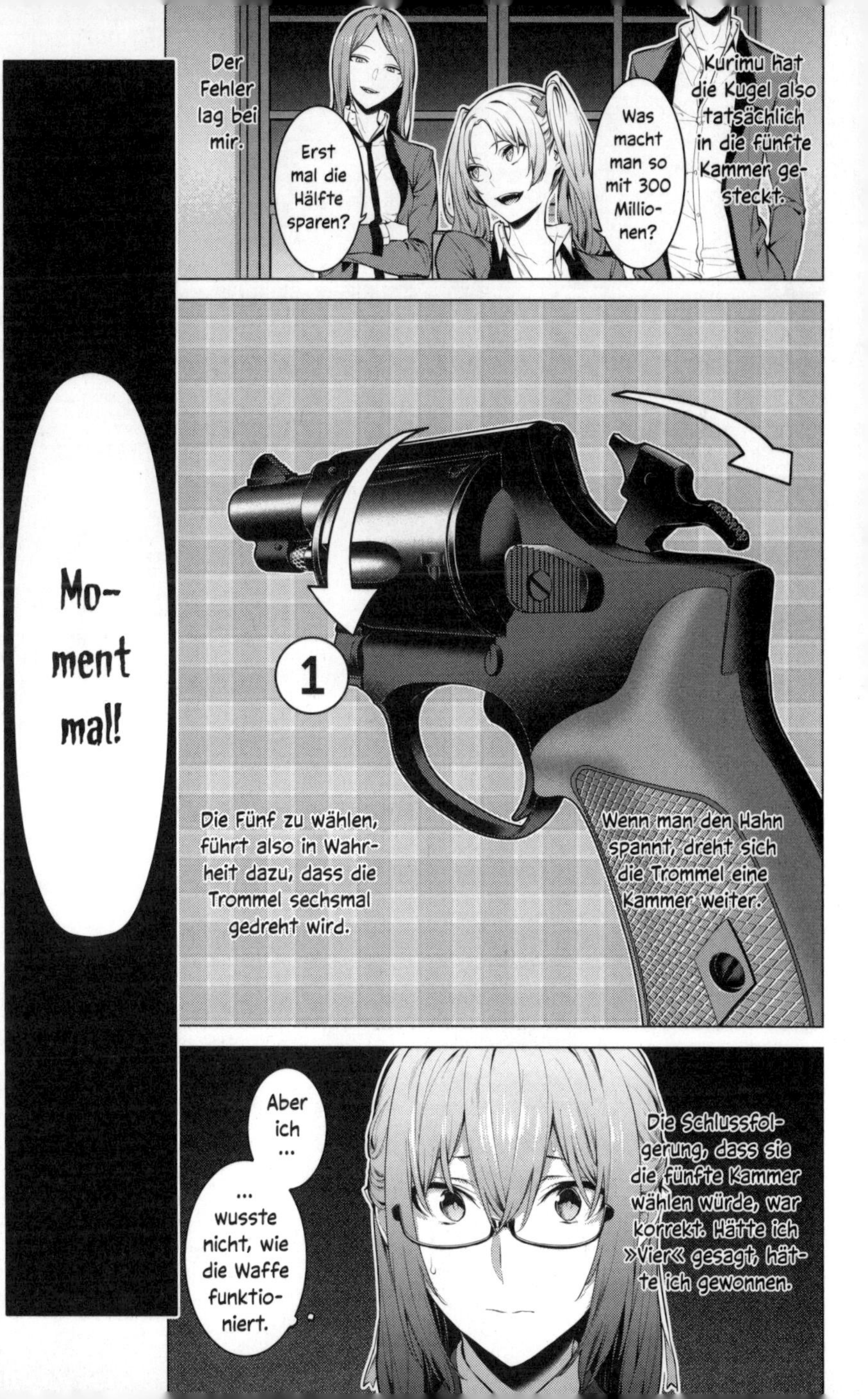

Kurimu hat die Kugel also tatsächlich in die fünfte Kammer gesteckt.
Was macht man so mit 300 Millionen?
Erst mal die Hälfte sparen?
Der Fehler lag bei mir.
Wenn man den Hahn spannt, dreht sich die Trommel eine Kammer weiter.
1
Die Fünf zu wählen, führt also in Wahrheit dazu, dass die Trommel sechsmal gedreht wird.
Die Schlussfolgerung, dass sie die fünfte Kammer wählen würde, war korrekt. Hätte ich »Vier« gesagt, hätte ich gewonnen.
Aber ich ...
... wusste nicht, wie die Waffe funktioniert.
Moment mal!

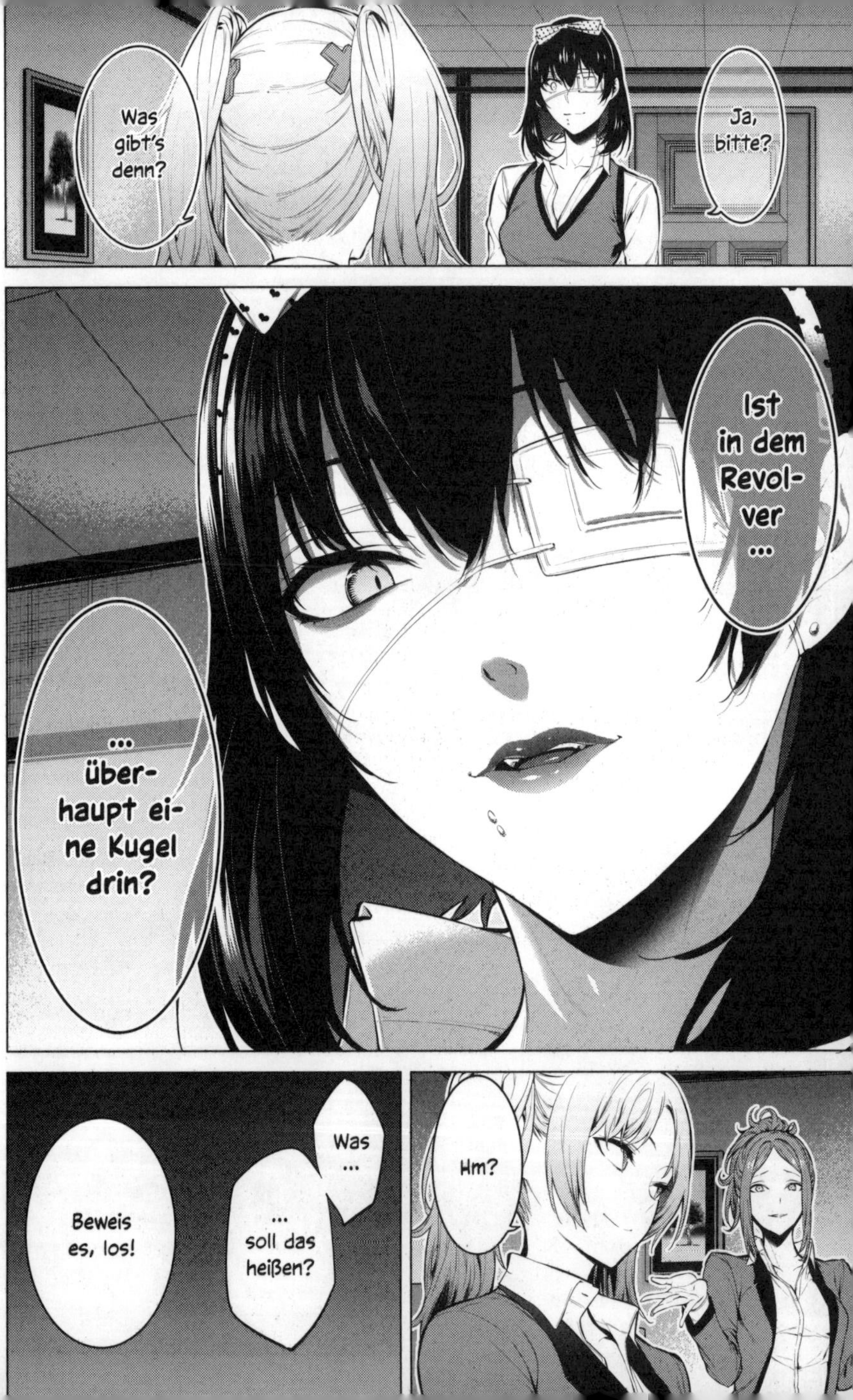

Ja, bitte?
Was gibt's denn?
Ist in dem Revolver ...
... überhaupt eine Kugel drin?
Hm?
Was ...
... soll das heißen?
Beweis es, los!

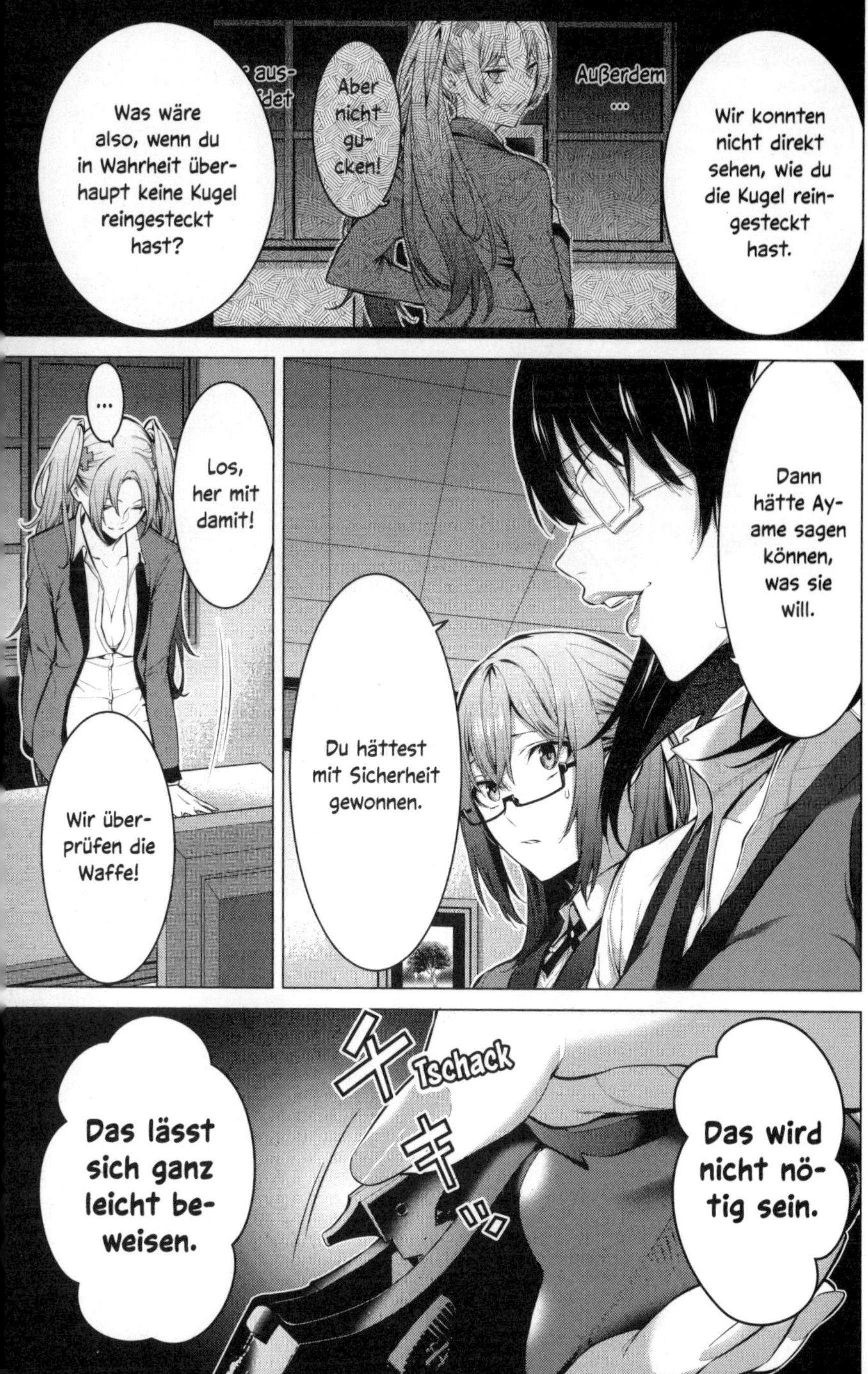
Wir konnten nicht direkt sehen, wie du die Kugel reingesteckt hast.
Außerdem ...
Aber nicht gucken!
Was wäre also, wenn du in Wahrheit überhaupt keine Kugel reingesteckt hast?
Dann hätte Ayame sagen können, was sie will.
Du hättest mit Sicherheit gewonnen.
...
Los, her mit damit!
Wir überprüfen die Waffe!
Das wird nicht nötig sein.
Tschack
Das lässt sich ganz leicht beweisen.

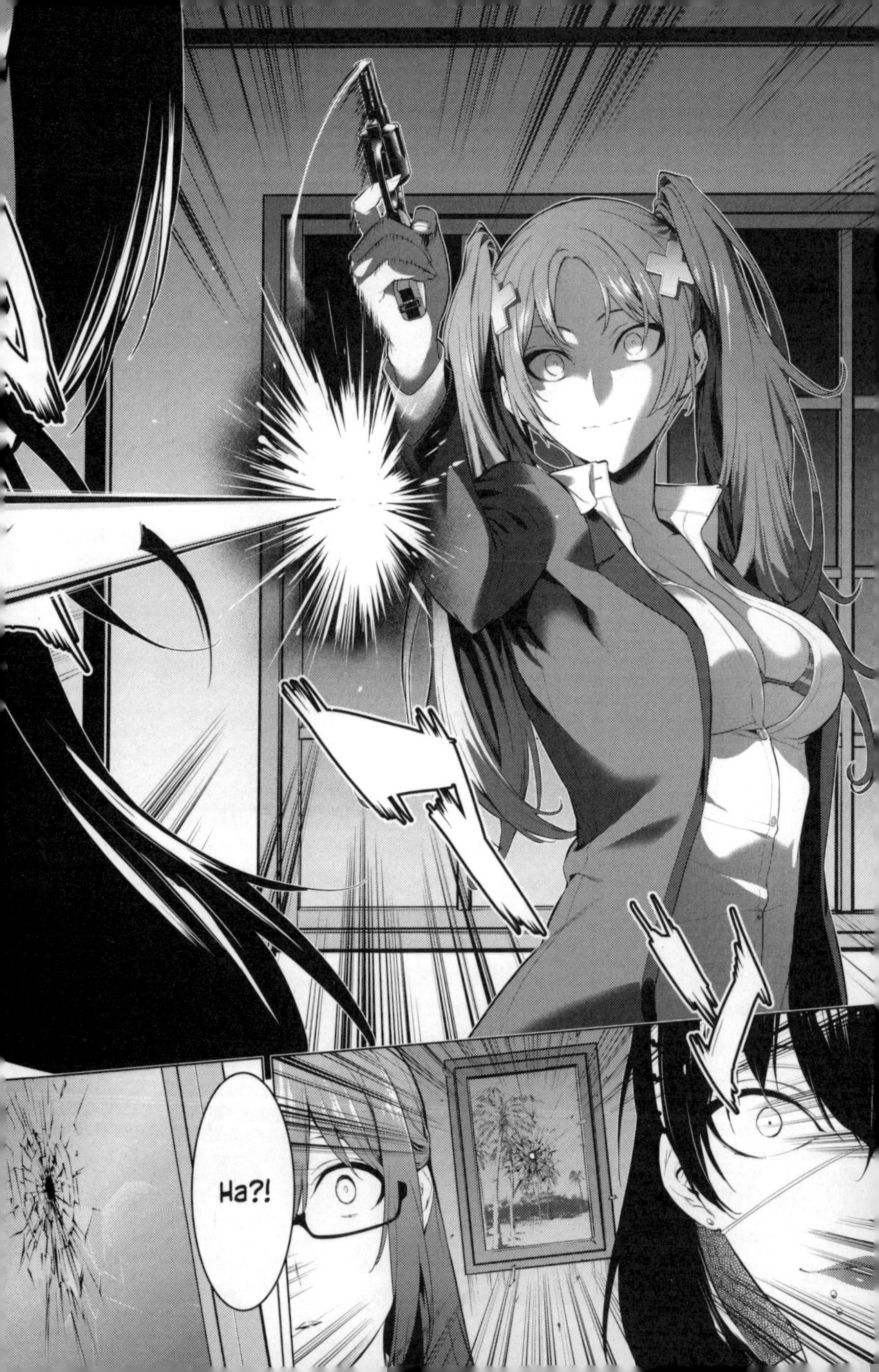
Ha?!

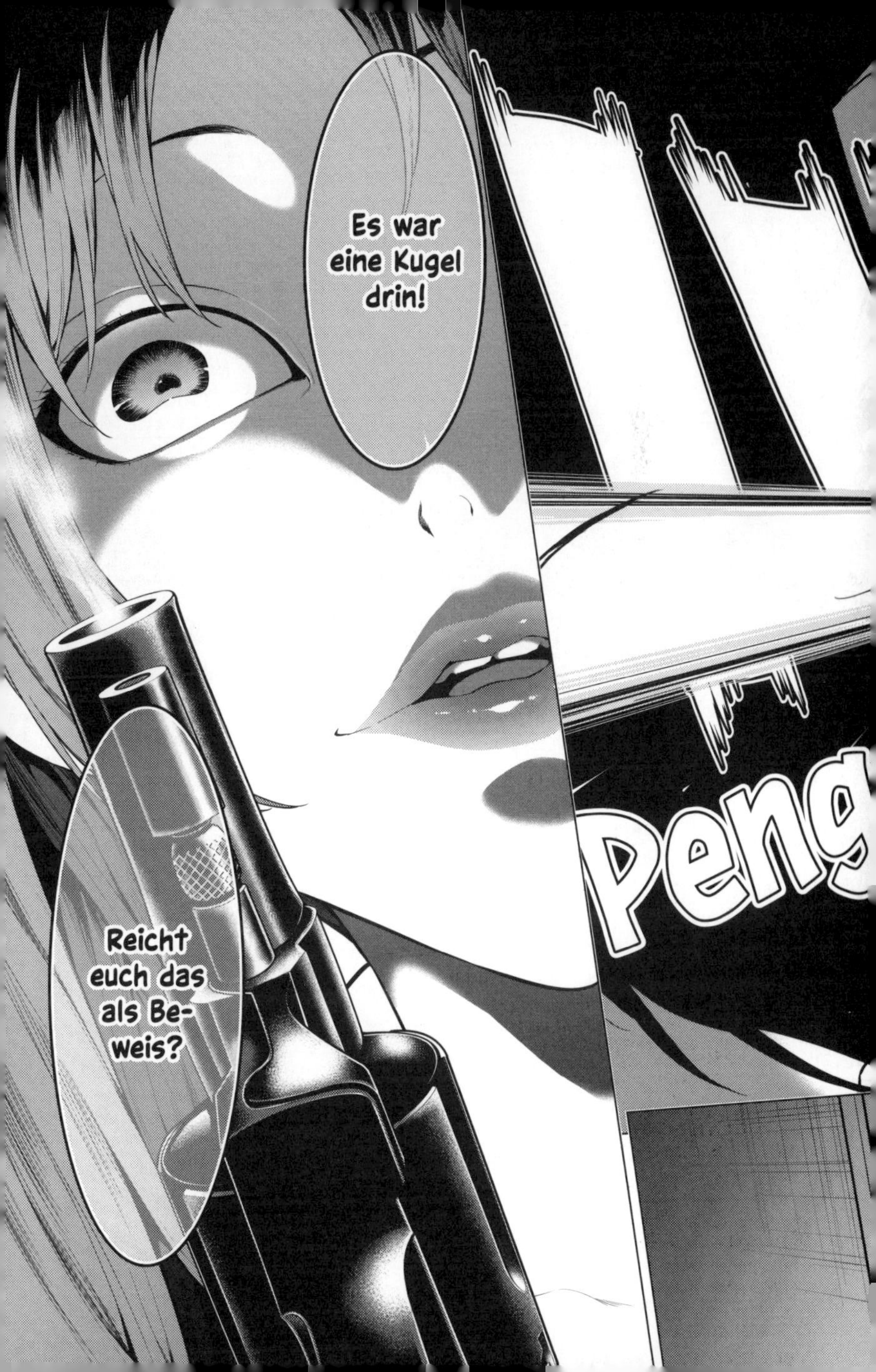
Es war eine Kugel drin!
Peng
Reicht euch das als Be-weis?

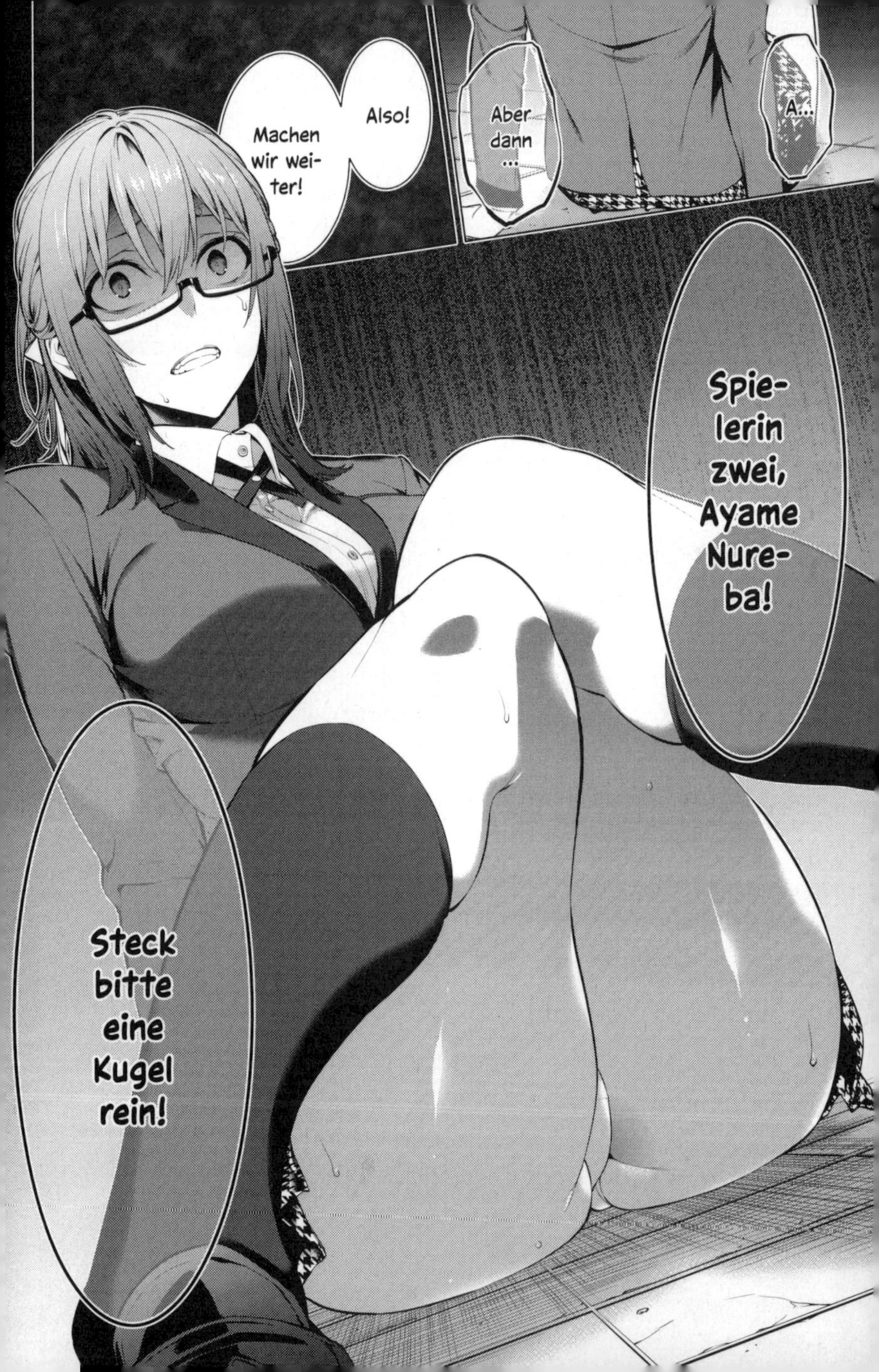
A…
Aber dann …
Also!
Machen wir wei-ter!
Spie-lerin zwei, Ayame Nure-ba!
Steck bitte eine Kugel rein!

Ka
ke
gu
ru
i

Midari

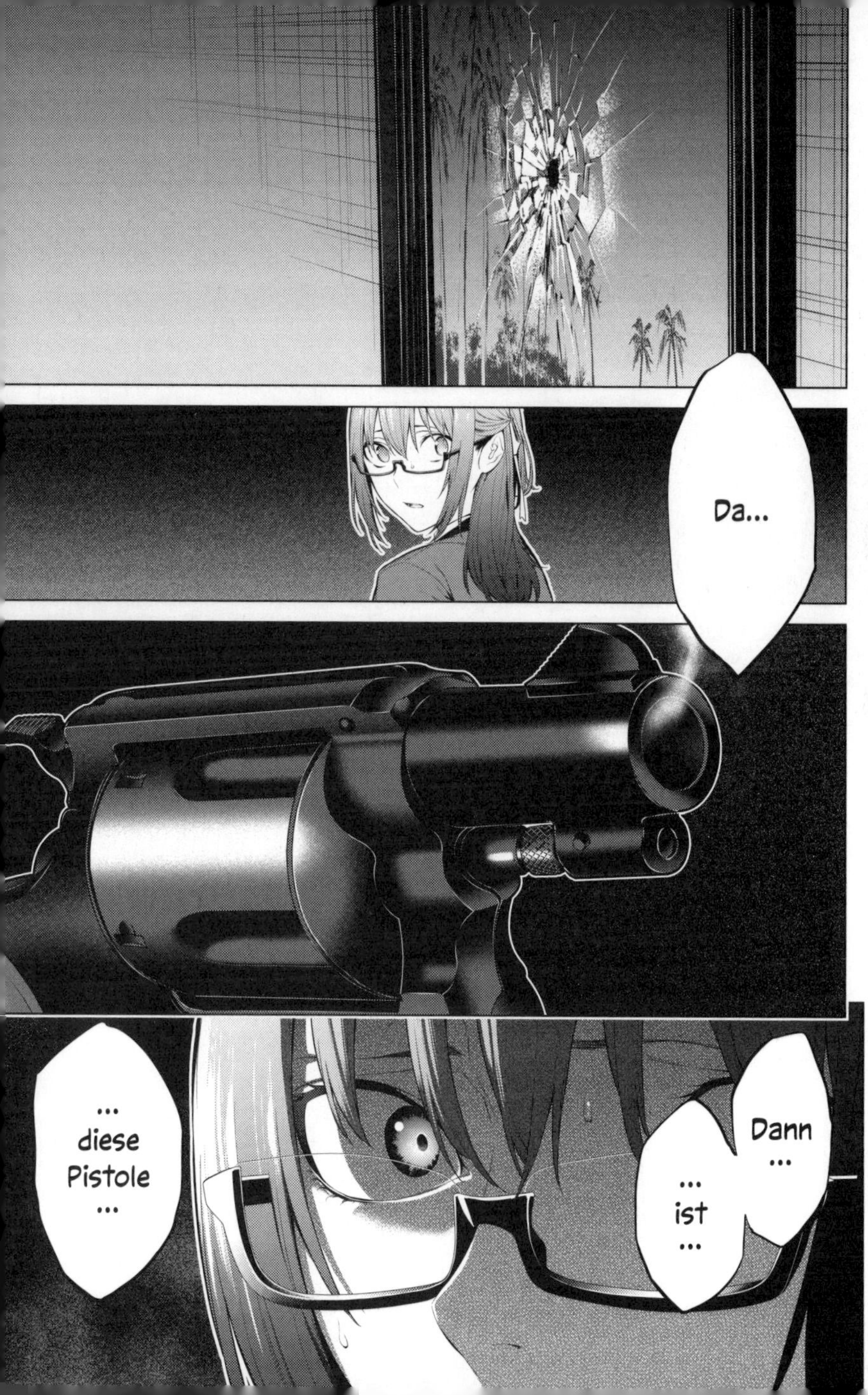
Da...
Dann ...
... ist ...
... diese Pistole ...

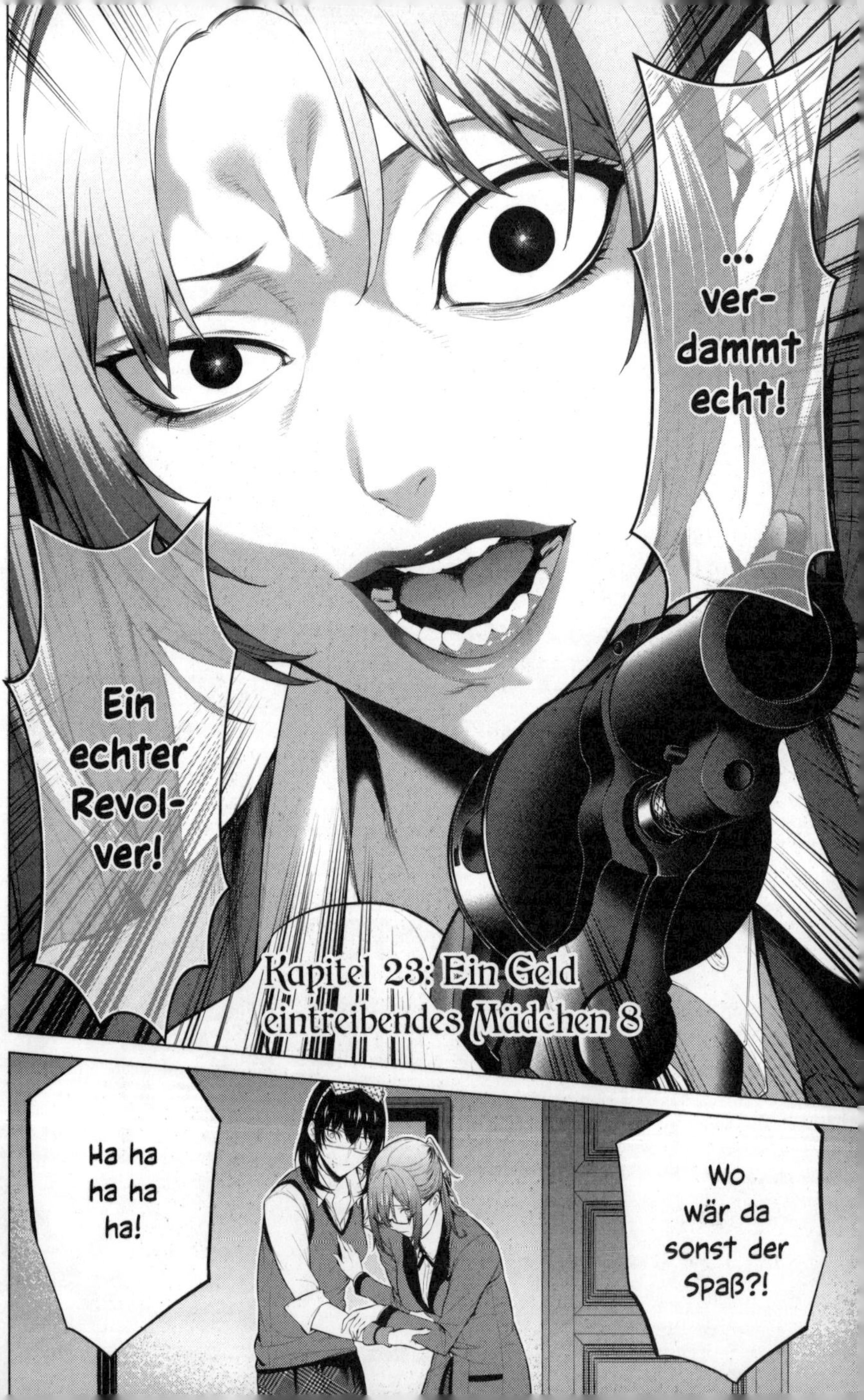
... verdammt echt!
Ein echter Revolver!
Kapitel 23: Ein Geld eintreibendes Mädchen 8
Wo wär da sonst der Spaß?!
Ha ha ha ha ha!

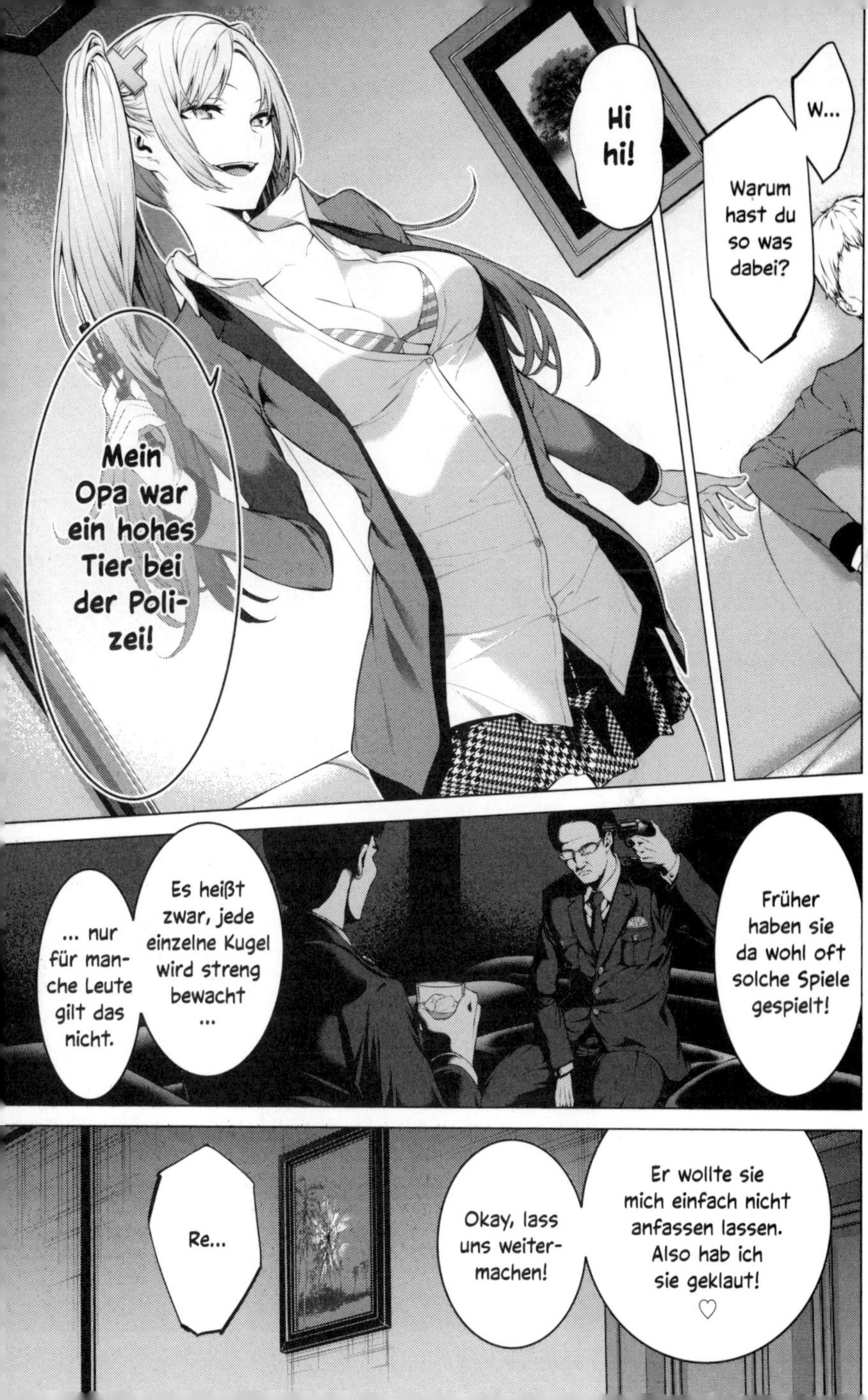
W...
Warum hast du so was dabei?
Hi hi!
Mein Opa war ein hohes Tier bei der Poli-zei!
Früher haben sie da wohl oft solche Spiele gespielt!
Es heißt zwar, jede einzelne Kugel wird streng bewacht ...
... nur für man-che Leute gilt das nicht.
Er wollte sie mich einfach nicht anfassen lassen. Also hab ich sie geklaut! ♡
Okay, lass uns weiter-machen!
Re...

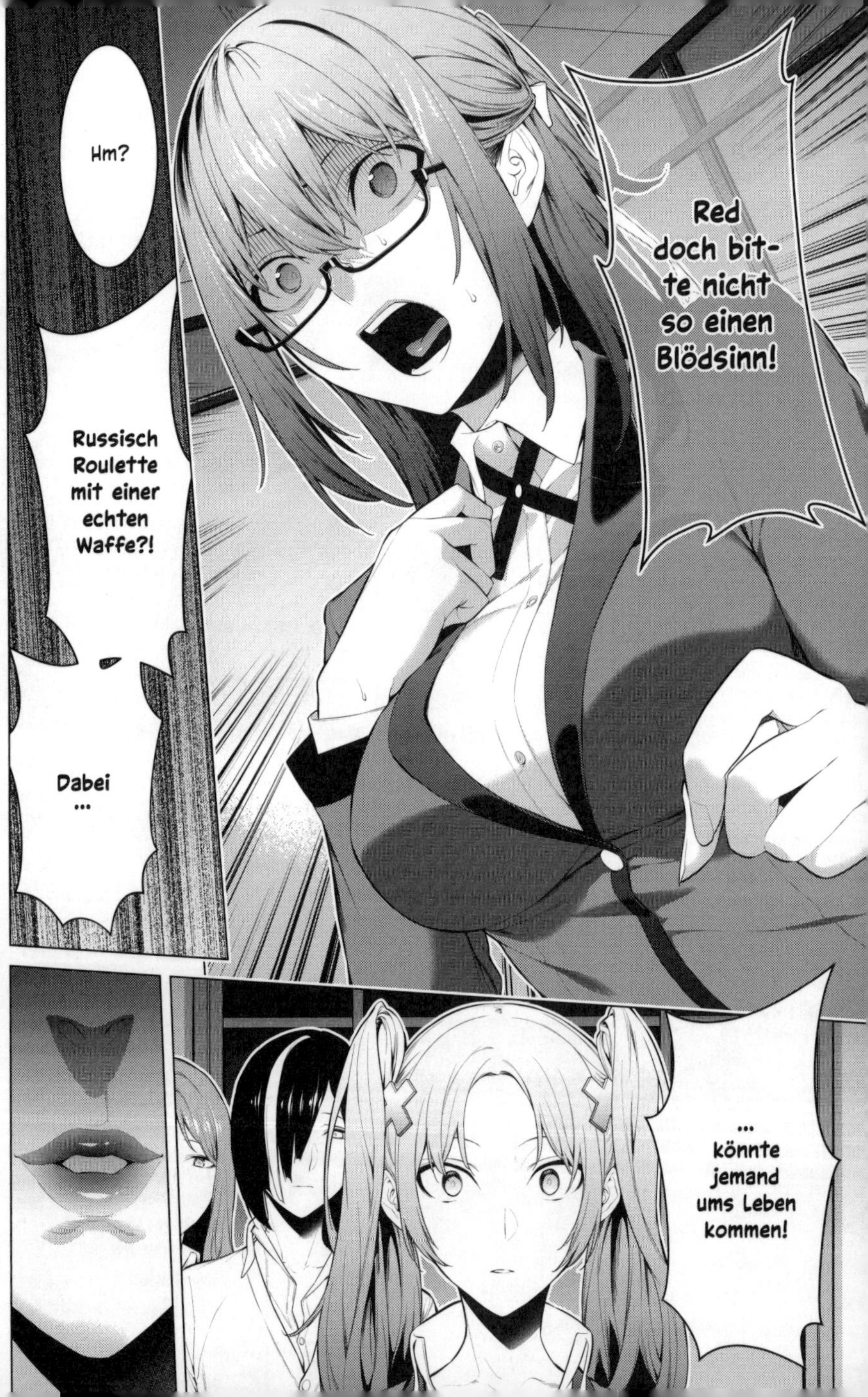
Red doch bitte nicht so einen Blödsinn!
Hm?
Russisch Roulette mit einer echten Waffe?!
Dabei ...
... könnte jemand ums Leben kommen!

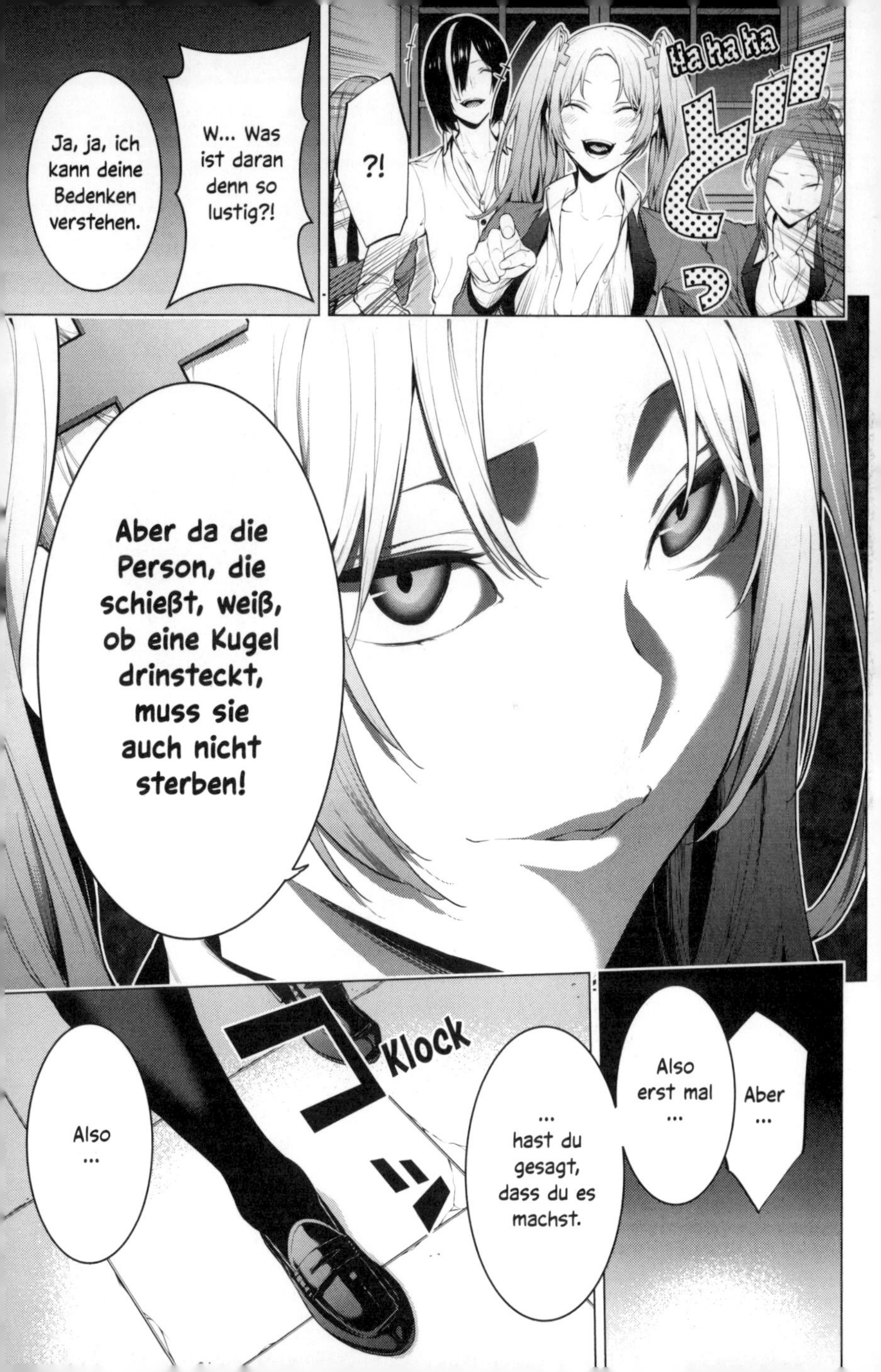
Ha ha ha
?!
W... Was ist daran denn so lustig?!
Ja, ja, ich kann deine Bedenken verstehen.
Aber da die Person, die schießt, weiß, ob eine Kugel drinsteckt, muss sie auch nicht sterben!
Klock
Aber ...
Also erst mal ...
... hast du gesagt, dass du es machst.
Also ...

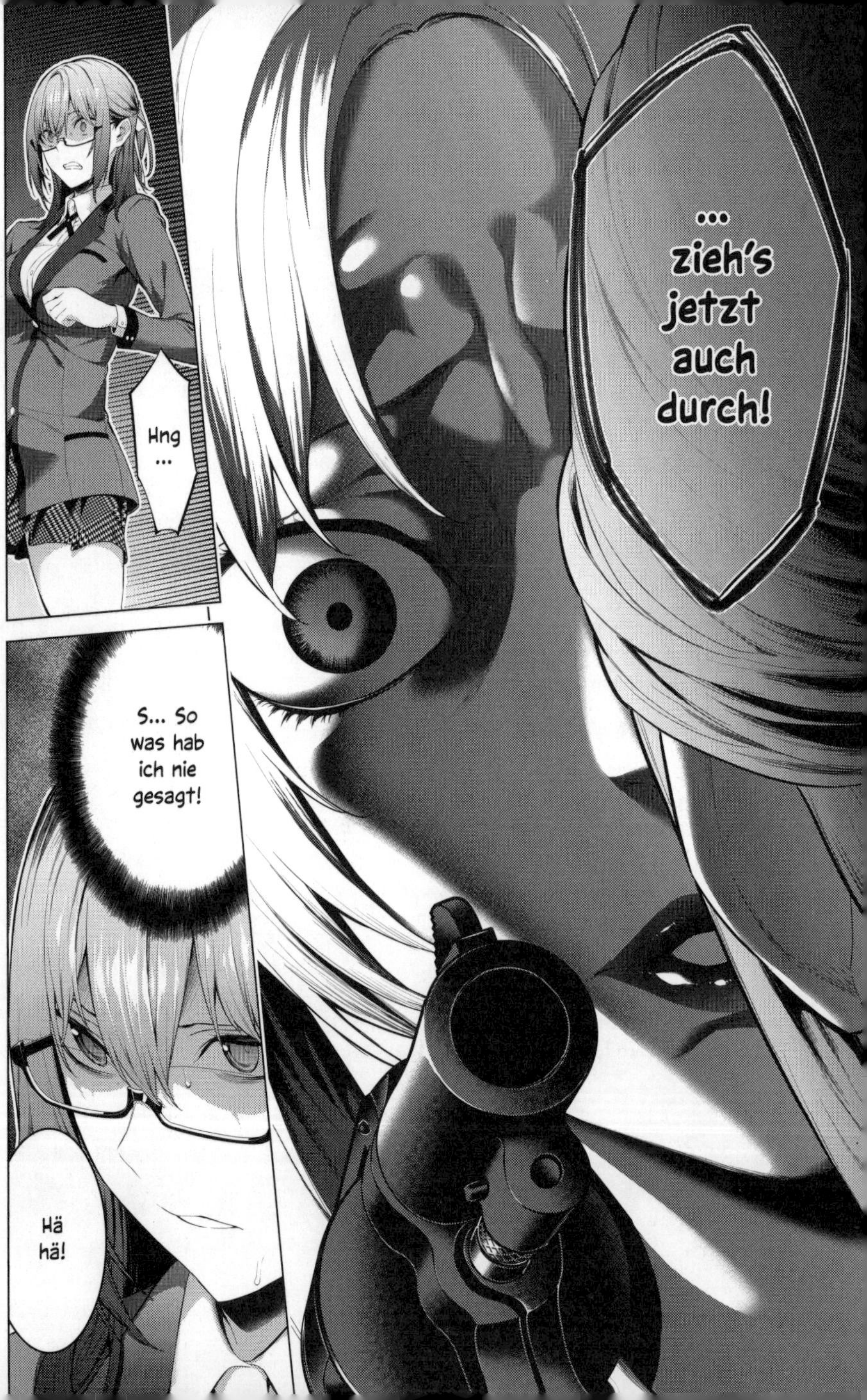

... zieh's jetzt auch durch!
Hng ...
S... So was hab ich nie gesagt!
Hä hä!

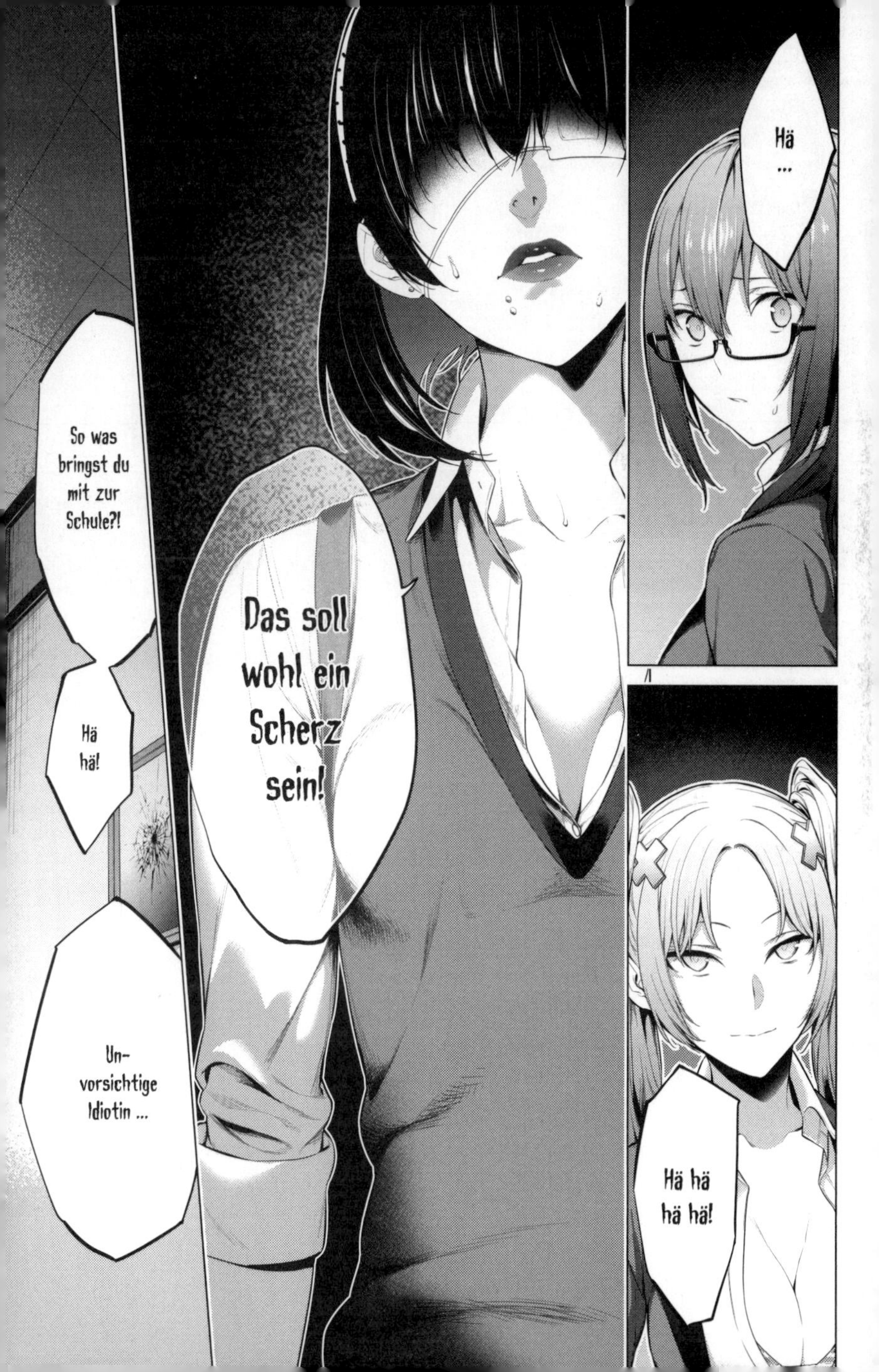
Hä ...
Das soll wohl ein Scherz sein!
So was bringst du mit zur Schule?!
Hä hä!
Un-vorsichtige Idiotin ...
Hä hä hä hä!

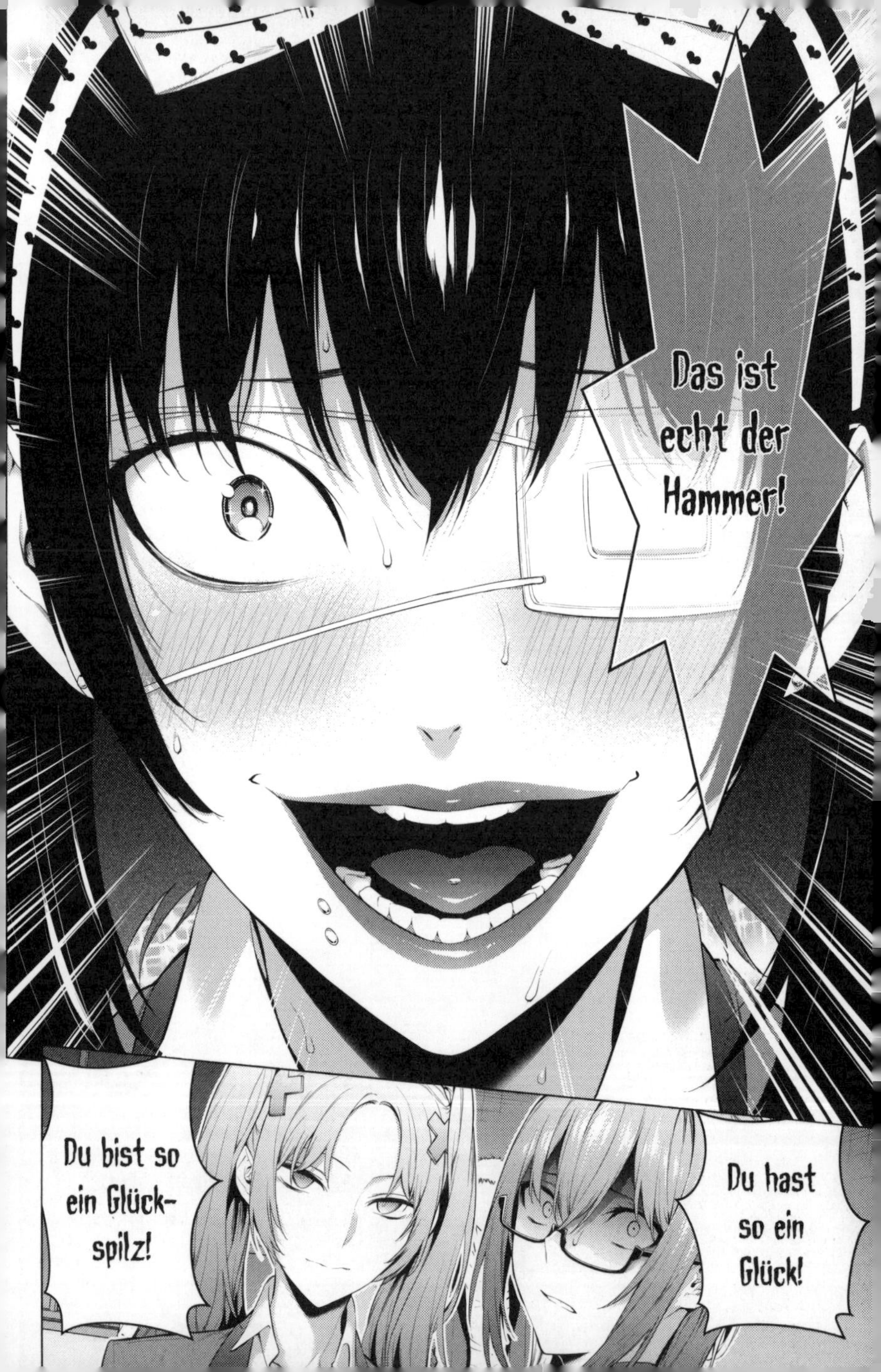
Das ist echt der Hammer!
Du hast so ein Glück!
Du bist so ein Glück-spilz!

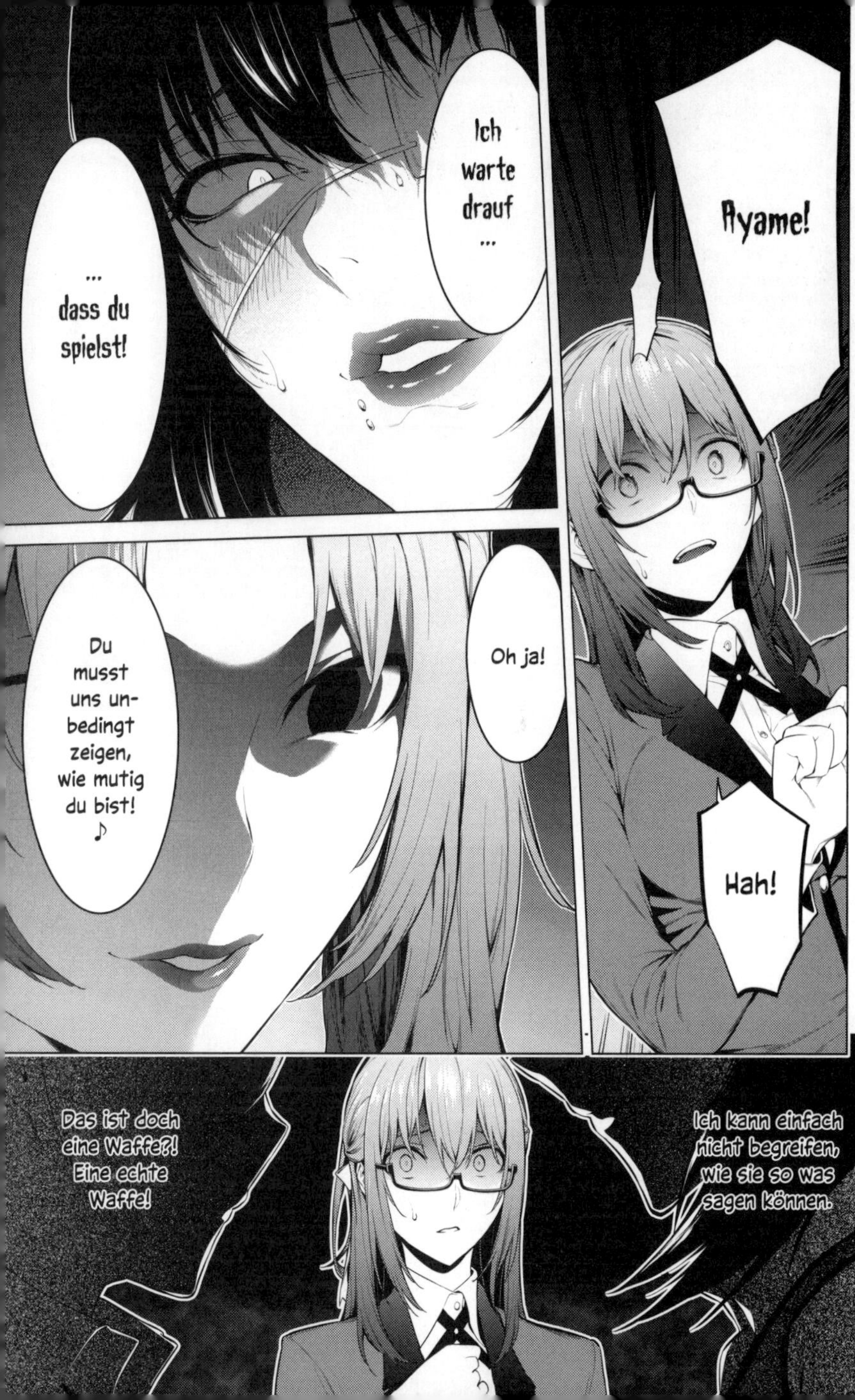
Ayame!
Ich warte drauf …
… dass du spielst!
Oh ja!
Du musst uns unbedingt zeigen, wie mutig du bist! ♪
Hah!
Ich kann einfach nicht begreifen, wie sie so was sagen können.
Das ist doch eine Waffe?! Eine echte Waffe!

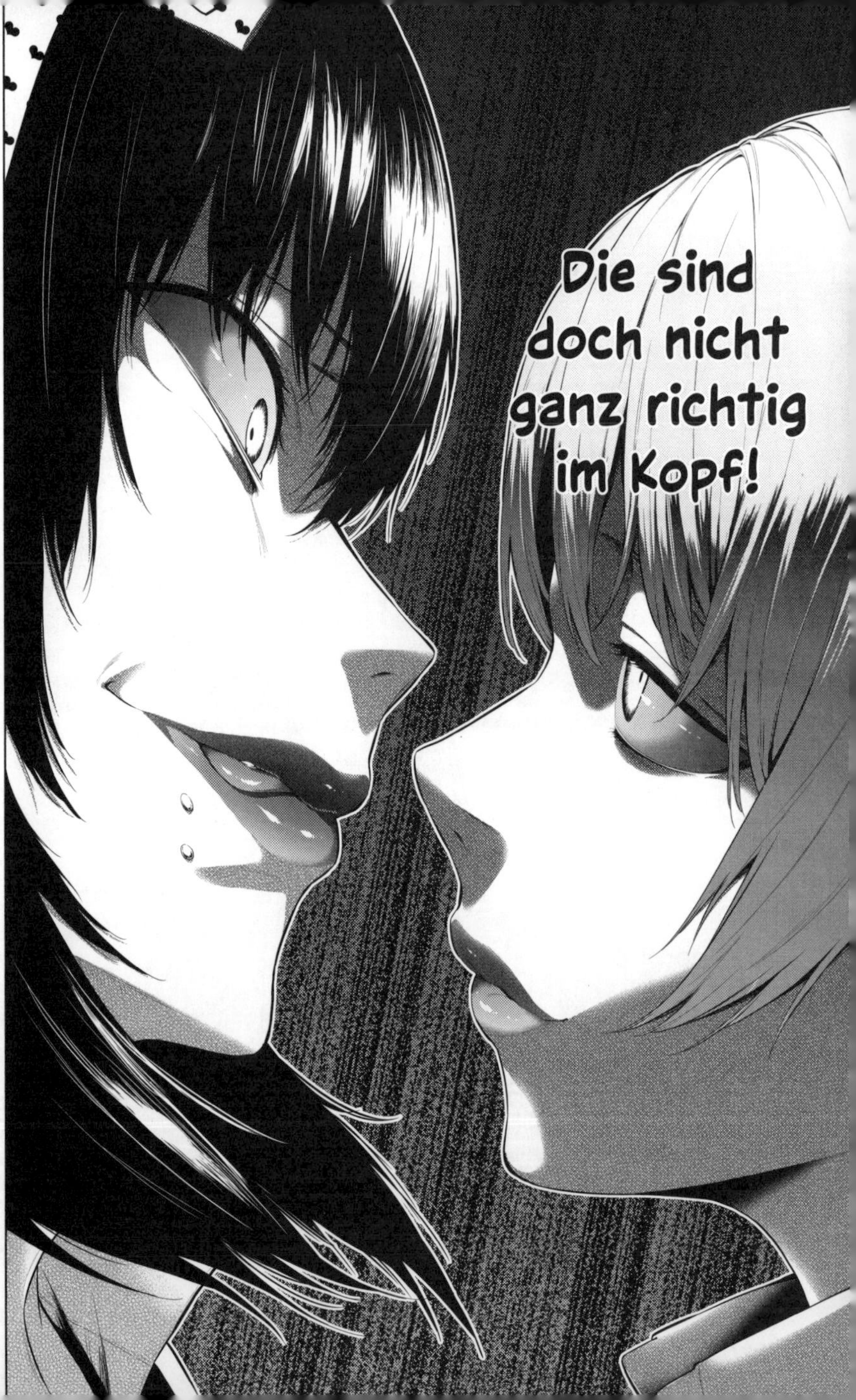
Die sind doch nicht ganz richtig im Kopf!

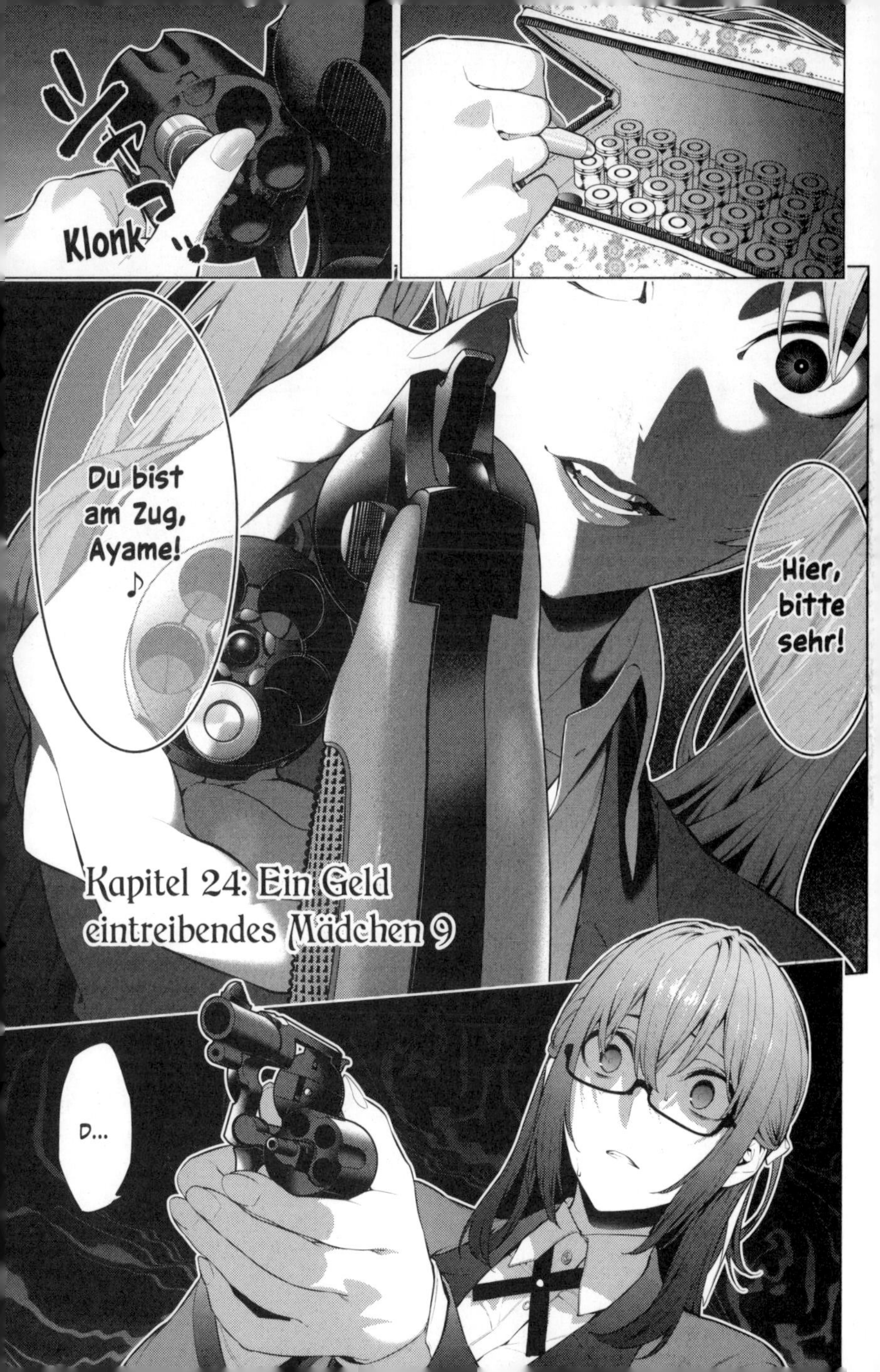
Klonk
Hier, bitte sehr!
Du bist am Zug, Ayame! ♪
Kapitel 24: Ein Geld eintreibendes Mädchen 9
D...

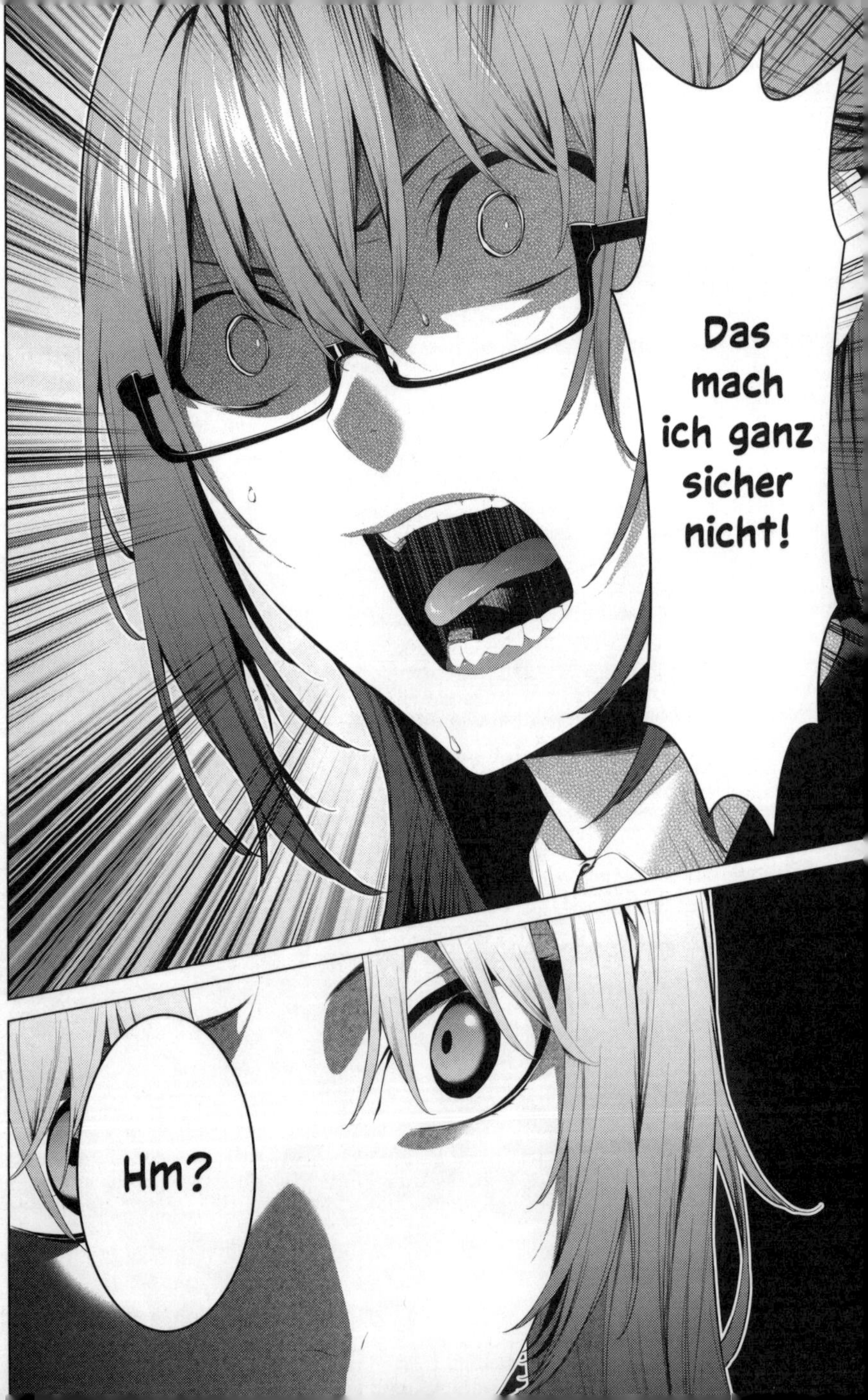
Das mach ich ganz sicher nicht!
Hm?

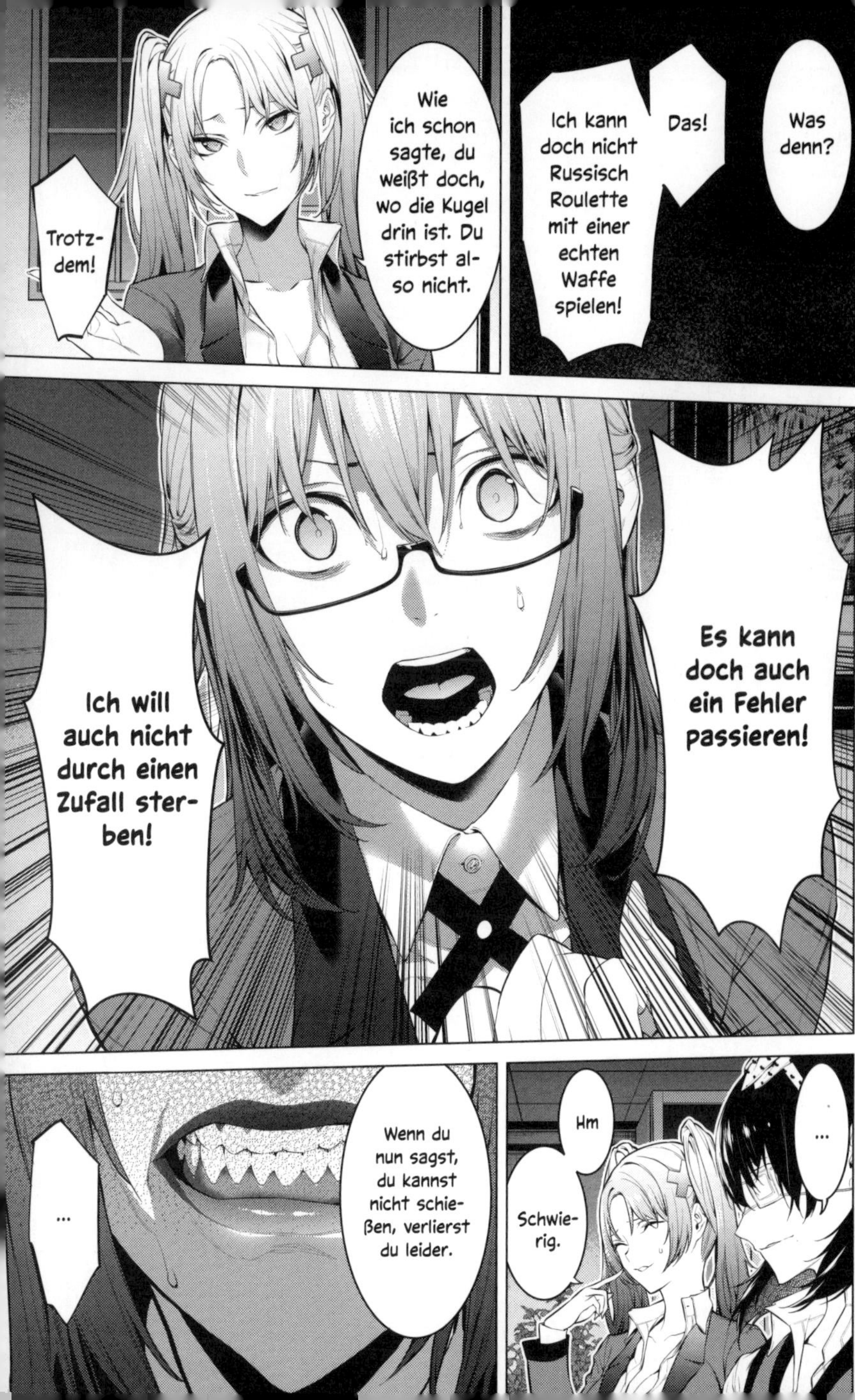
Was denn?
Das!
Ich kann doch nicht Russisch Roulette mit einer echten Waffe spielen!
Wie ich schon sagte, du weißt doch, wo die Kugel drin ist. Du stirbst also nicht.
Trotzdem!
Es kann doch auch ein Fehler passieren!
Ich will auch nicht durch einen Zufall sterben!
...
Hm
Schwierig.
Wenn du nun sagst, du kannst nicht schießen, verlierst du leider.
...

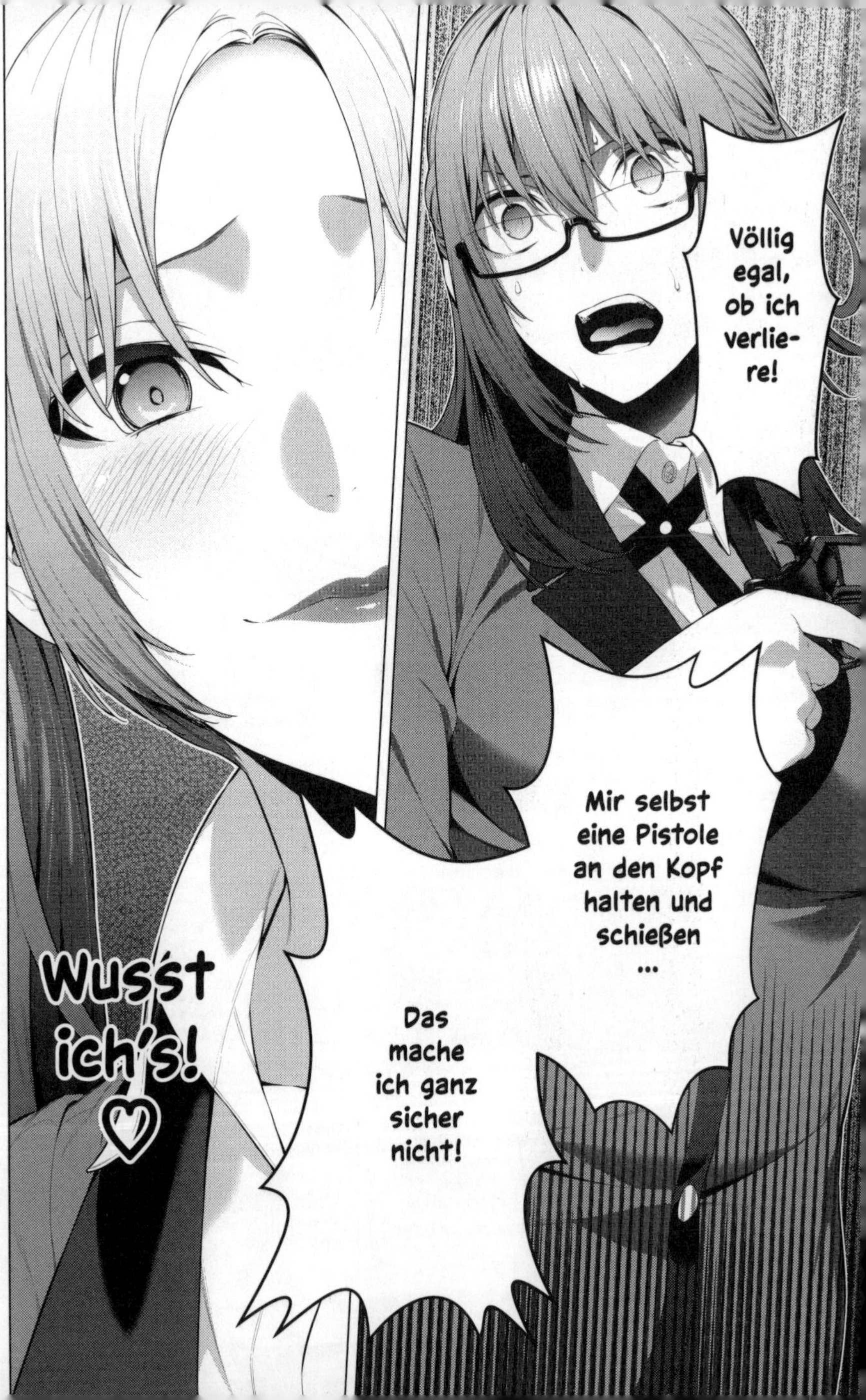
Völlig egal, ob ich verliere!
Mir selbst eine Pistole an den Kopf halten und schießen ...
Das mache ich ganz sicher nicht!
Wusst ich's! ♡

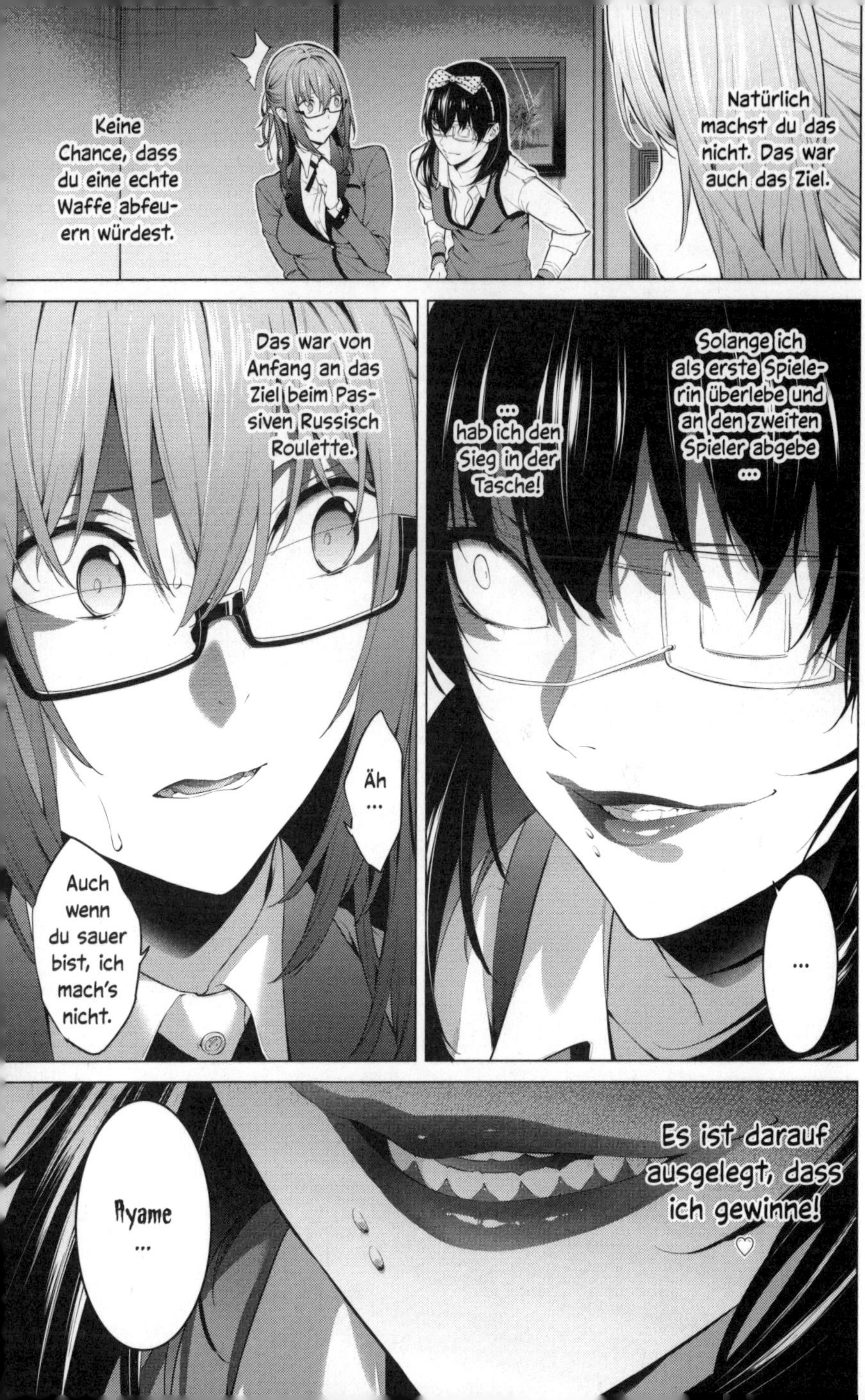
Natürlich machst du das nicht. Das war auch das Ziel.
Keine Chance, dass du eine echte Waffe abfeuern würdest.
Solange ich als erste Spielerin überlebe und an den zweiten Spieler abgebe …
… hab ich den Sieg in der Tasche!
…
Das war von Anfang an das Ziel beim Passiven Russisch Roulette.
Äh …
Auch wenn du sauer bist, ich mach's nicht.
Es ist darauf ausgelegt, dass ich gewinne! ♡
Ayame …

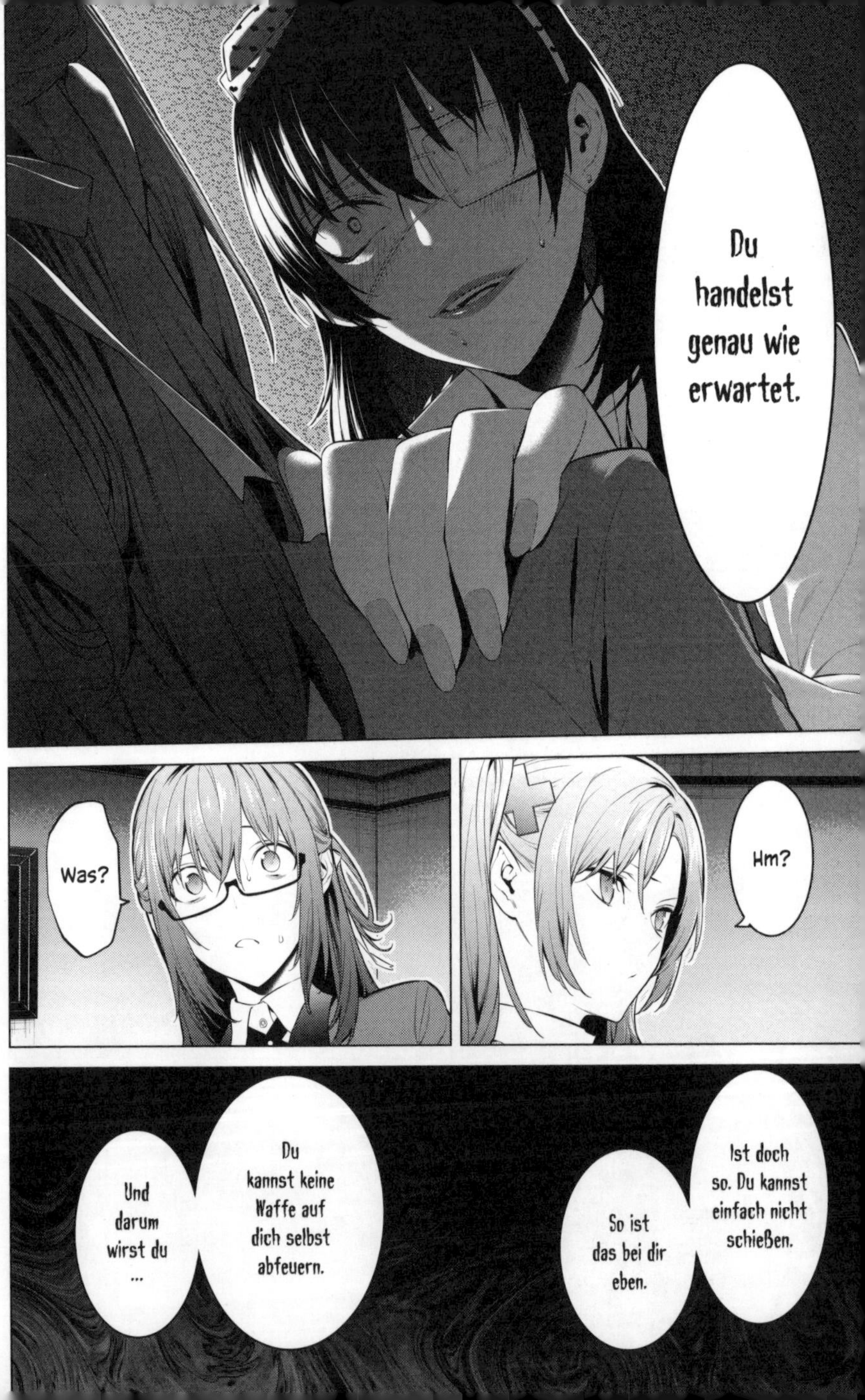
Du handelst genau wie erwartet.
Hm?
Was?
Ist doch so. Du kannst einfach nicht schießen.
So ist das bei dir eben.
Du kannst keine Waffe auf dich selbst abfeuern.
Und darum wirst du …

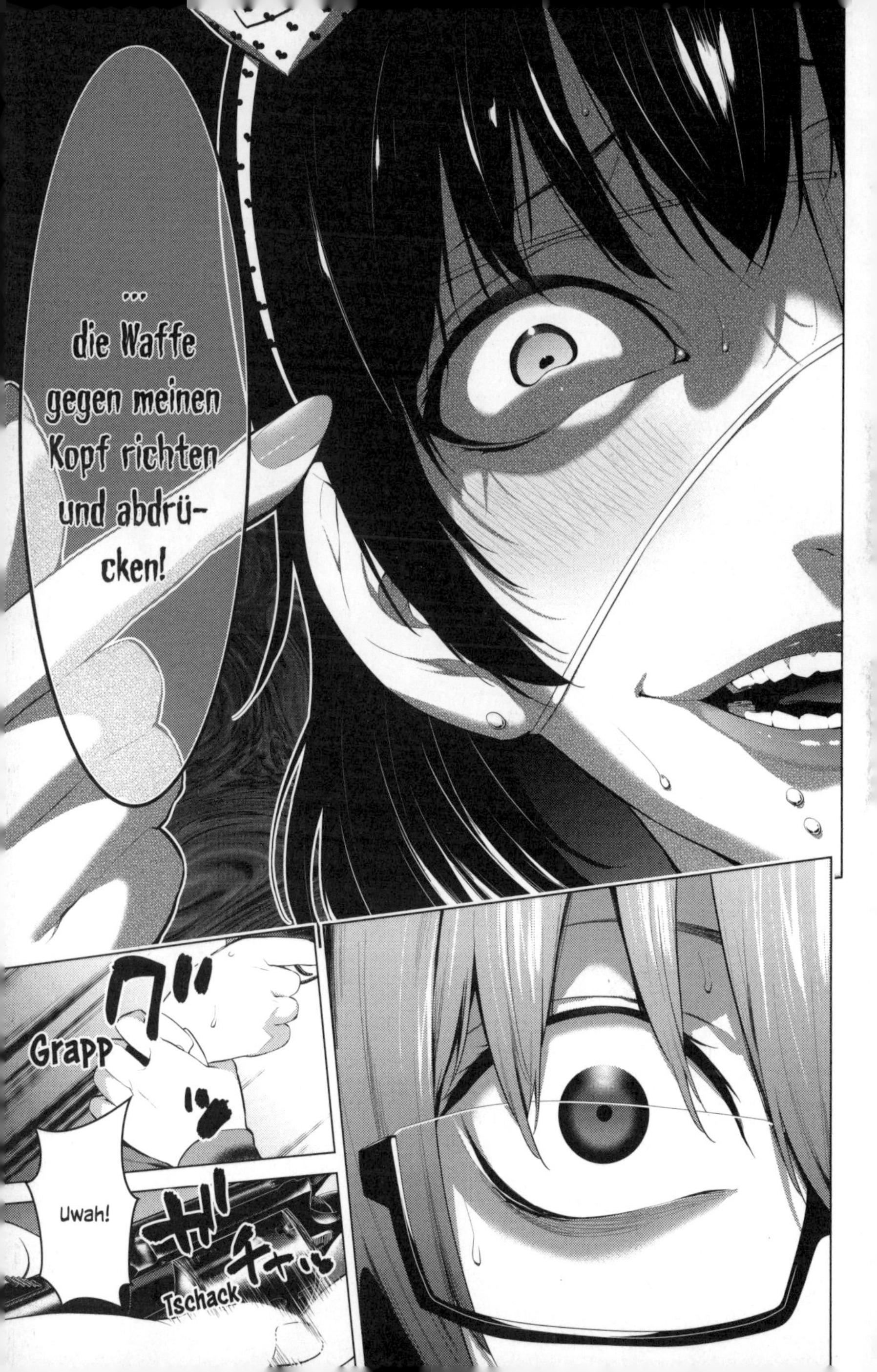
...
die Waffe
gegen meinen
Kopf richten
und abdrü-
cken!
Grapp
Uwah!
Tschack

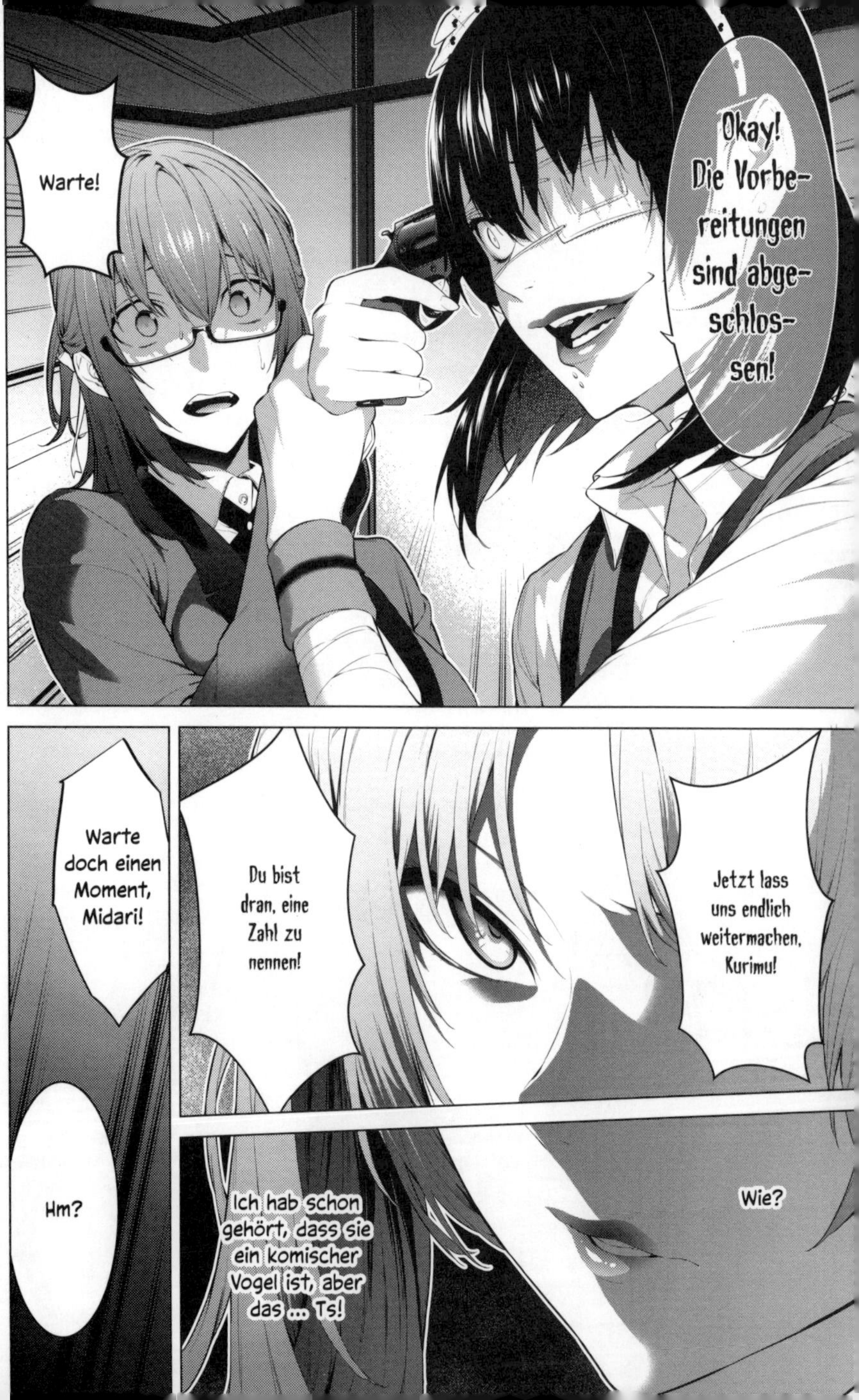
Okay! Die Vorbereitungen sind abgeschlossen!
Warte!
Jetzt lass uns endlich weitermachen, Kurimu!
Du bist dran, eine Zahl zu nennen!
Warte doch einen Moment, Midari!
Wie?
Ich hab schon gehört, dass sie ein komischer Vogel ist, aber das ... Ts!
Hm?

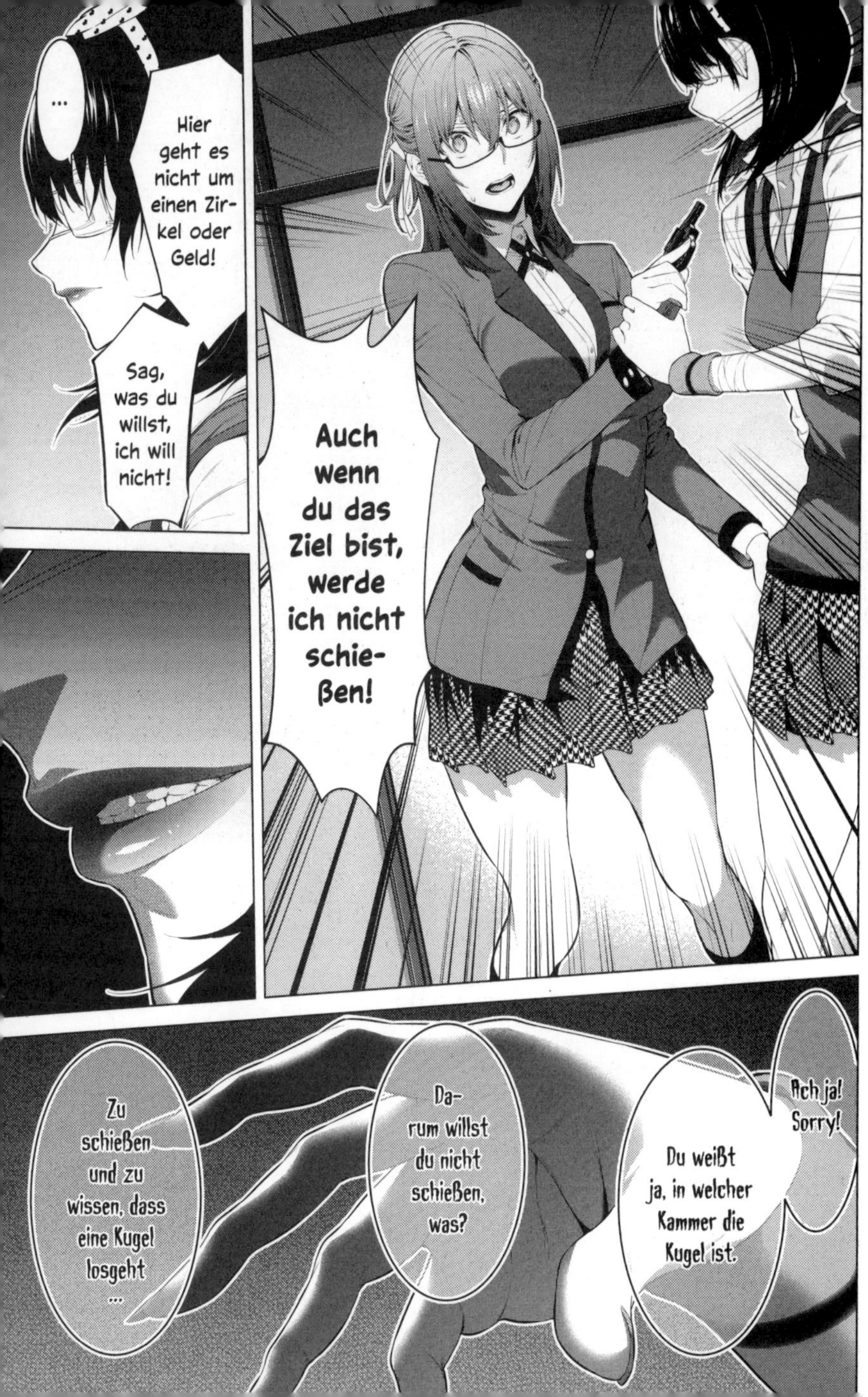
Auch wenn du das Ziel bist, werde ich nicht schie-ßen!
...
Hier geht es nicht um einen Zir-kel oder Geld!
Sag, was du willst, ich will nicht!
Ach ja! Sorry!
Du weißt ja, in welcher Kammer die Kugel ist.
Da-rum willst du nicht schießen, was?
Zu schießen und zu wissen, dass eine Kugel losgeht ...

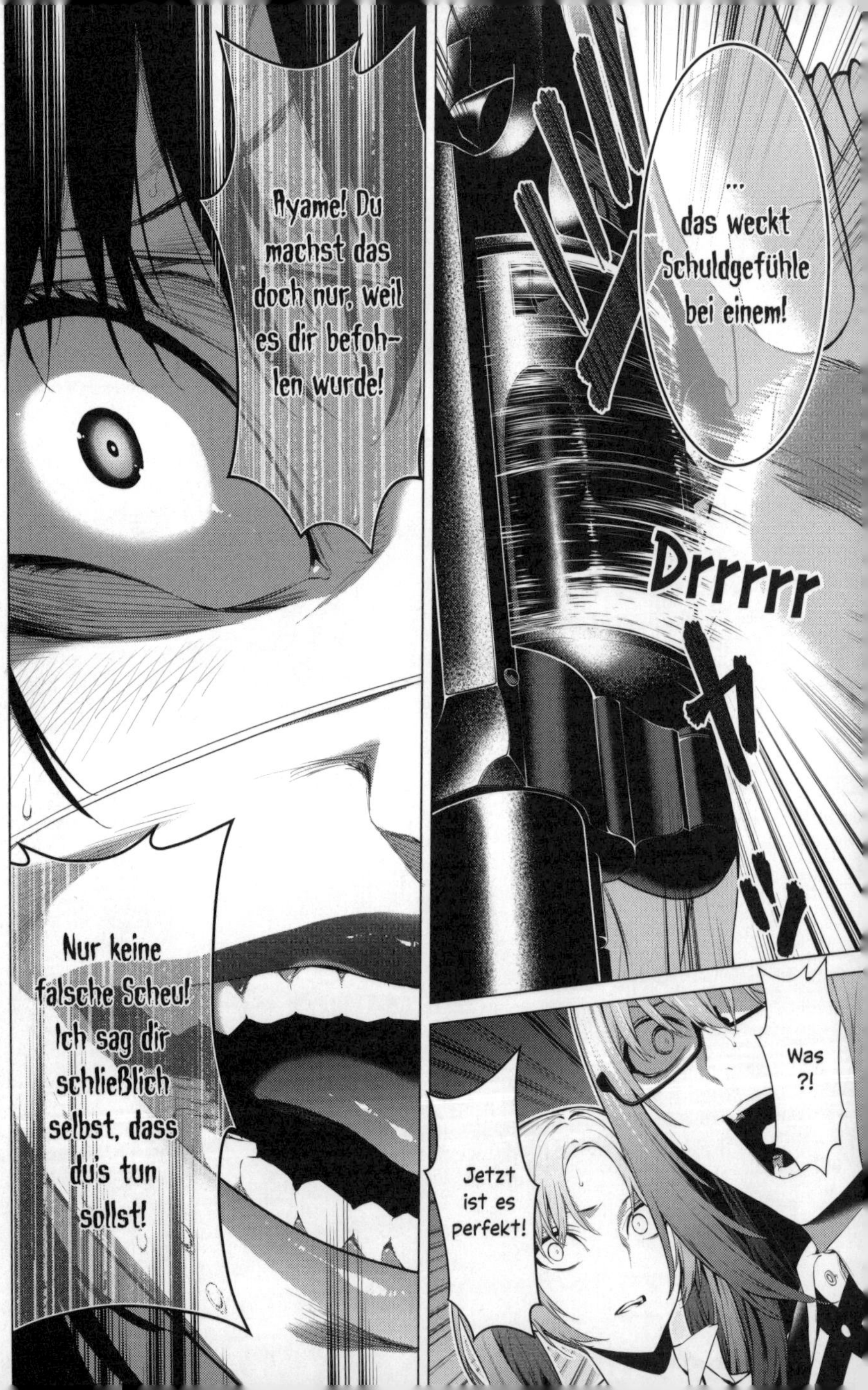

... das weckt Schuldgefühle bei einem!
Drrrrr
Ayame! Du machst das doch nur, weil es dir befoh-len wurde!
Was ?!
Jetzt ist es perfekt!
Nur keine falsche Scheu! Ich sag dir schließlich selbst, dass du's tun sollst!

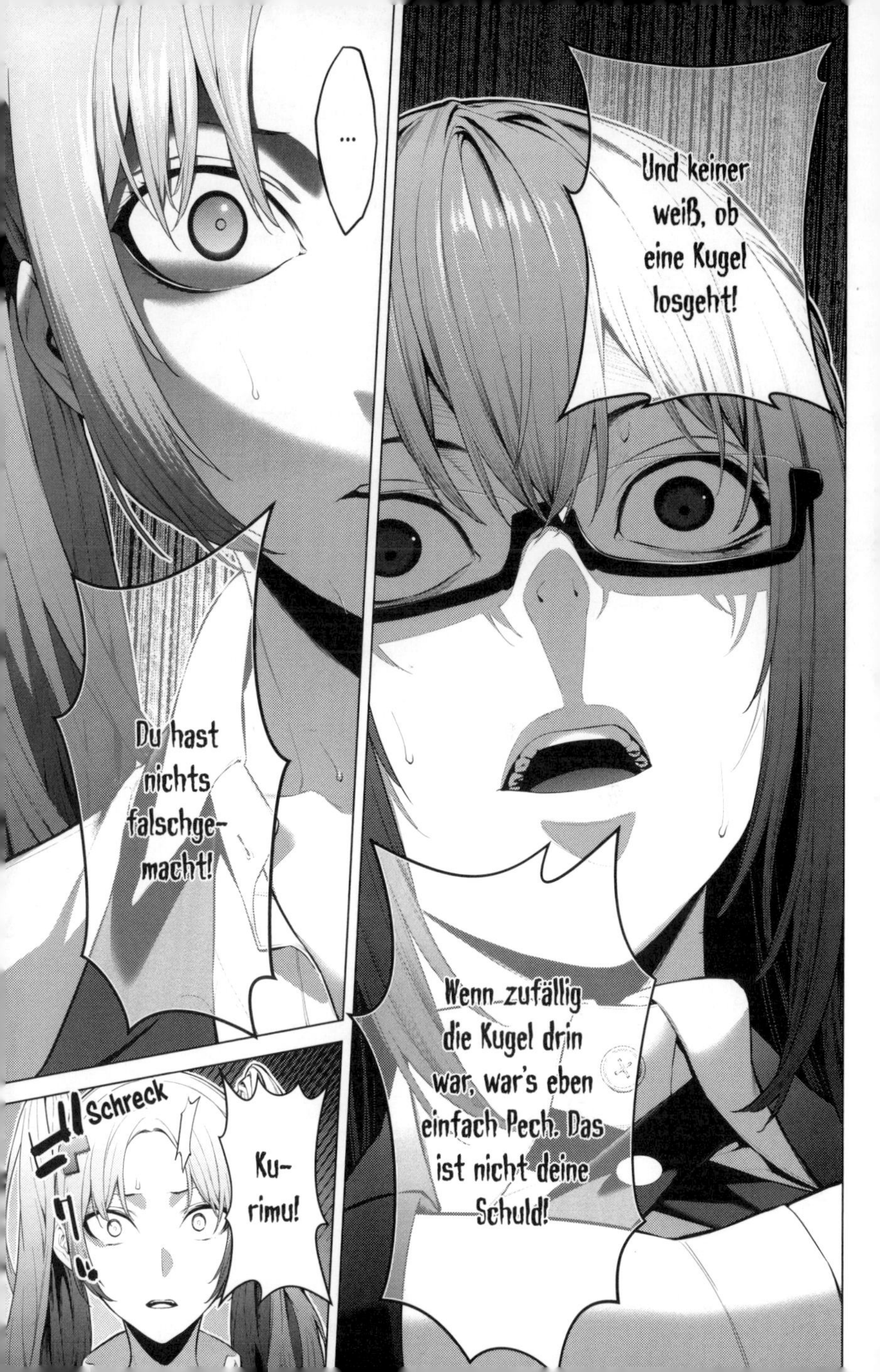

Und keiner weiß, ob eine Kugel losgeht!
Wenn zufällig die Kugel drin war, war's eben einfach Pech. Das ist nicht deine Schuld!
...
Du hast nichts falschgemacht!
Schreck
Ku-rimu!

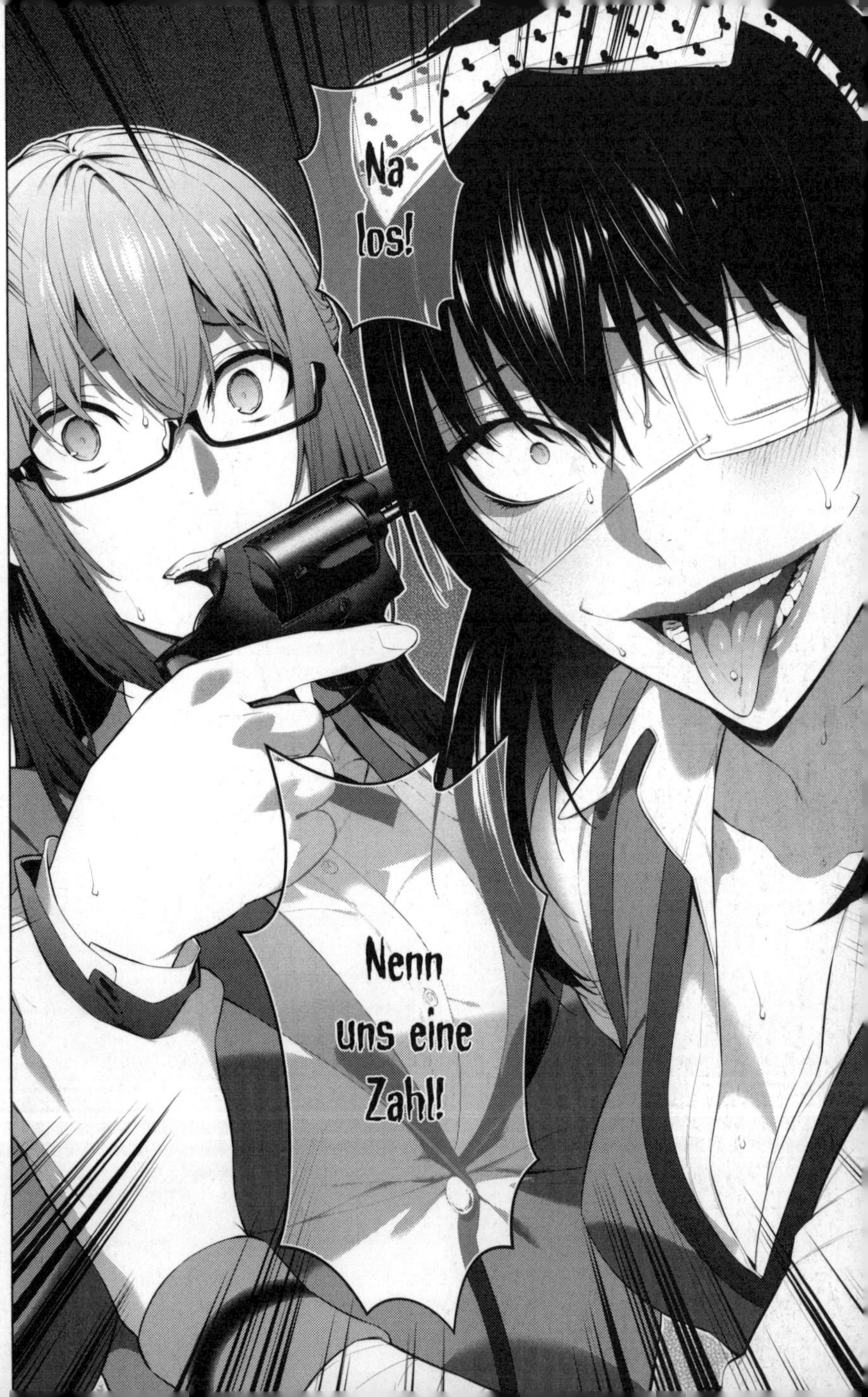
Na los!
Nenn uns eine Zahl!

Kakegurui

Midari

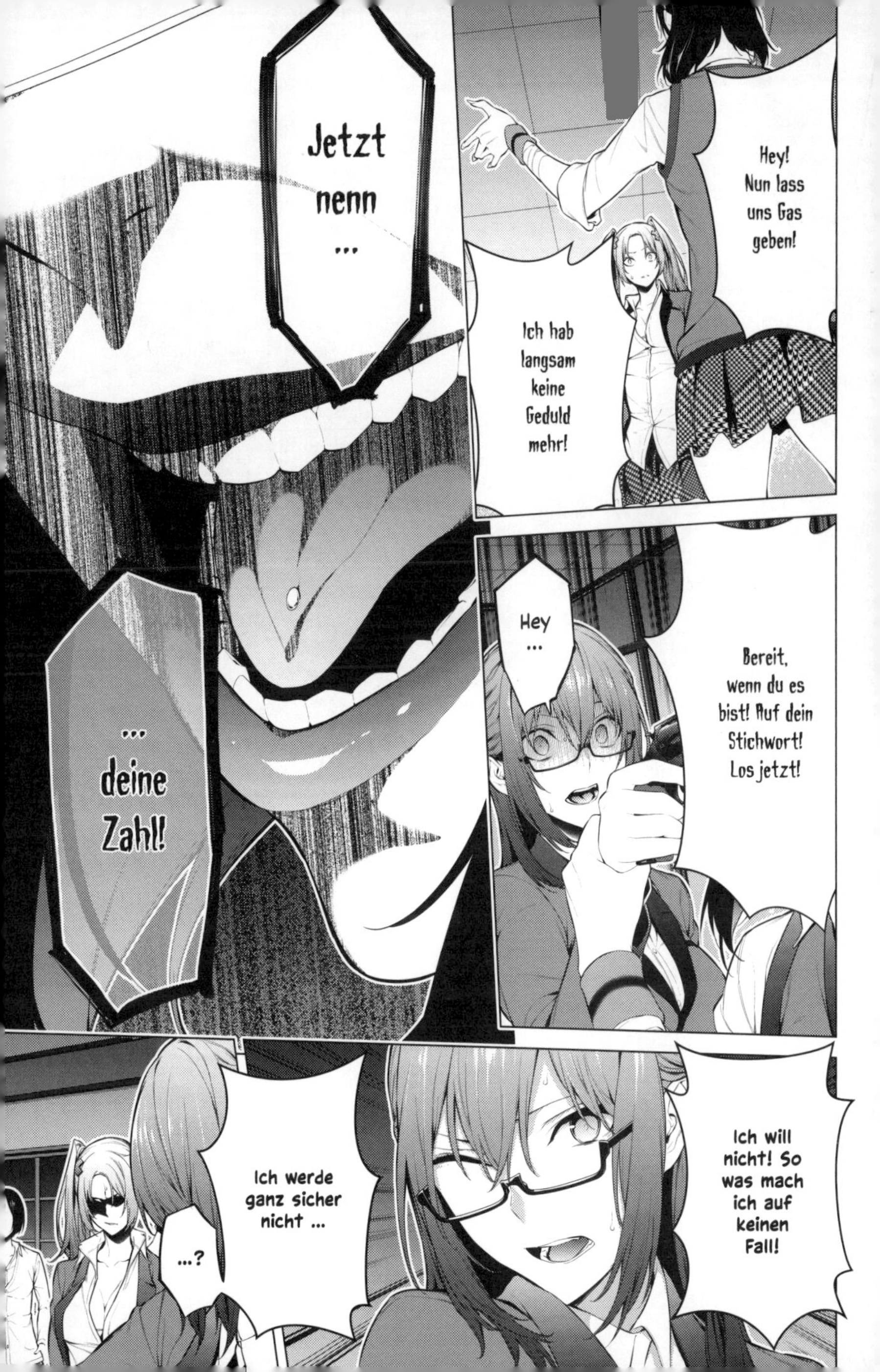

Hey! Nun lass uns Gas geben!
Ich hab langsam keine Geduld mehr!
Jetzt nenn ...
Bereit, wenn du es bist! Auf dein Stichwort! Los jetzt!
Hey ...
... deine Zahl!
Ich will nicht! So was mach ich auf keinen Fall!
Ich werde ganz sicher nicht ...
...?

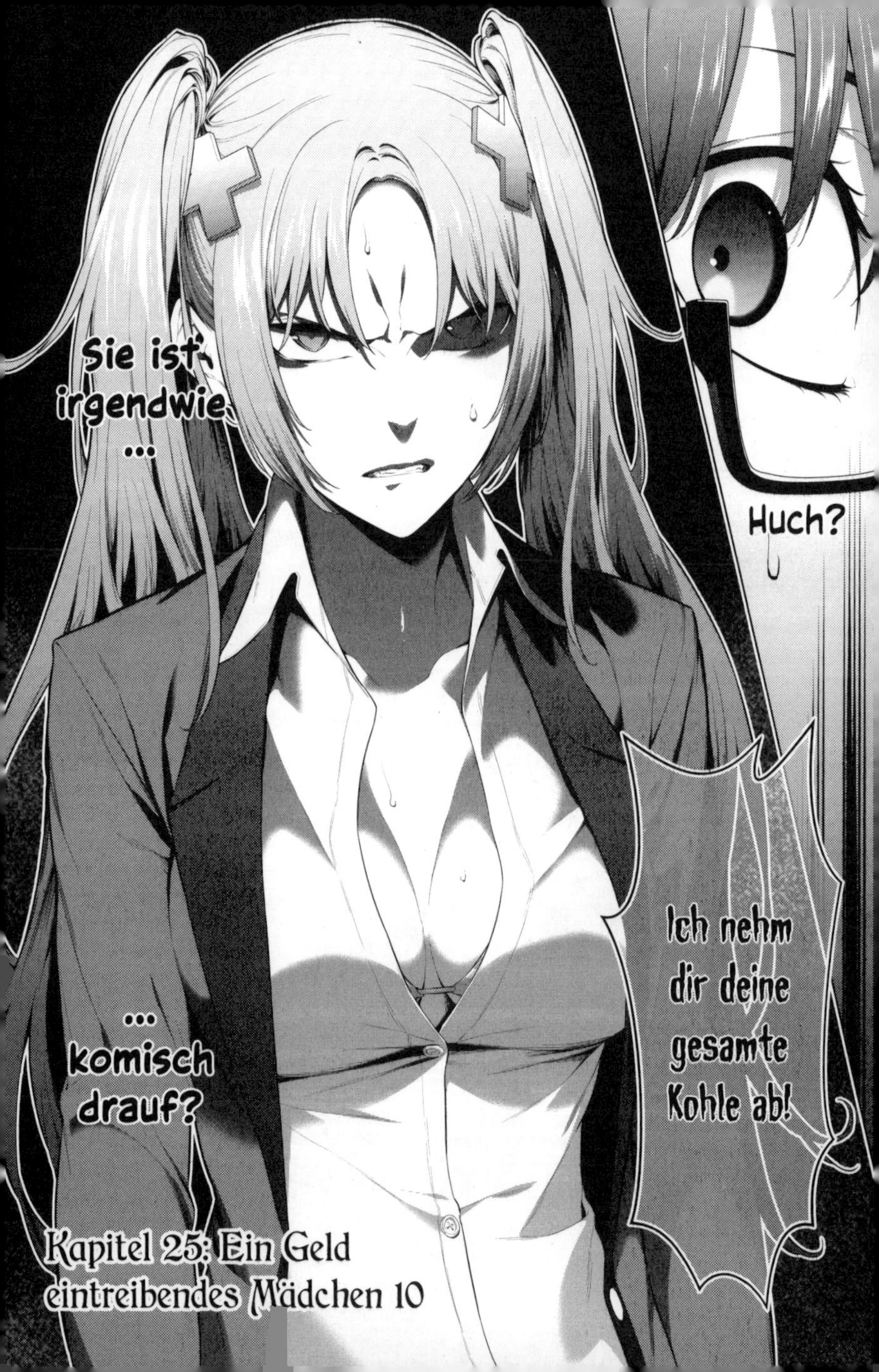

Kapitel 25: Ein Geld eintreibendes Mädchen 10

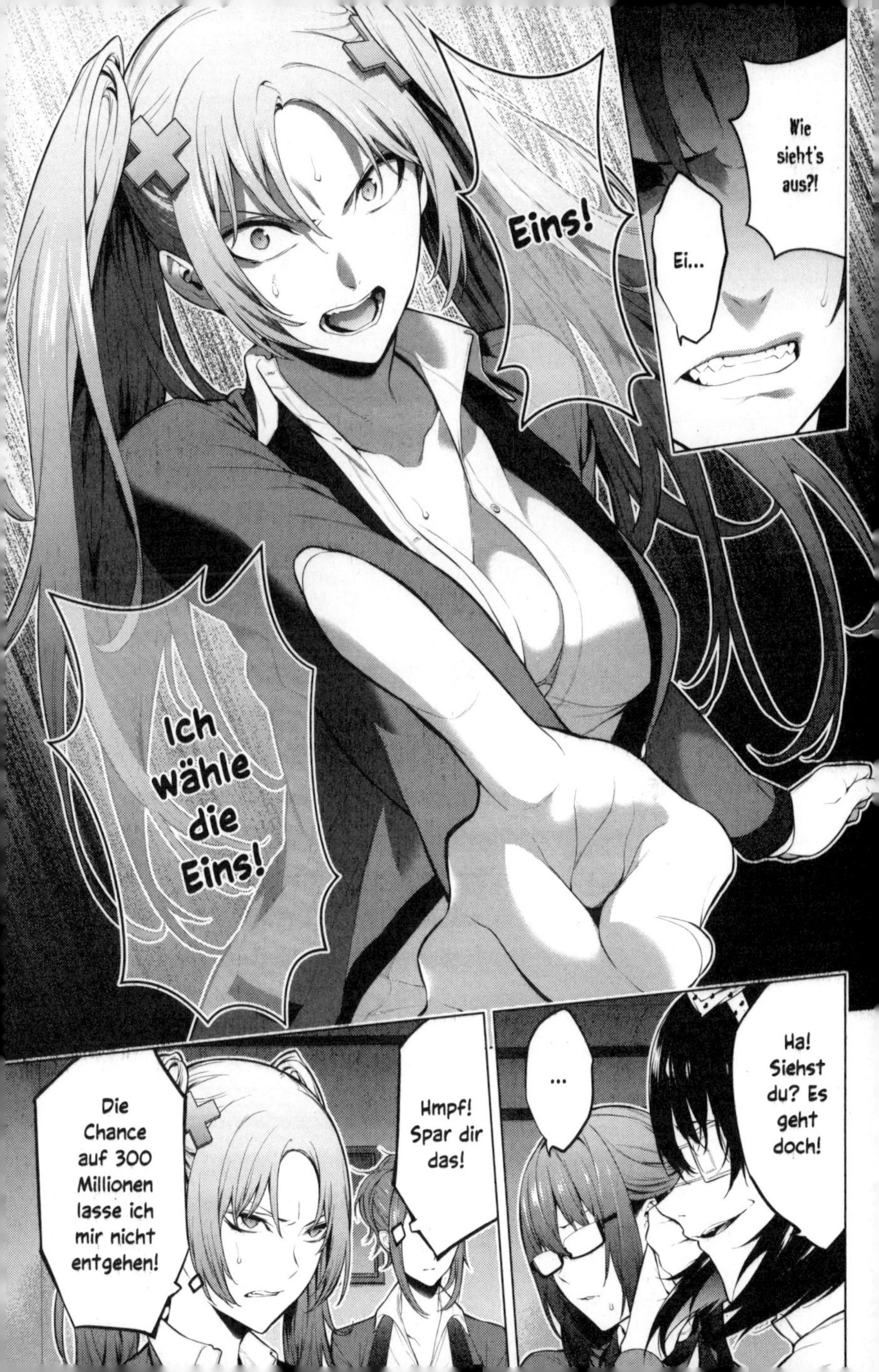
Wie sieht's aus?!
Ei...
Eins!
Ich wähle die Eins!
Ha! Siehst du? Es geht doch!
...
Hmpf! Spar dir das!
Die Chance auf 300 Millionen lasse ich mir nicht entgehen!

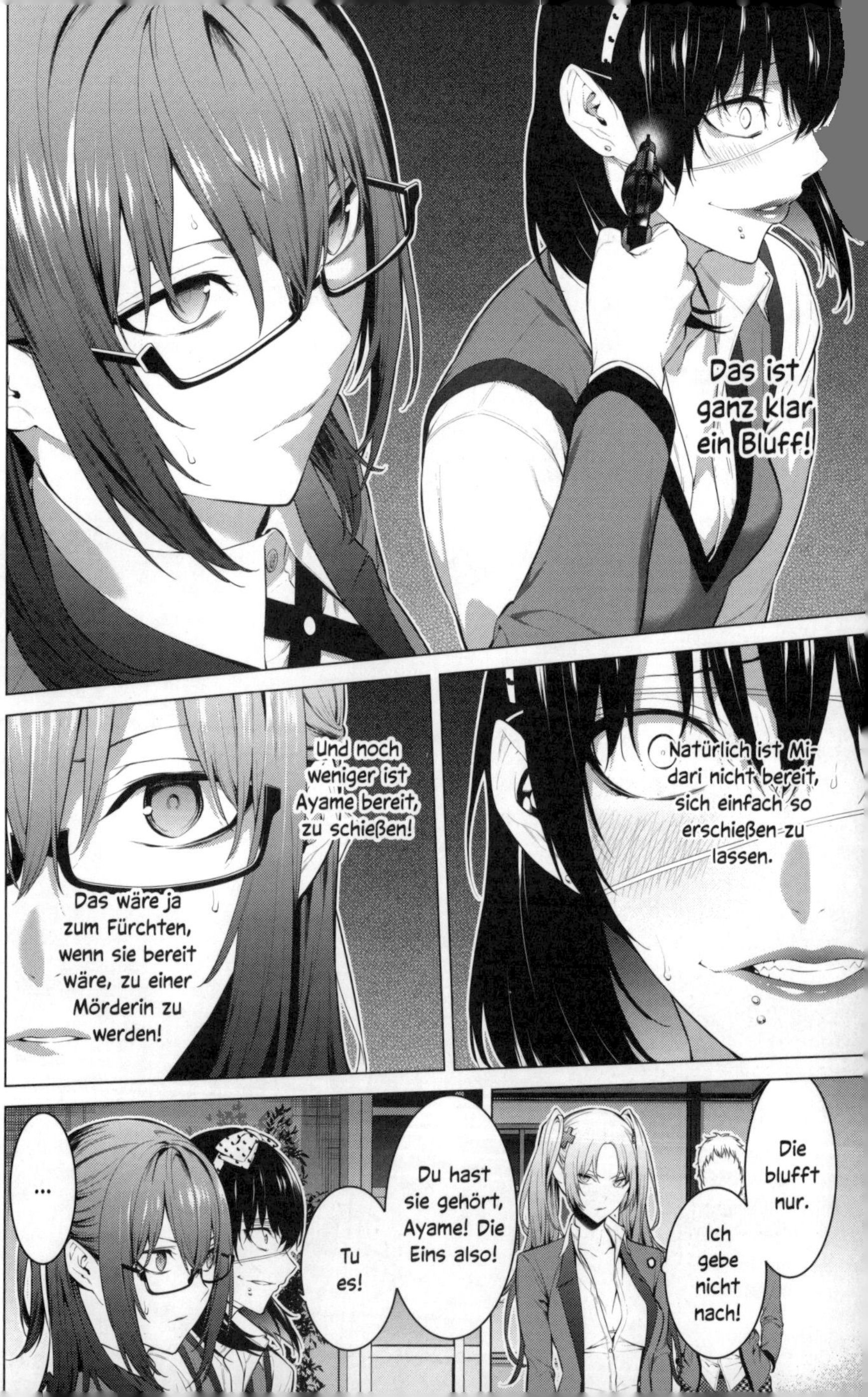
Das ist ganz klar ein Bluff!
Natürlich ist Midari nicht bereit, sich einfach so erschießen zu lassen.
Und noch weniger ist Ayame bereit, zu schießen!
Das wäre ja zum Fürchten, wenn sie bereit wäre, zu einer Mörderin zu werden!
Die blufft nur.
Ich gebe nicht nach!
Du hast sie gehört, Ayame! Die Eins also!
Tu es!
...

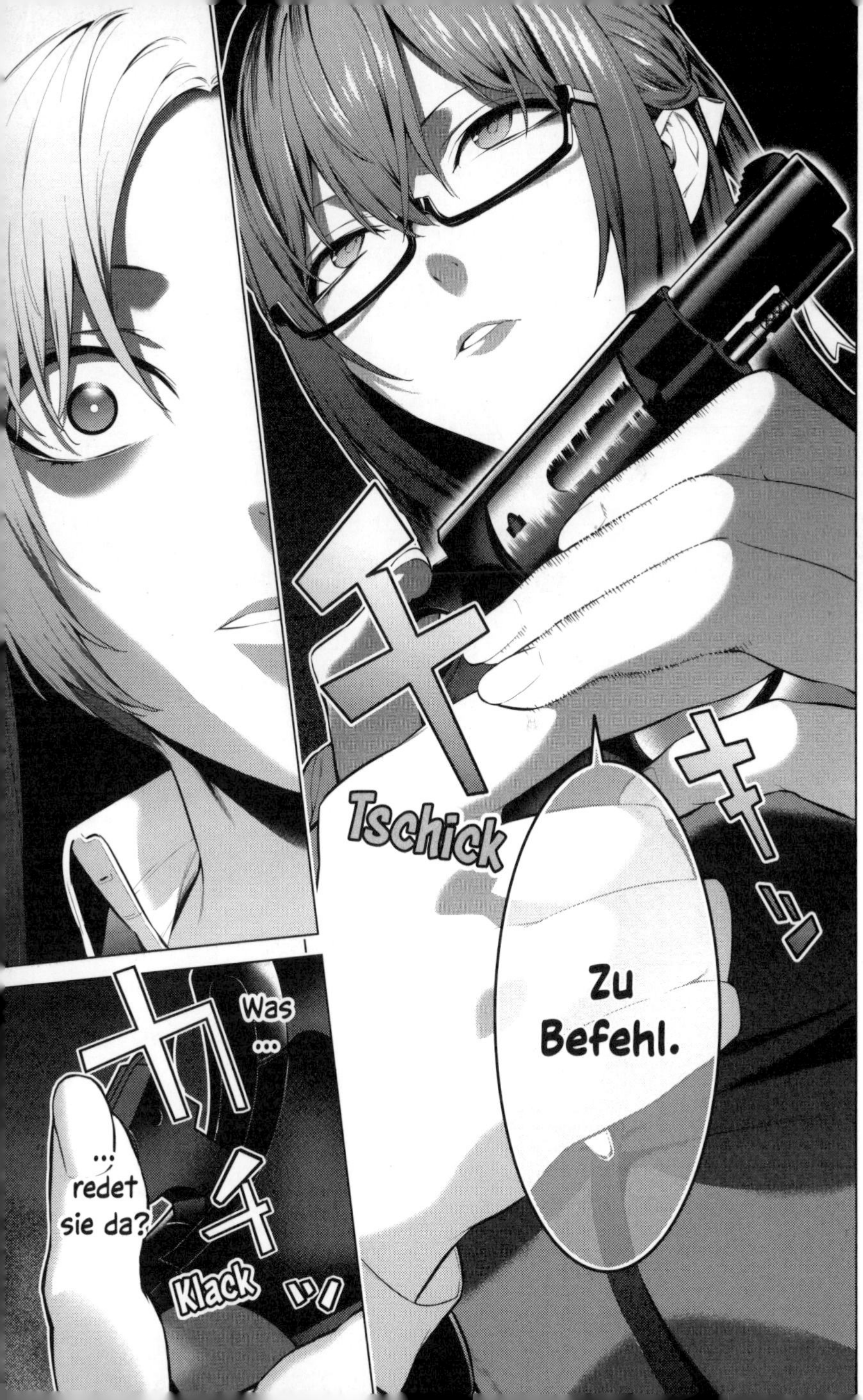
Tschick
Zu Befehl.
Was ...
... redet sie da?
Klack

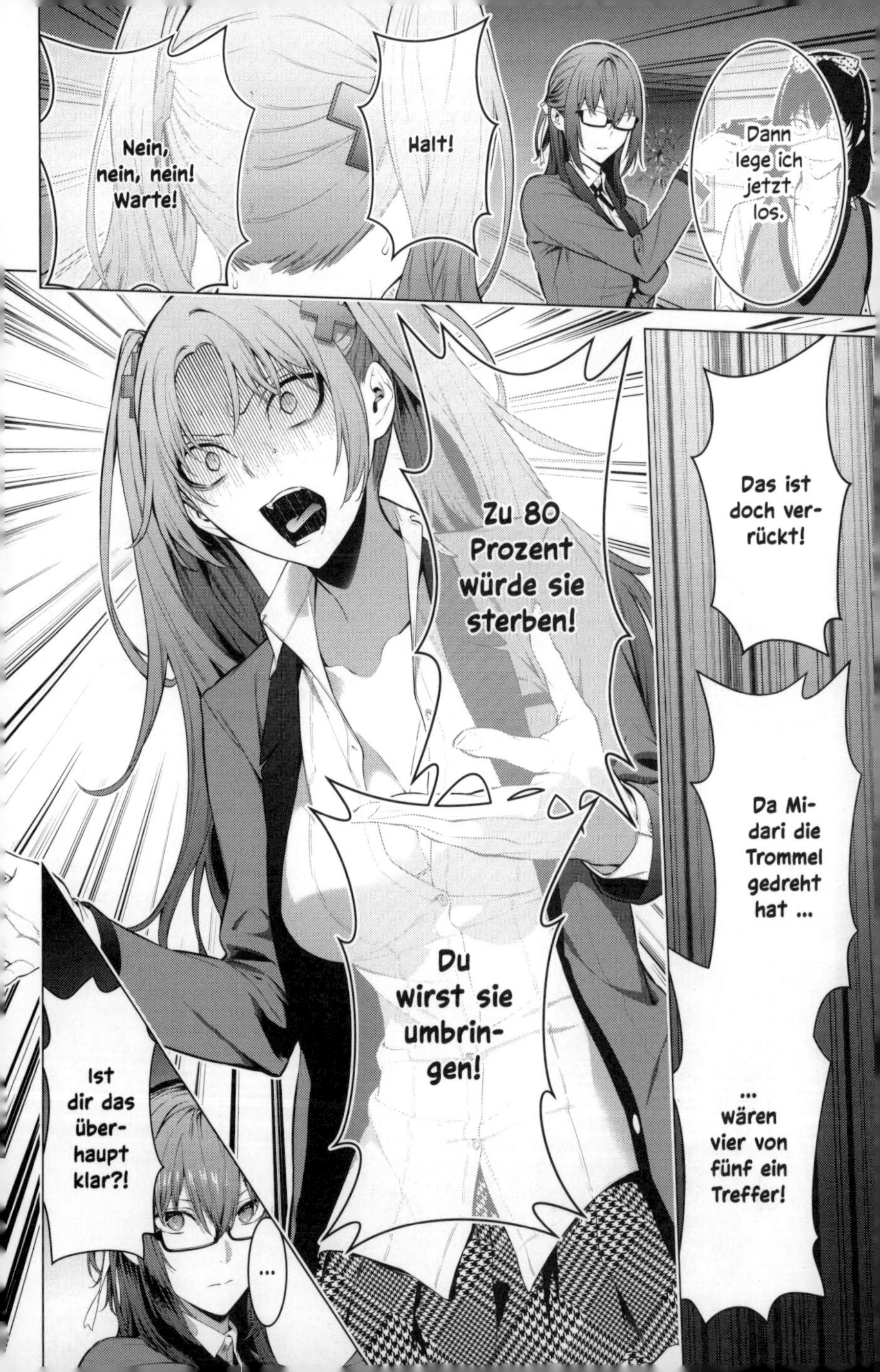

Dann lege ich jetzt los.
Halt!
Nein, nein, nein! Warte!
Das ist doch verrückt!
Da Midari die Trommel gedreht hat ...
... wären vier von fünf ein Treffer!
Zu 80 Prozent würde sie sterben!
Du wirst sie umbringen!
Ist dir das überhaupt klar?!
...

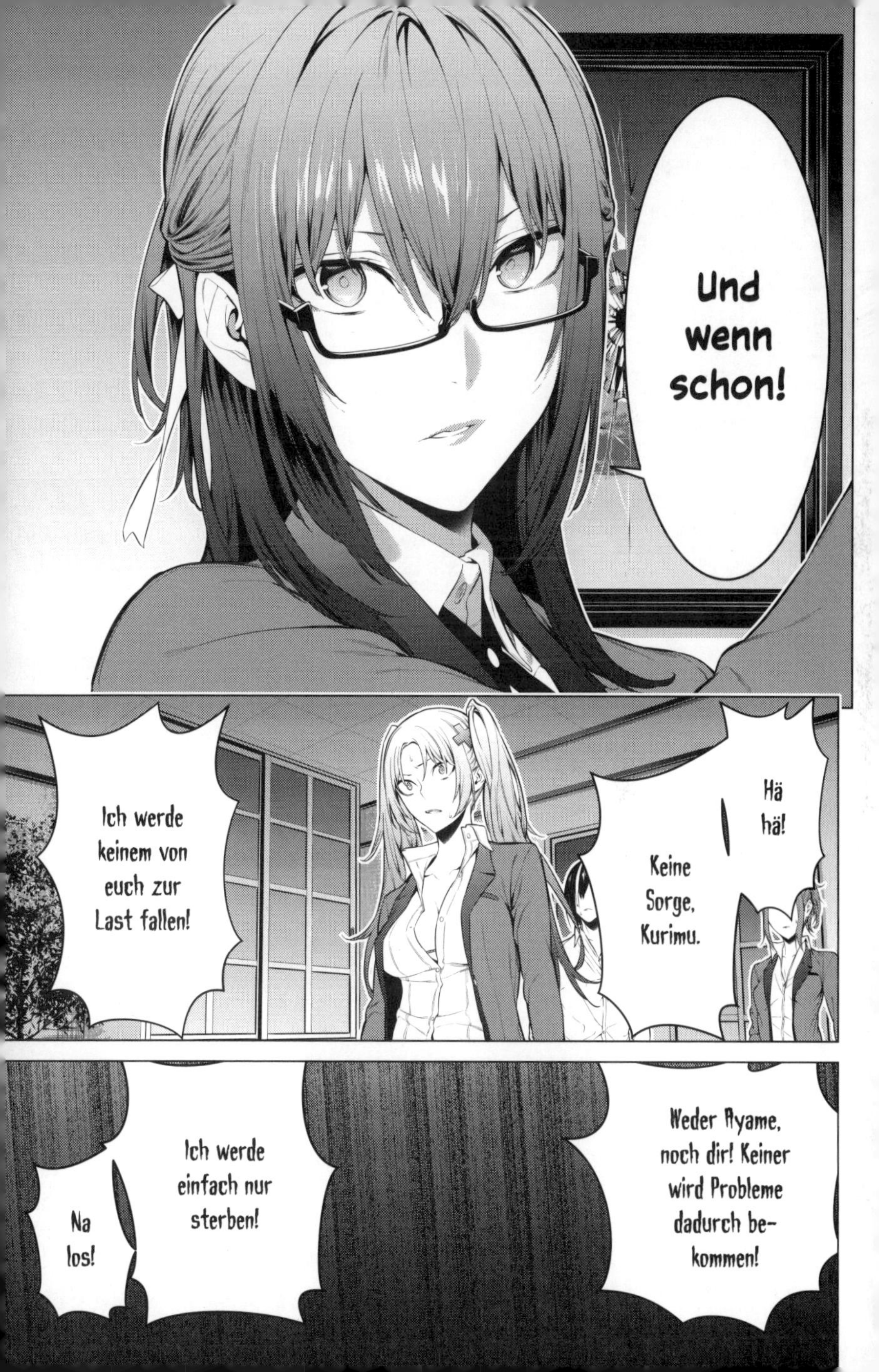
Und wenn schon!
Hä hä!
Keine Sorge, Kurimu.
Ich werde keinem von euch zur Last fallen!
Weder Ayame, noch dir! Keiner wird Probleme dadurch bekommen!
Ich werde einfach nur sterben!
Na los!

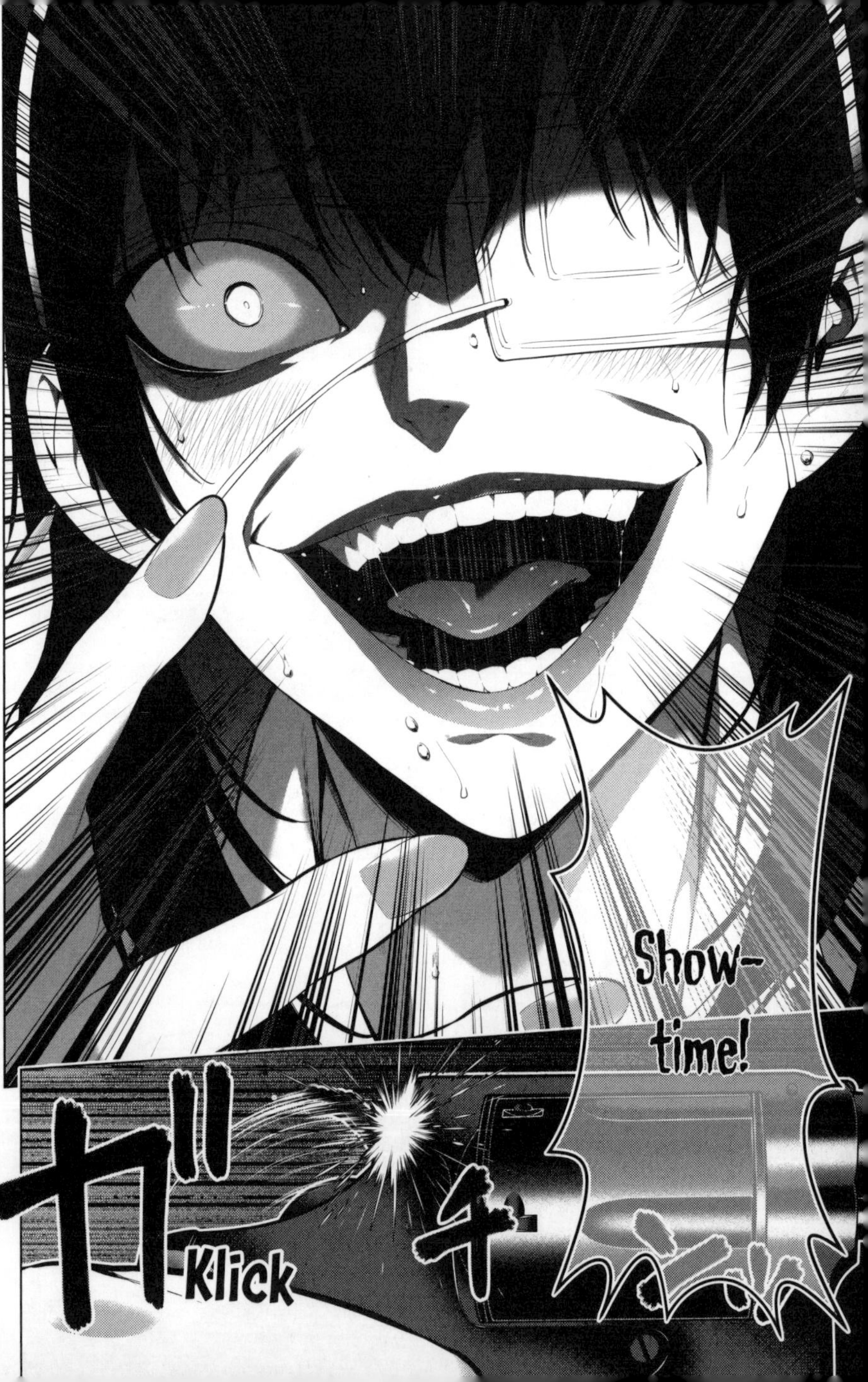
Show-
time!
Klick

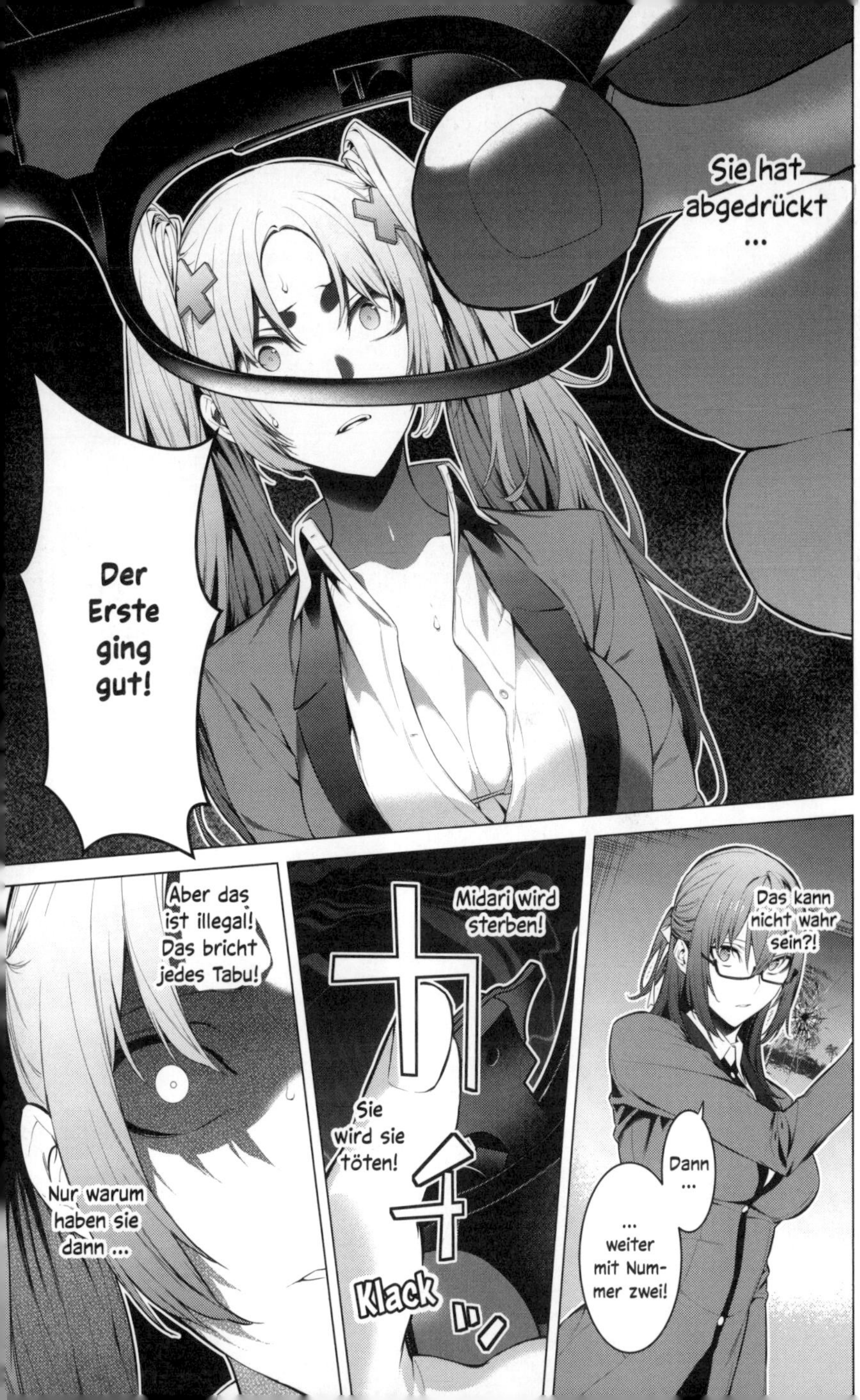

Sie hat abgedrückt ...
Der Erste ging gut!
Das kann nicht wahr sein?!
Dann ...
... weiter mit Nummer zwei!
Midari wird sterben!
Sie wird sie töten!
Klack
Aber das ist illegal! Das bricht jedes Tabu!
Nur warum haben sie dann ...

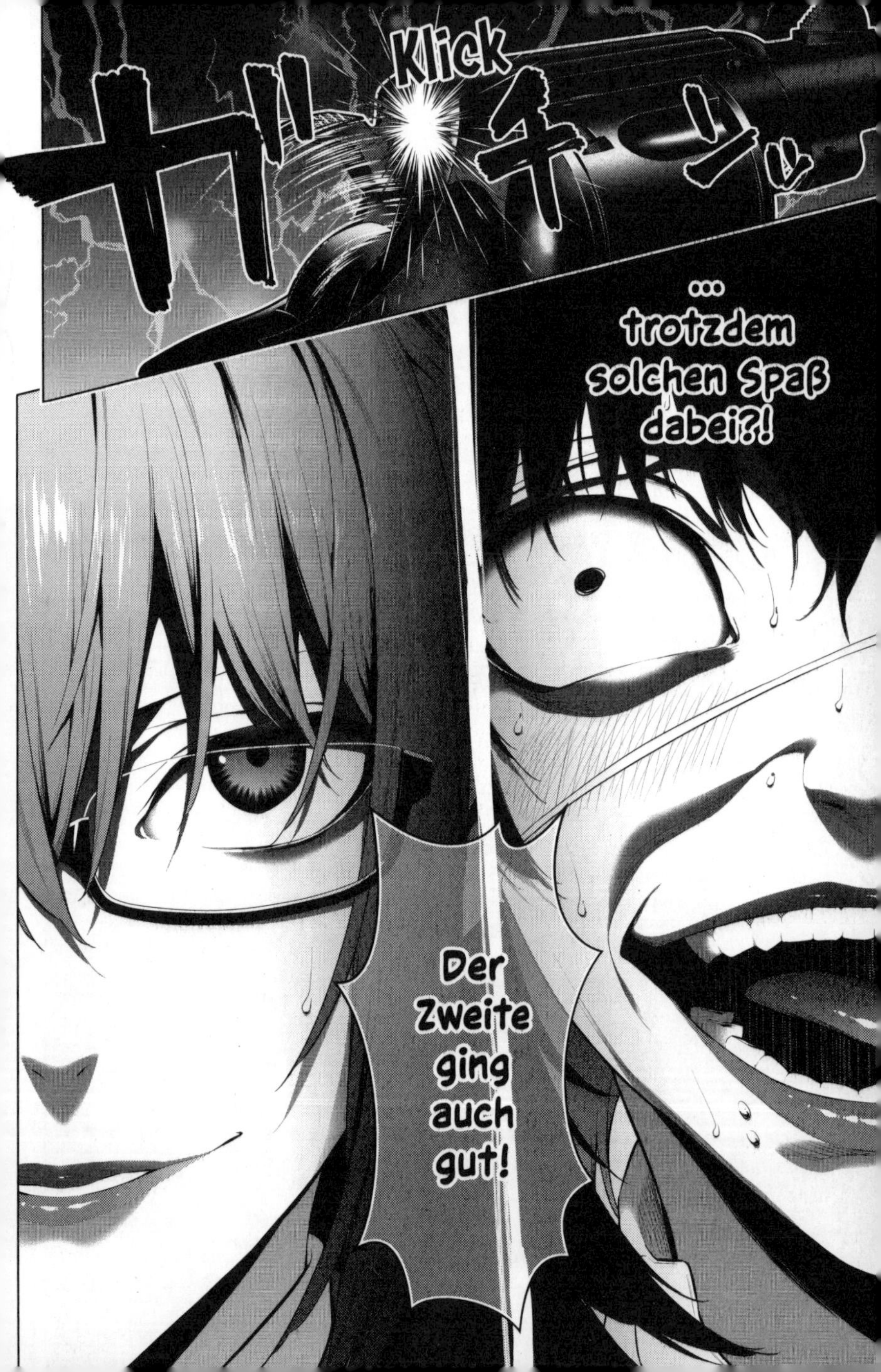

ガチーン
Klick
... trotzdem solchen Spaß dabei?!
Der Zweite ging auch gut!

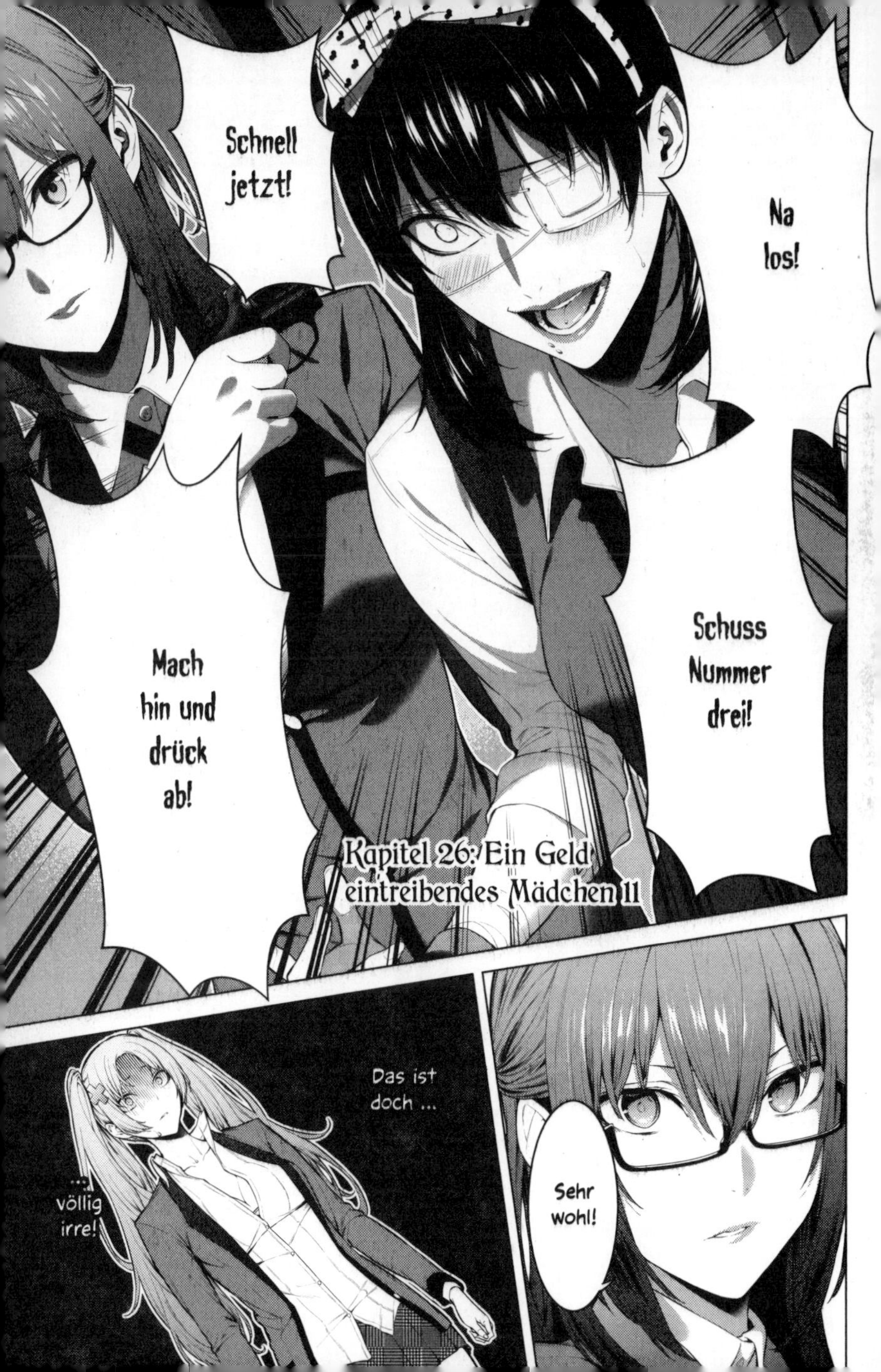
Na los!
Schnell jetzt!
Schuss Nummer drei!
Mach hin und drück ab!
Kapitel 26: Ein Geld eintreibendes Mädchen 11
Sehr wohl!
Das ist doch ...
... völlig irre!

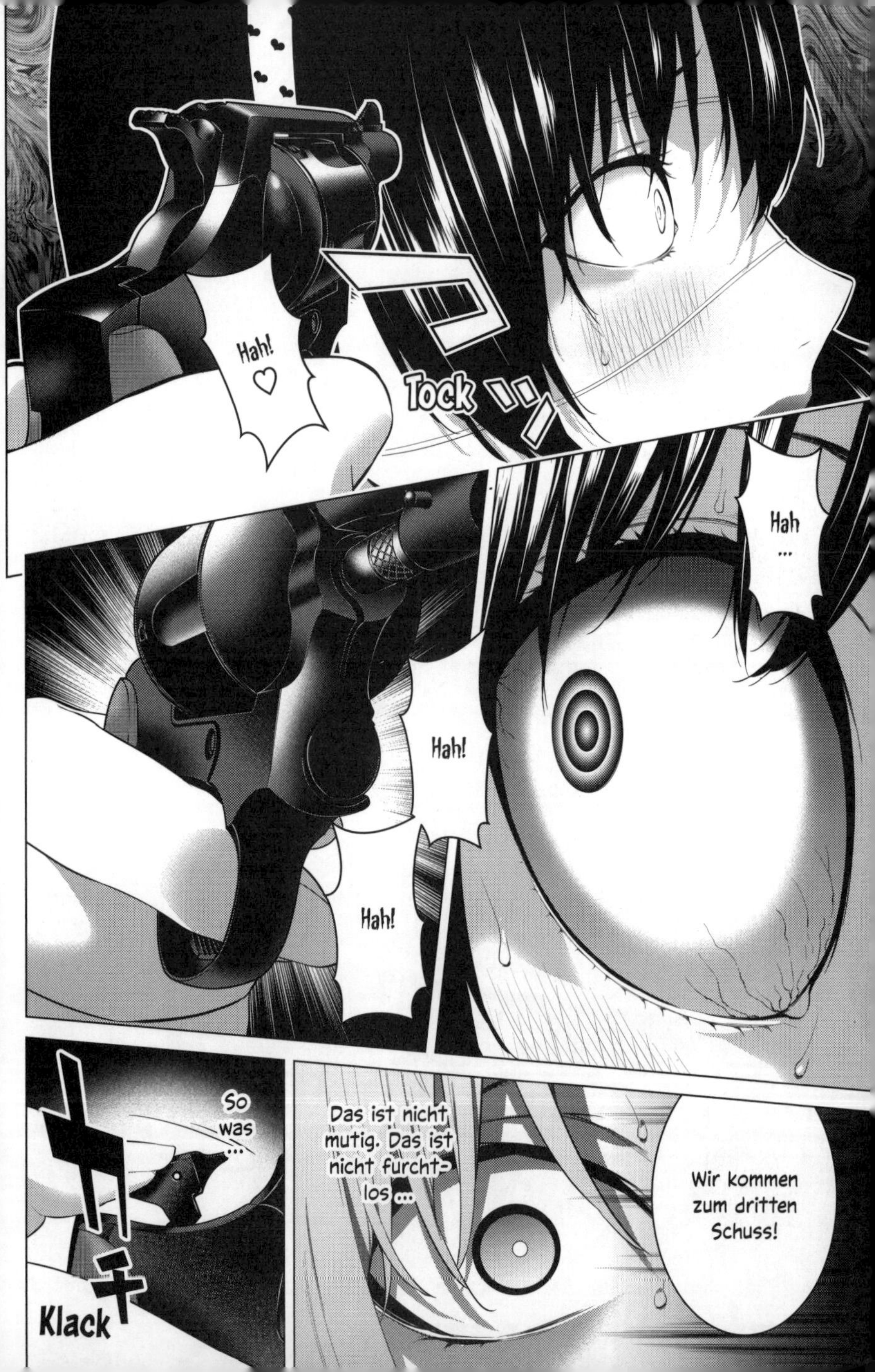
Tock
Hah! ♡
Hah ...
Hah!
Hah!
Wir kommen zum dritten Schuss!
Das ist nicht mutig. Das ist nicht furcht-los ...
So was ...
Klack

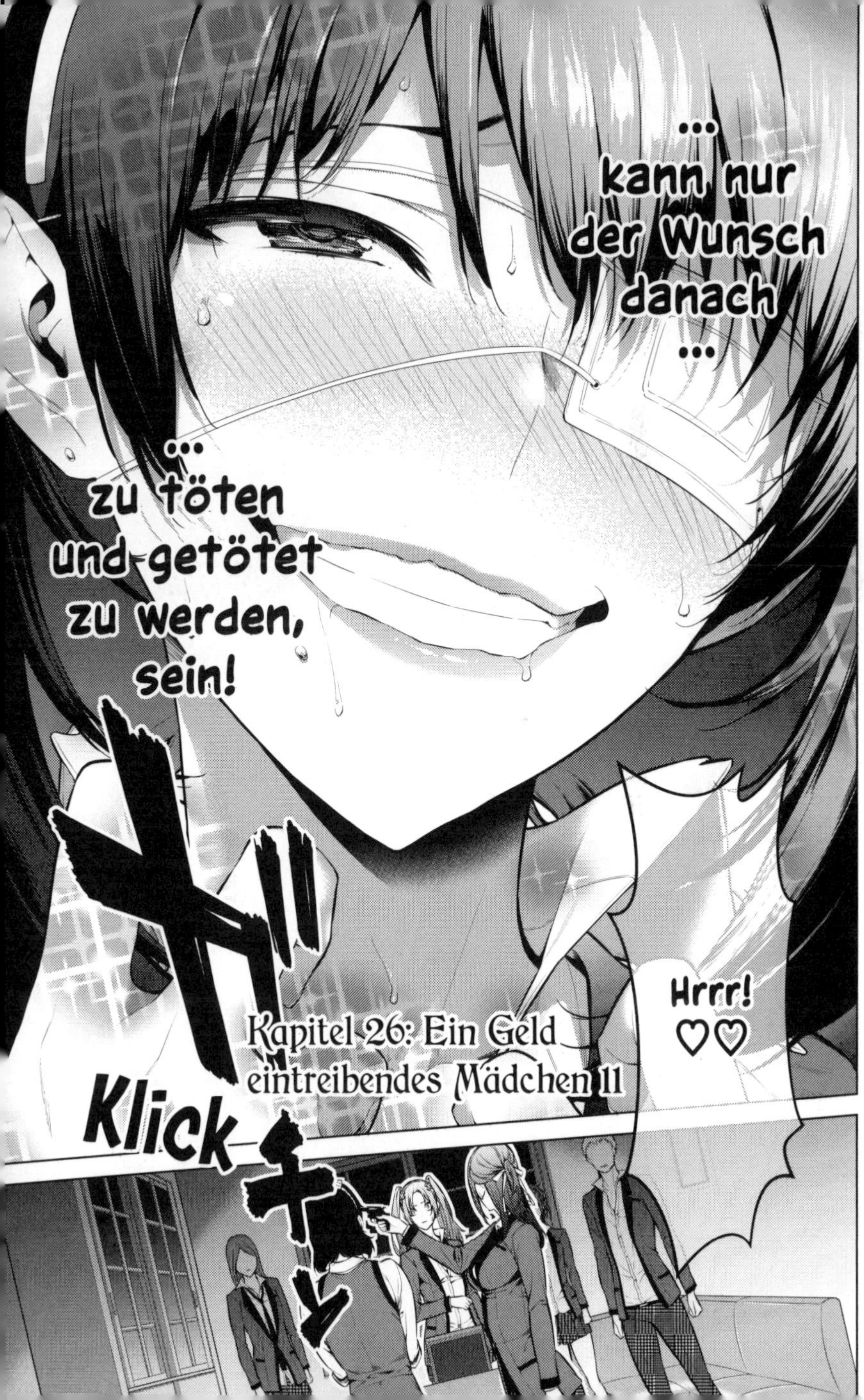
... kann nur der Wunsch danach ...
... zu töten und getötet zu werden, sein!
Hrrr! ♡♡
Kapitel 26: Ein Geld eintreibendes Mädchen 11
Klick

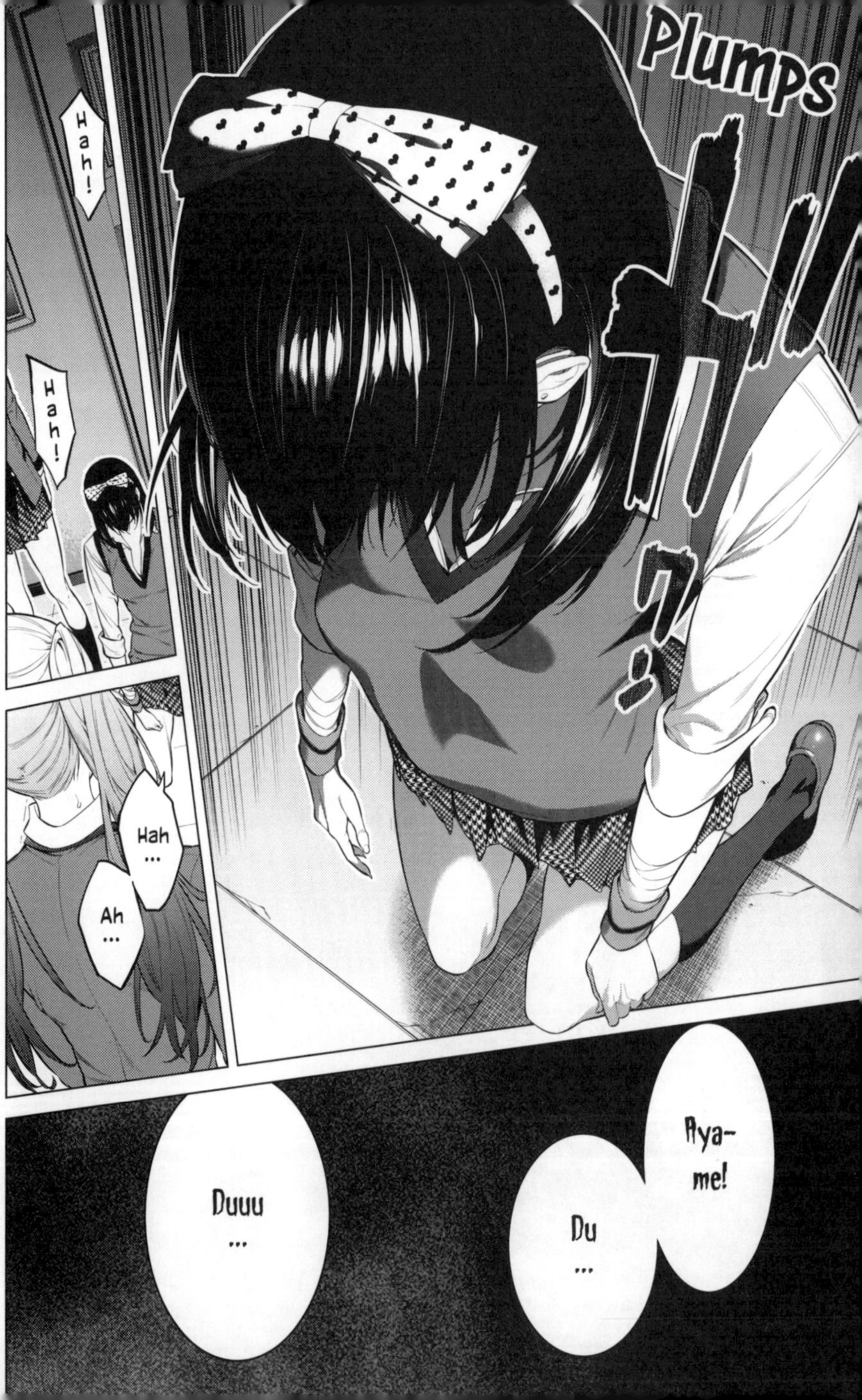
Plumps
Hah!
Hah!
Hah ...
Ah ...
Aya-me!
Du ...
Duuu ...

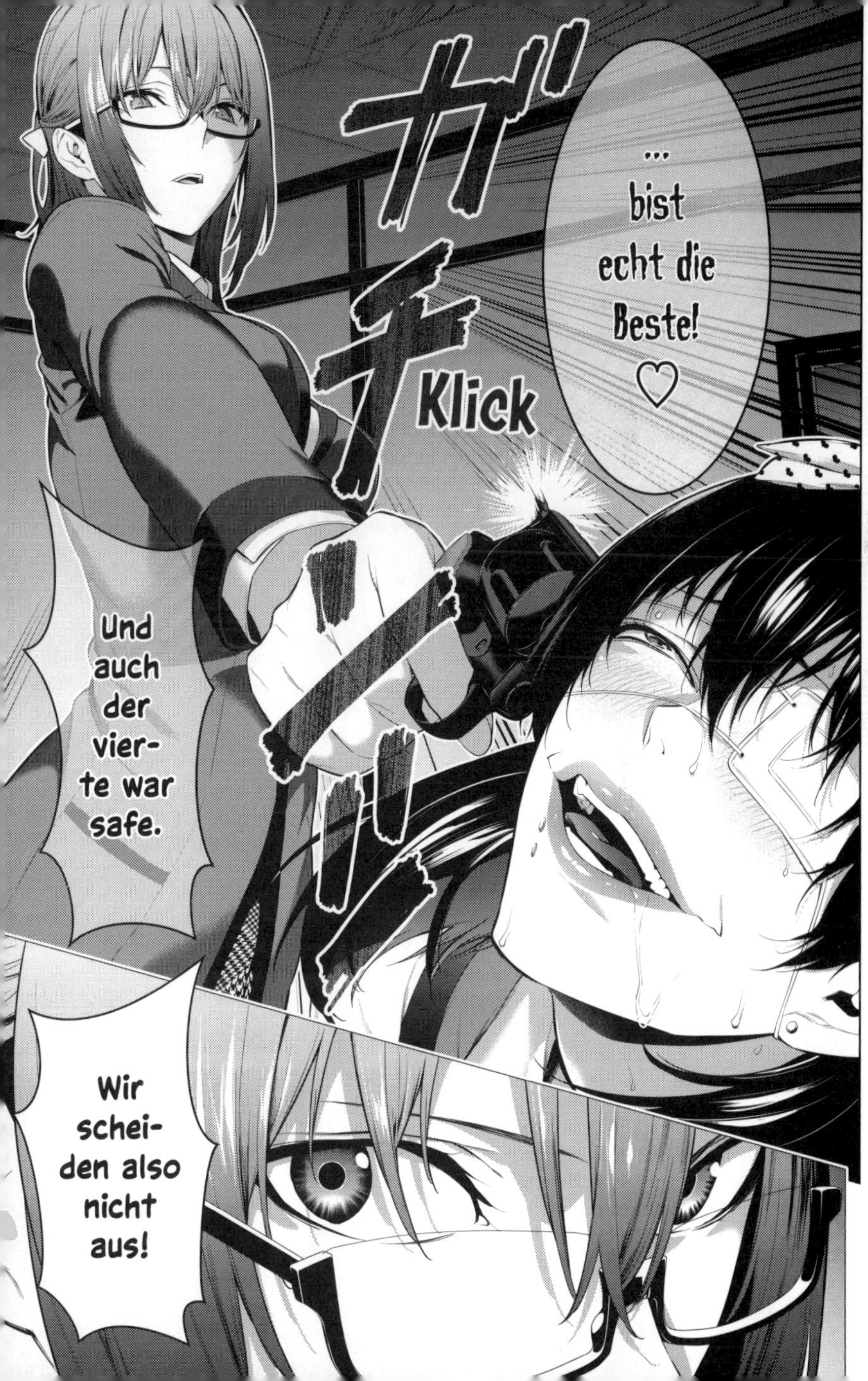
... bist echt die Beste! ♡
ガチ
Klick
Und auch der vier-te war safe.
Wir schei-den also nicht aus!

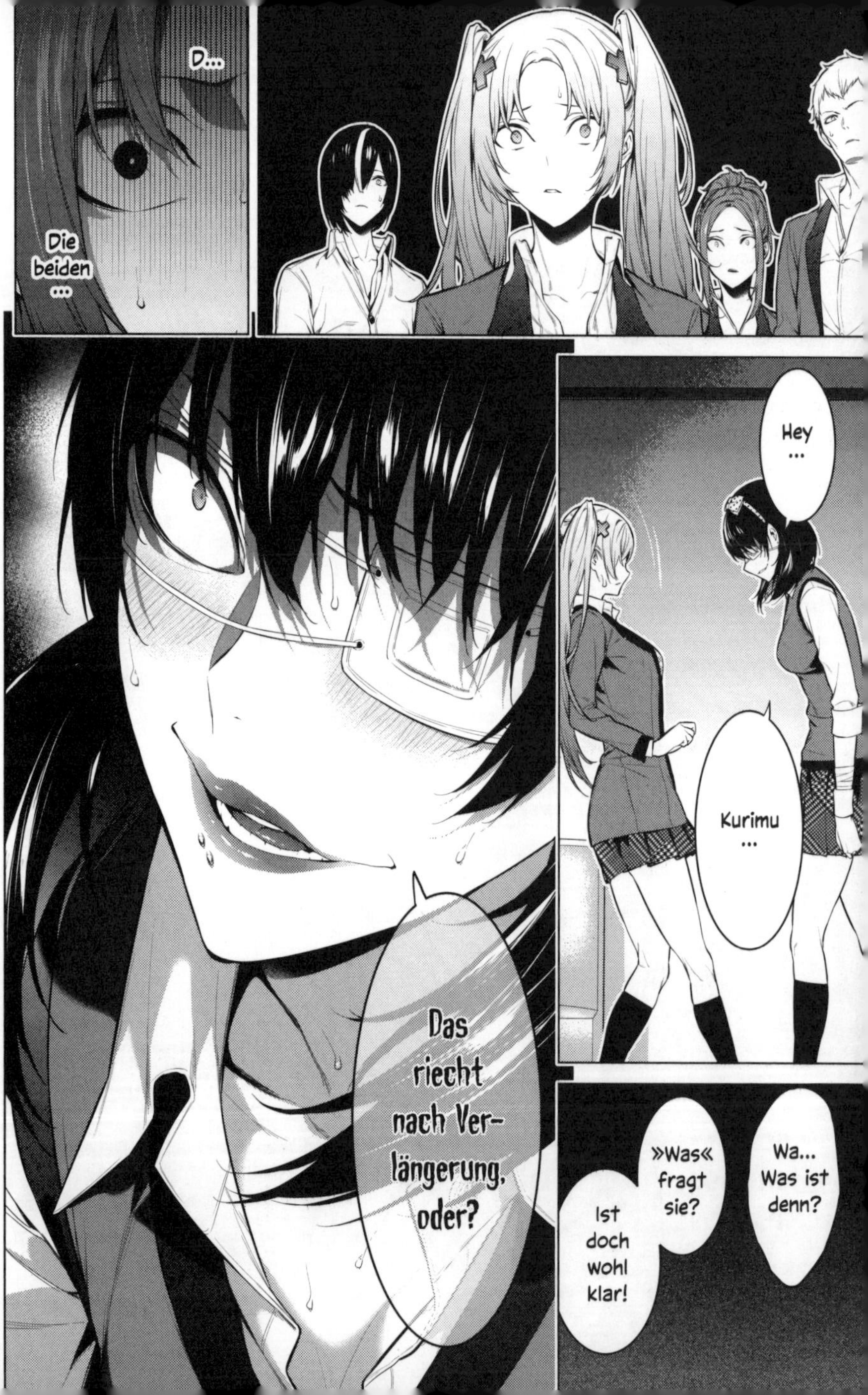
D...
Die beiden ...
Hey ...
Kurimu ...
Wa... Was ist denn?
»Was« fragt sie?
Ist doch wohl klar!
Das riecht nach Verlängerung, oder?

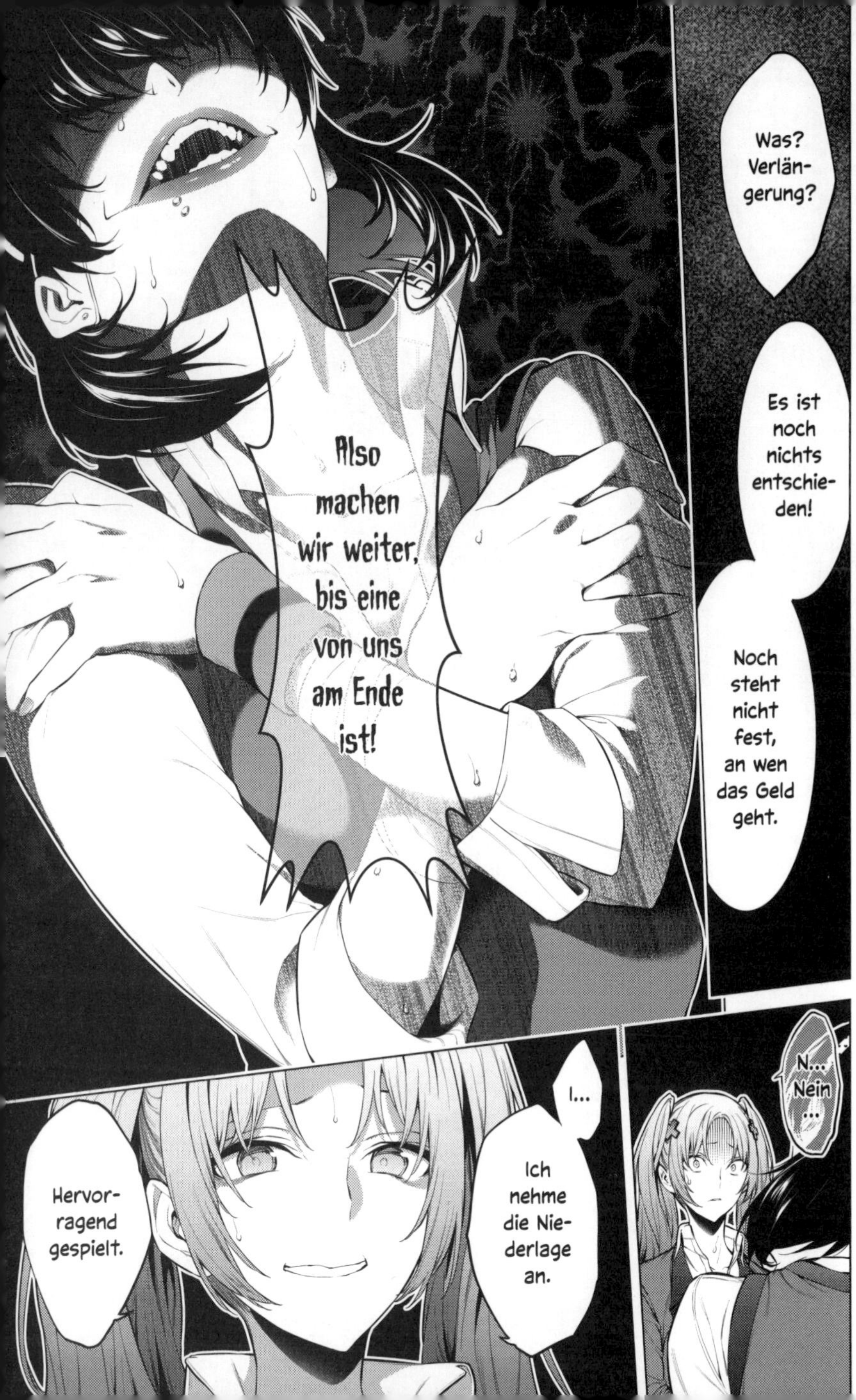
Was? Verlängerung?
Es ist noch nichts entschieden!
Noch steht nicht fest, an wen das Geld geht.
Also machen wir weiter, bis eine von uns am Ende ist!
N... Nein ...
I...
Ich nehme die Niederlage an.
Hervorragend gespielt.

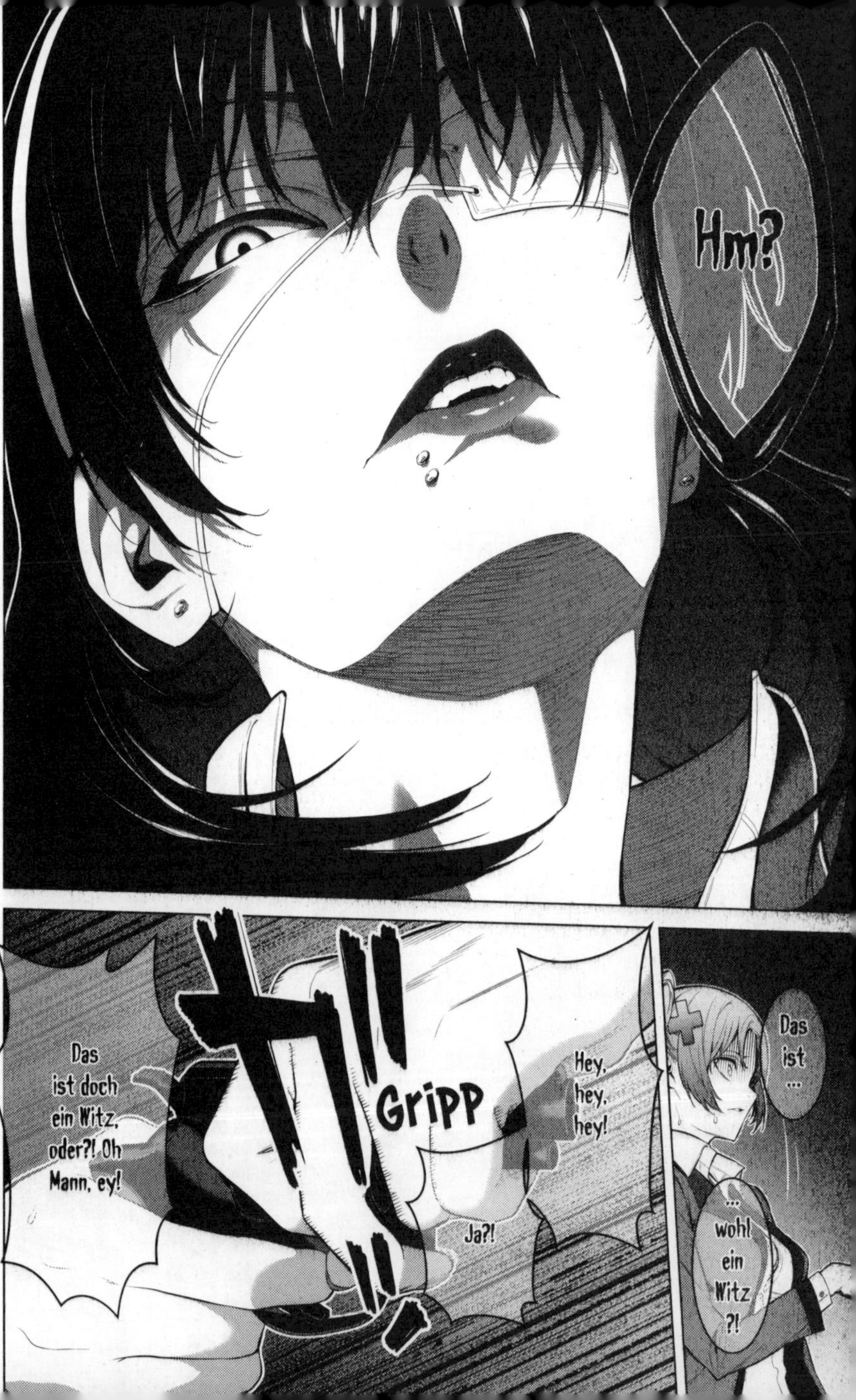
Hm?
Das ist …
… wohl ein Witz ?!
Hey, hey, hey!
Ja?!
Gripp
Das ist doch ein Witz, oder?! Oh Mann, ey!

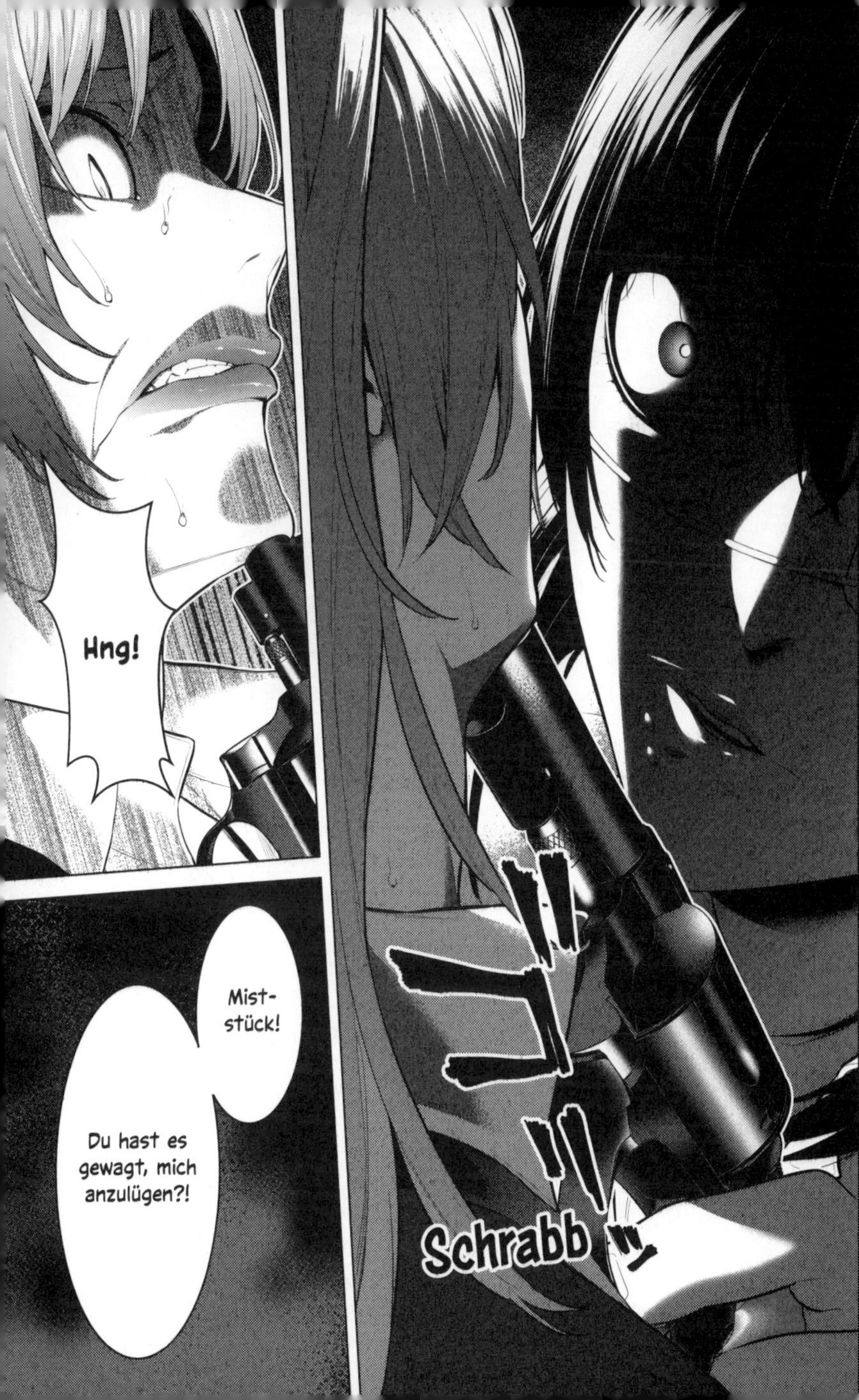
Hng!
Schrabb
Mist-stück!
Du hast es gewagt, mich anzulügen?!

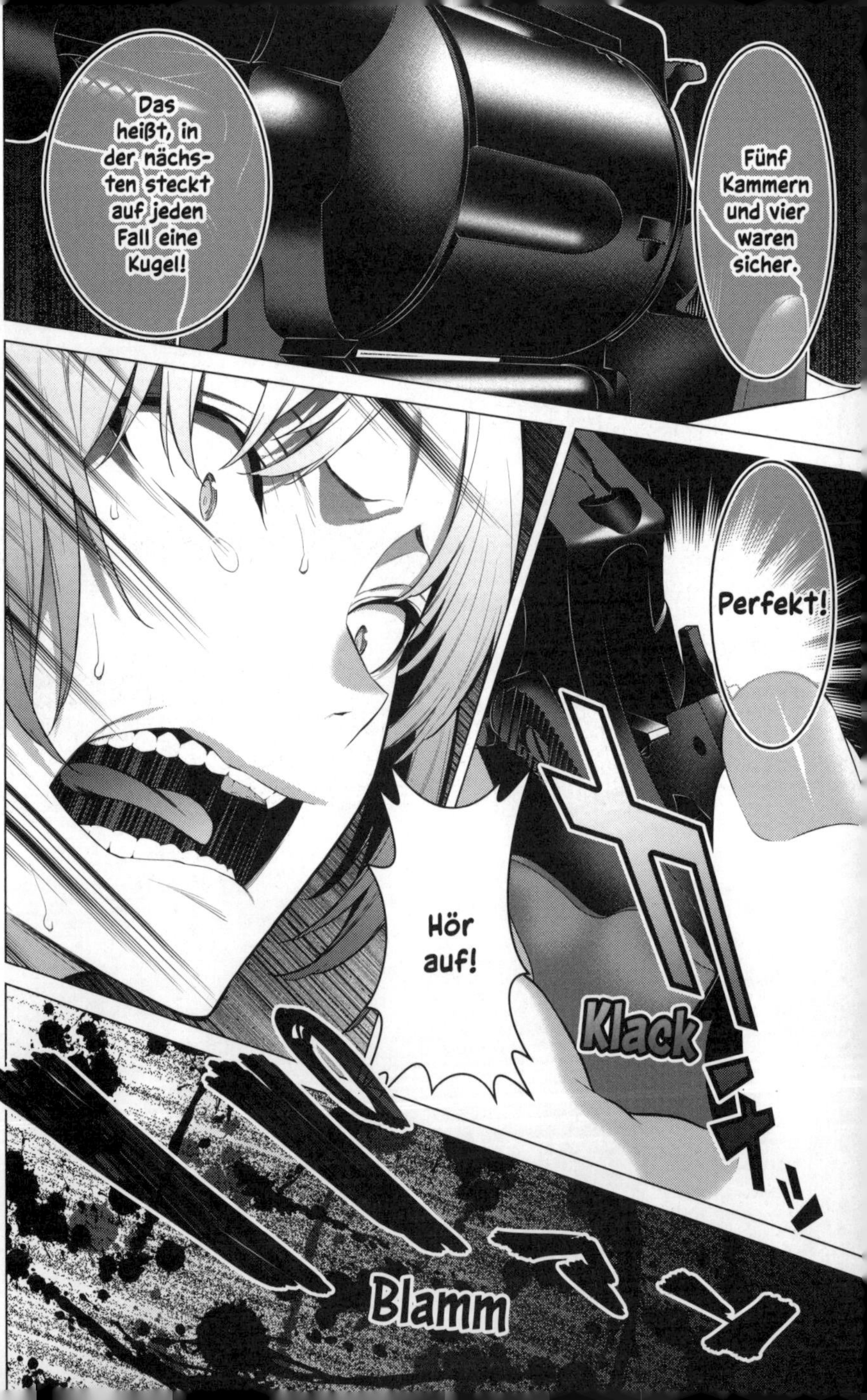
Fünf Kammern und vier waren sicher.
Das heißt, in der nächsten steckt auf jeden Fall eine Kugel!
Perfekt!
Hör auf!
Klack
Blamm

Kakegurui

Midari

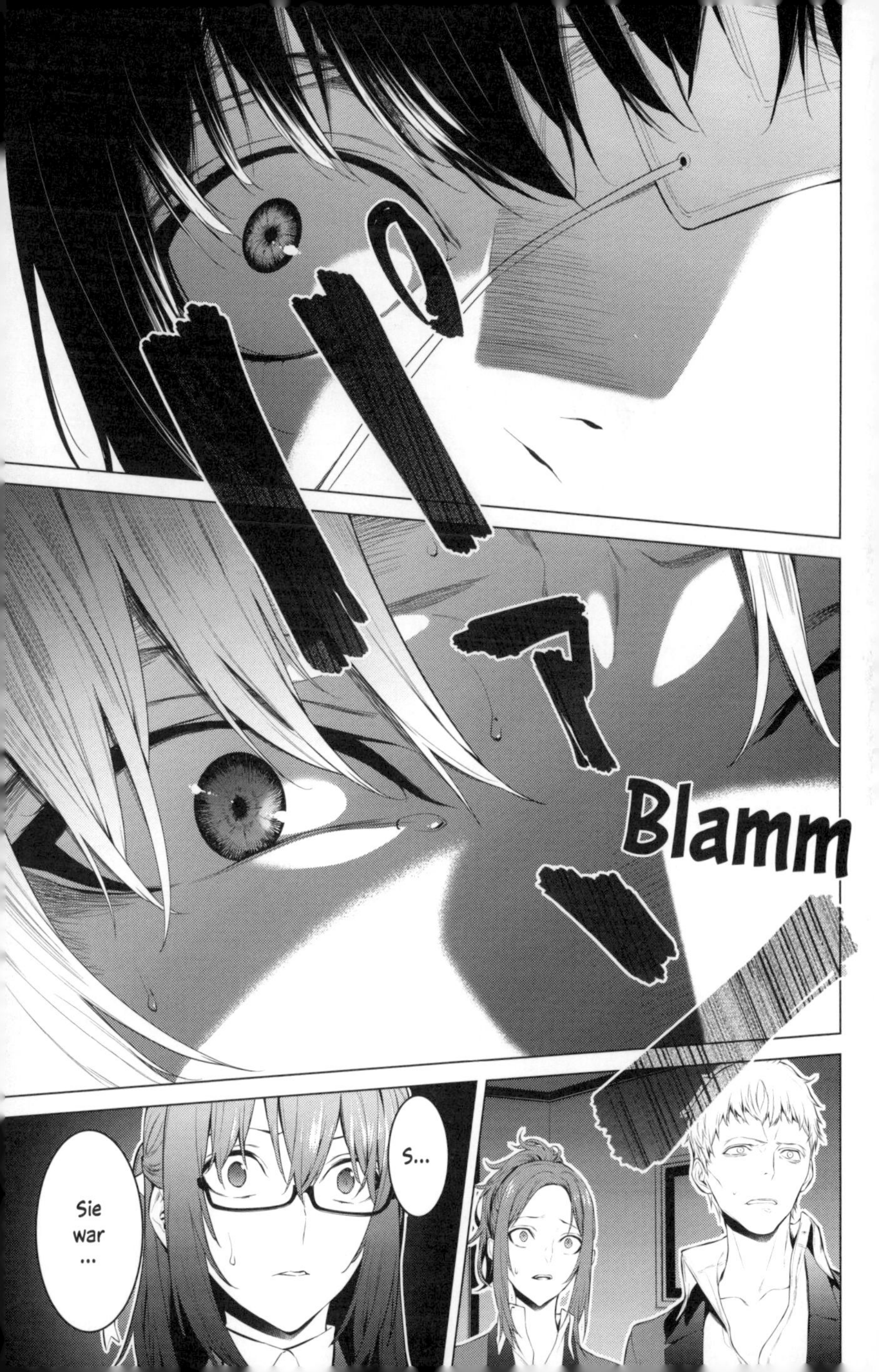
Blamm
S...
Sie war ...

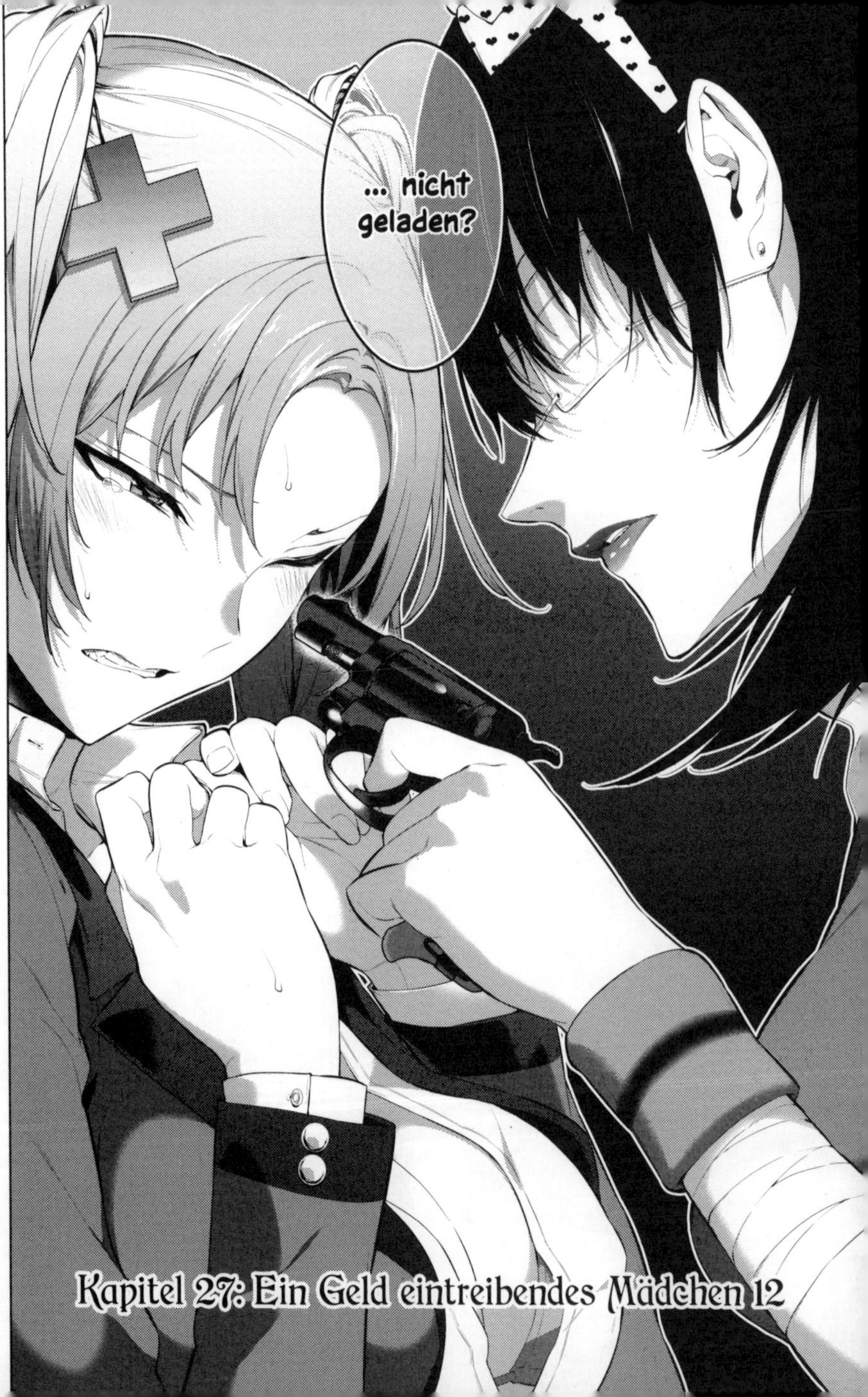

Kapitel 27: Ein Geld eintreibendes Mädchen 12

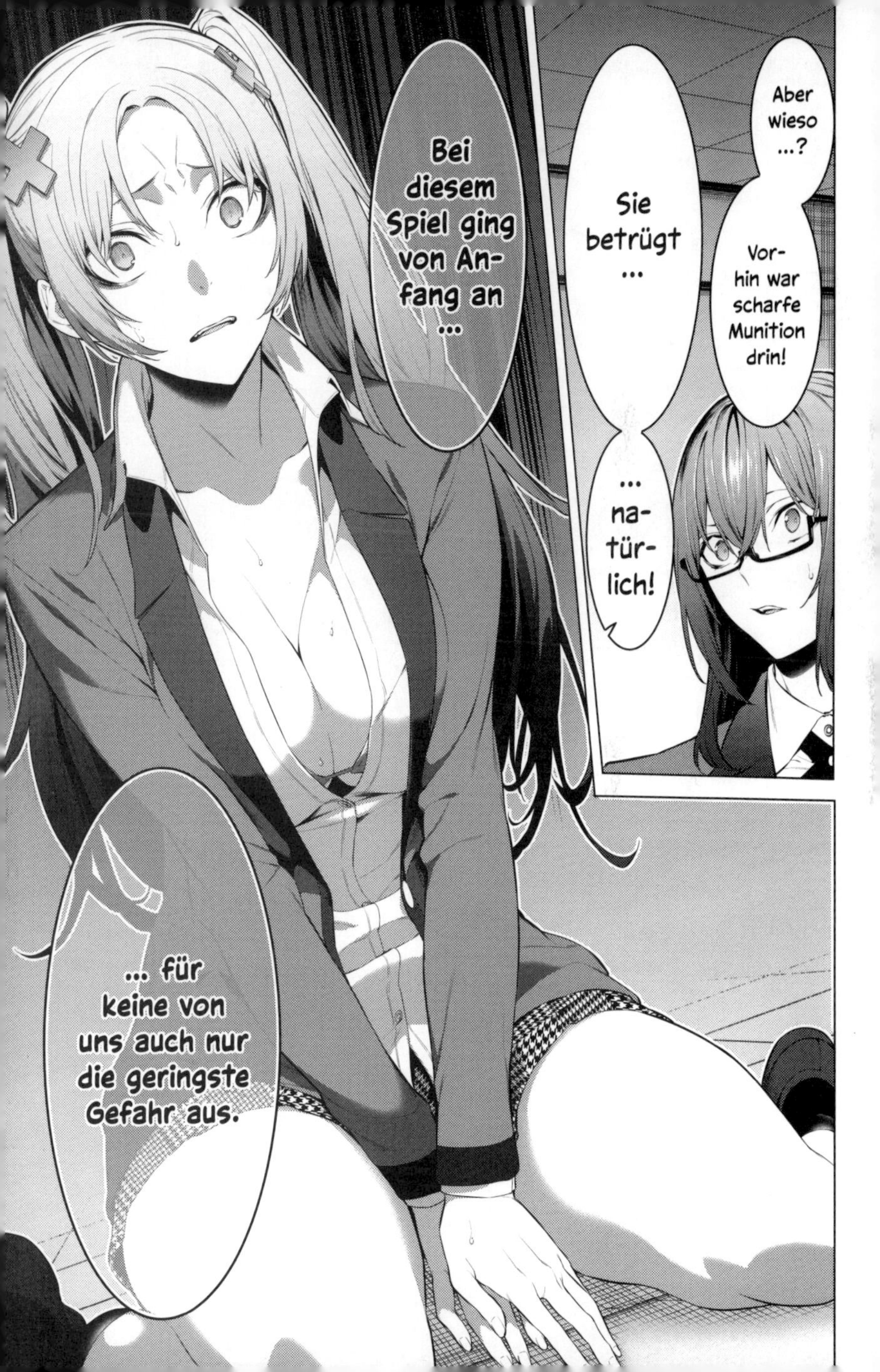
Aber wieso ...?
Vorhin war scharfe Munition drin!
Sie betrügt ...
... natürlich!
Bei diesem Spiel ging von Anfang an ...
... für keine von uns auch nur die geringste Gefahr aus.

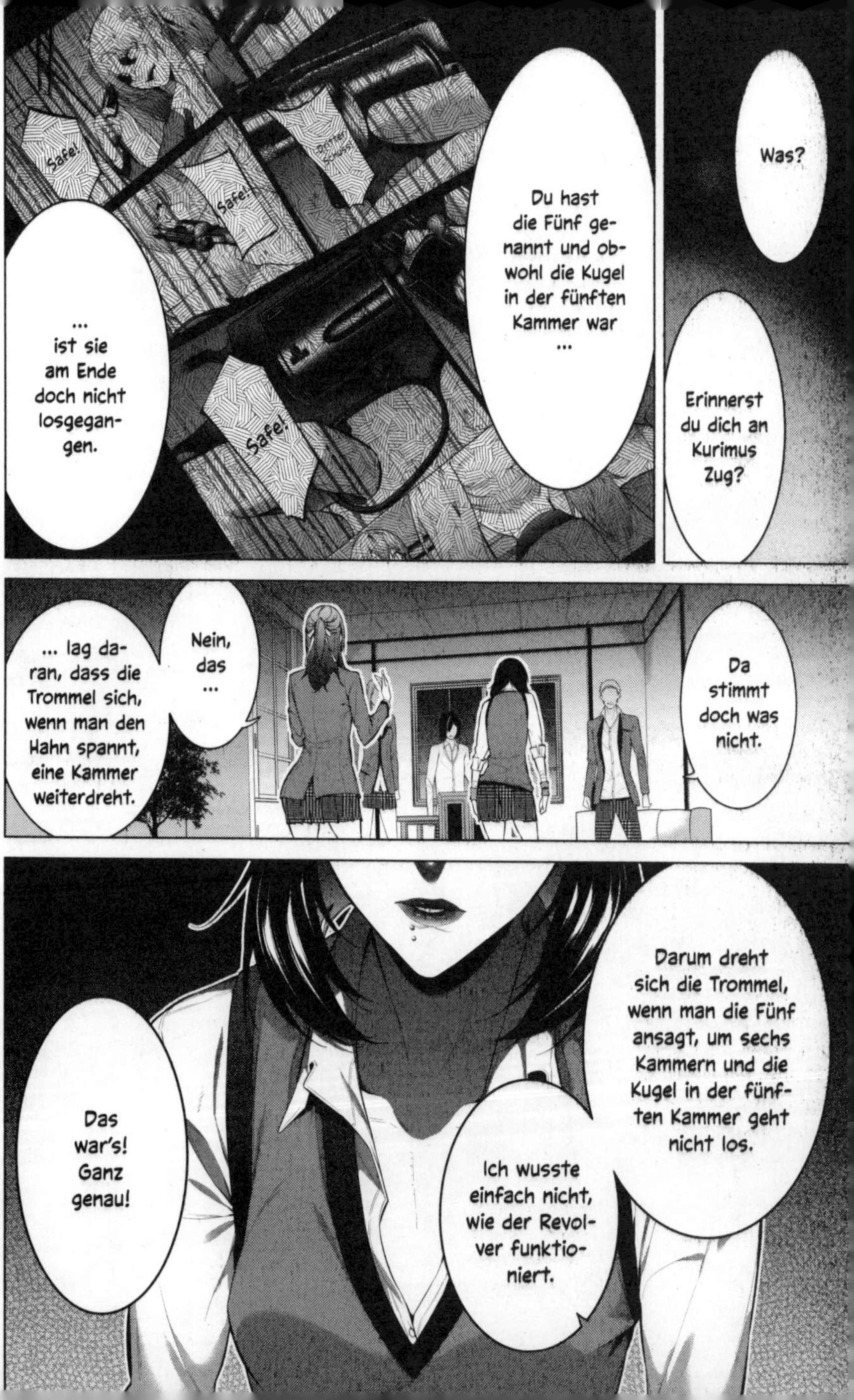
Was?
Erinnerst du dich an Kurimus Zug?
Du hast die Fünf genannt und obwohl die Kugel in der fünften Kammer war ...
Safe!
Dritter Schuss
Safe!
Safe!
Safe!
... ist sie am Ende doch nicht losgegangen.
Da stimmt doch was nicht.
Nein, das ...
... lag daran, dass die Trommel sich, wenn man den Hahn spannt, eine Kammer weiterdreht.
Darum dreht sich die Trommel, wenn man die Fünf ansagt, um sechs Kammern und die Kugel in der fünften Kammer geht nicht los.
Ich wusste einfach nicht, wie der Revolver funktioniert.
Das war's! Ganz genau!

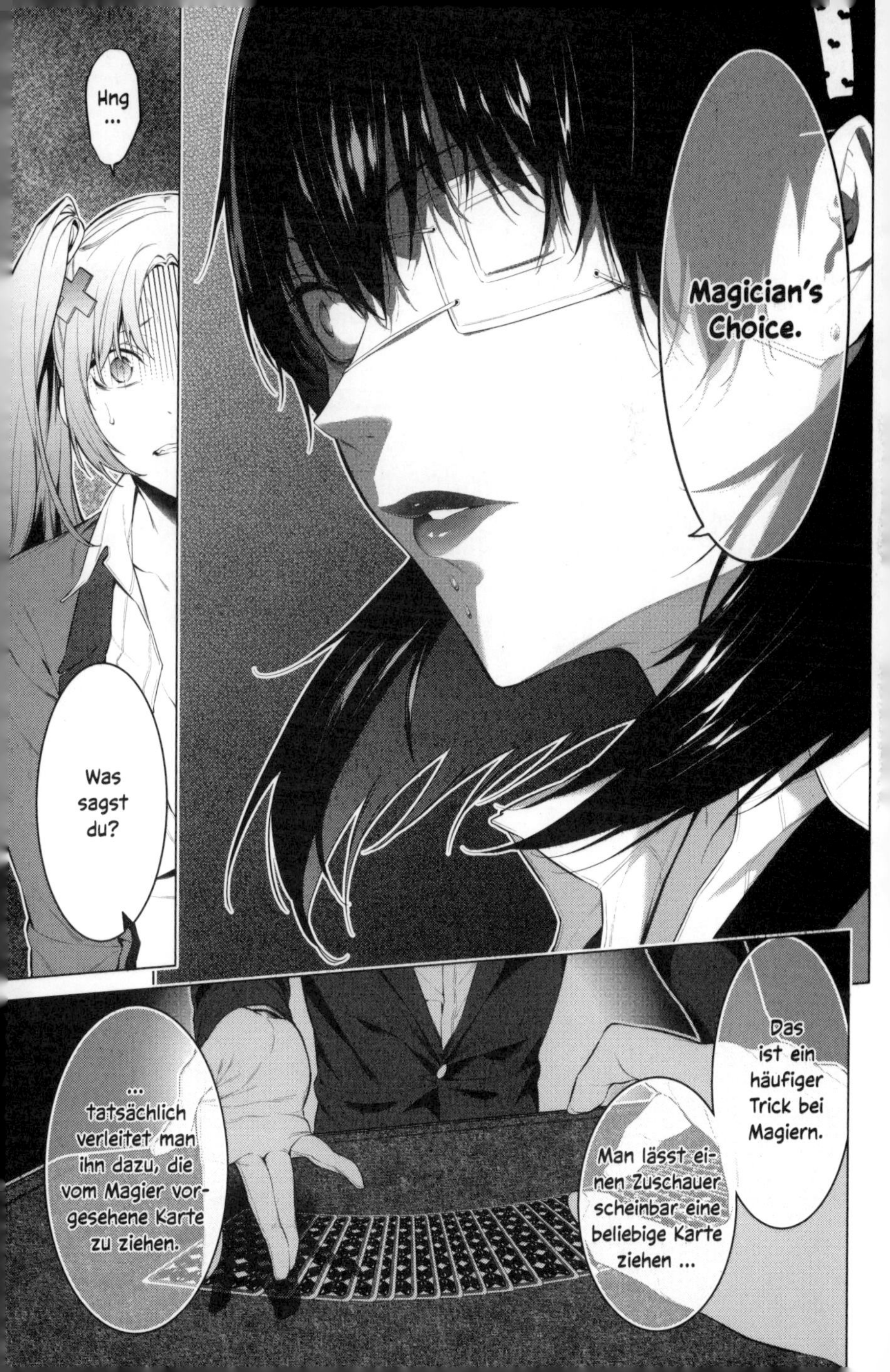
Magician's Choice.
Hng ...
Was sagst du?
Das ist ein häufiger Trick bei Magiern.
Man lässt einen Zuschauer scheinbar eine beliebige Karte ziehen ...
... tatsächlich verleitet man ihn dazu, die vom Magier vorgesehene Karte zu ziehen.

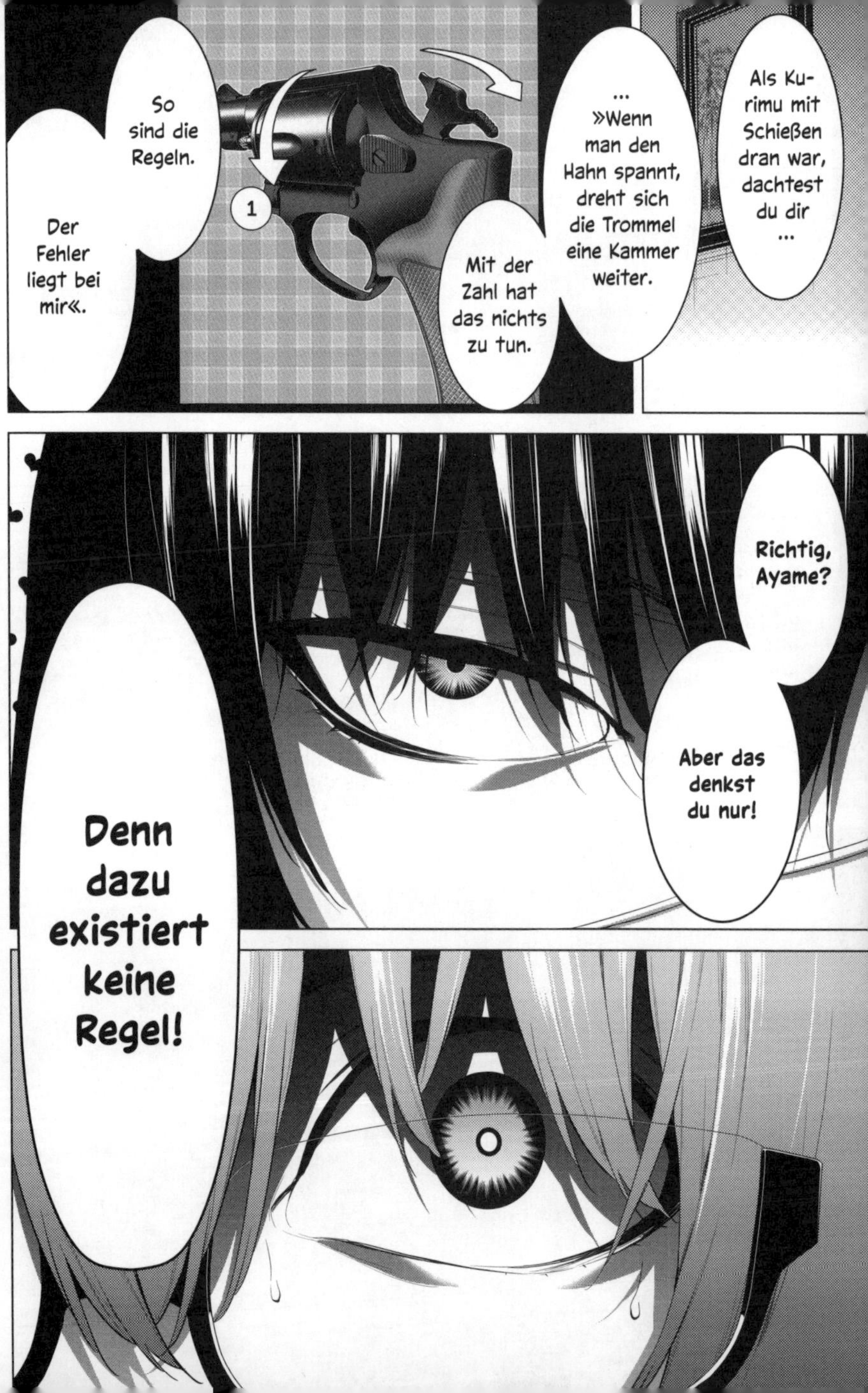
Als Kurimu mit Schießen dran war, dachtest du dir ...
... »Wenn man den Hahn spannt, dreht sich die Trommel eine Kammer weiter.
Mit der Zahl hat das nichts zu tun.
1
So sind die Regeln.
Der Fehler liegt bei mir«.
Richtig, Ayame?
Aber das denkst du nur!
Denn dazu existiert keine Regel!

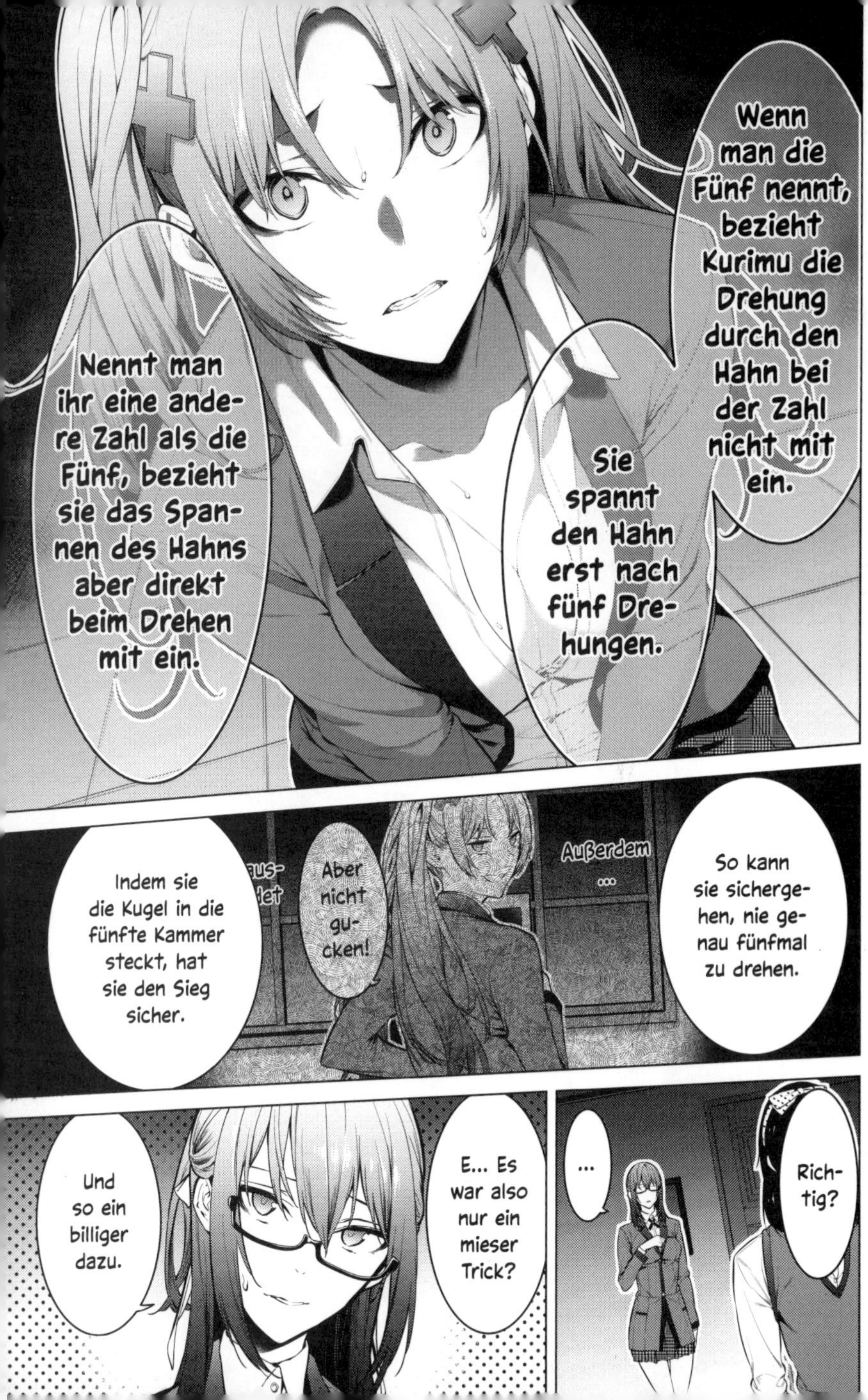

Wenn man die Fünf nennt, bezieht Kurimu die Drehung durch den Hahn bei der Zahl nicht mit ein.
Sie spannt den Hahn erst nach fünf Drehungen.
Nennt man ihr eine andere Zahl als die Fünf, bezieht sie das Spannen des Hahns aber direkt beim Drehen mit ein.
So kann sie sichergehen, nie genau fünfmal zu drehen.
Außerdem ...
Aber nicht gucken!
Indem sie die Kugel in die fünfte Kammer steckt, hat sie den Sieg sicher.
Richtig?
...
E... Es war also nur ein mieser Trick?
Und so ein billiger dazu.

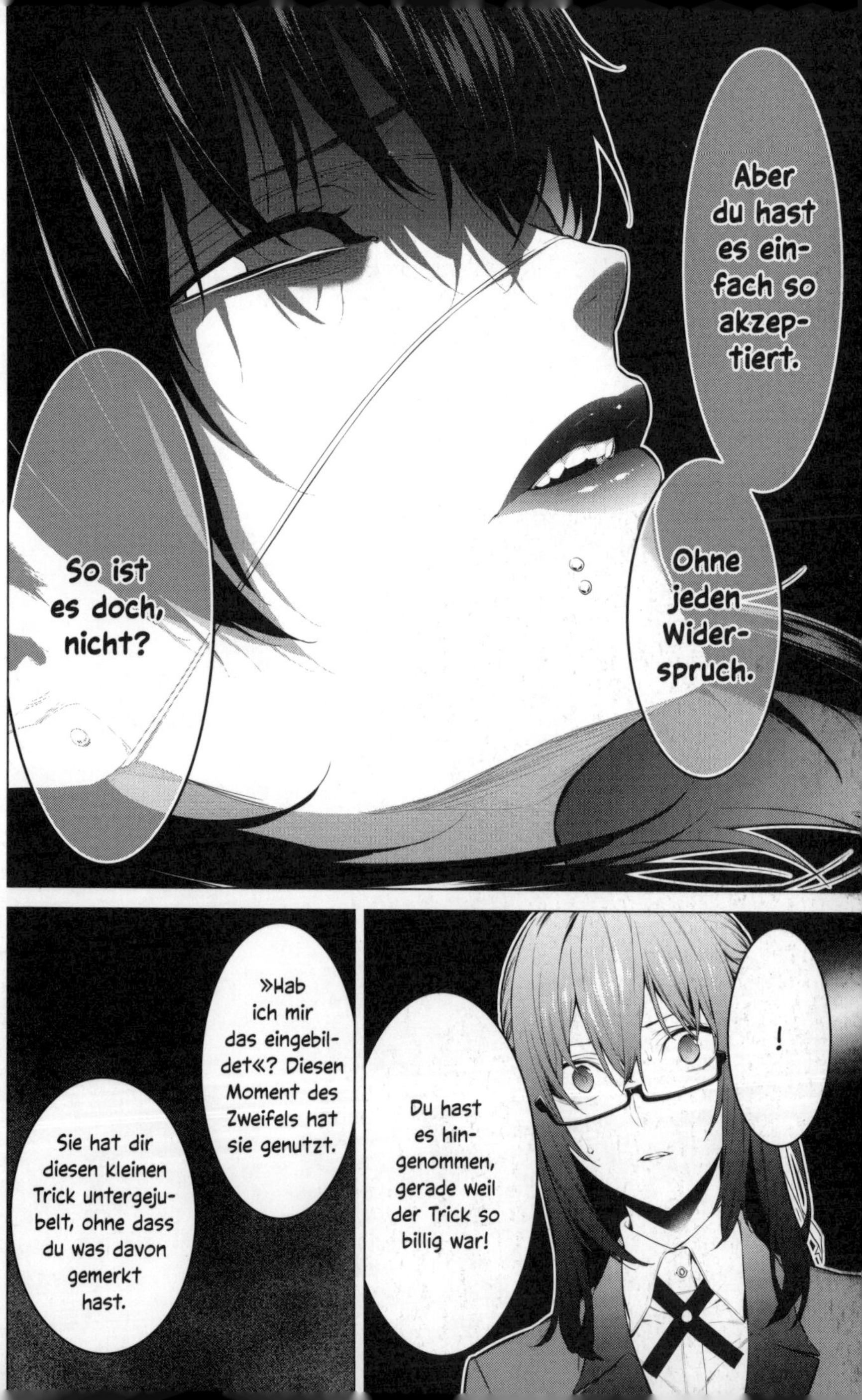
Aber du hast es einfach so akzeptiert.
Ohne jeden Widerspruch.
So ist es doch, nicht?
!
Du hast es hingenommen, gerade weil der Trick so billig war!
»Hab ich mir das eingebildet«? Diesen Moment des Zweifels hat sie genutzt.
Sie hat dir diesen kleinen Trick untergejubelt, ohne dass du was davon gemerkt hast.

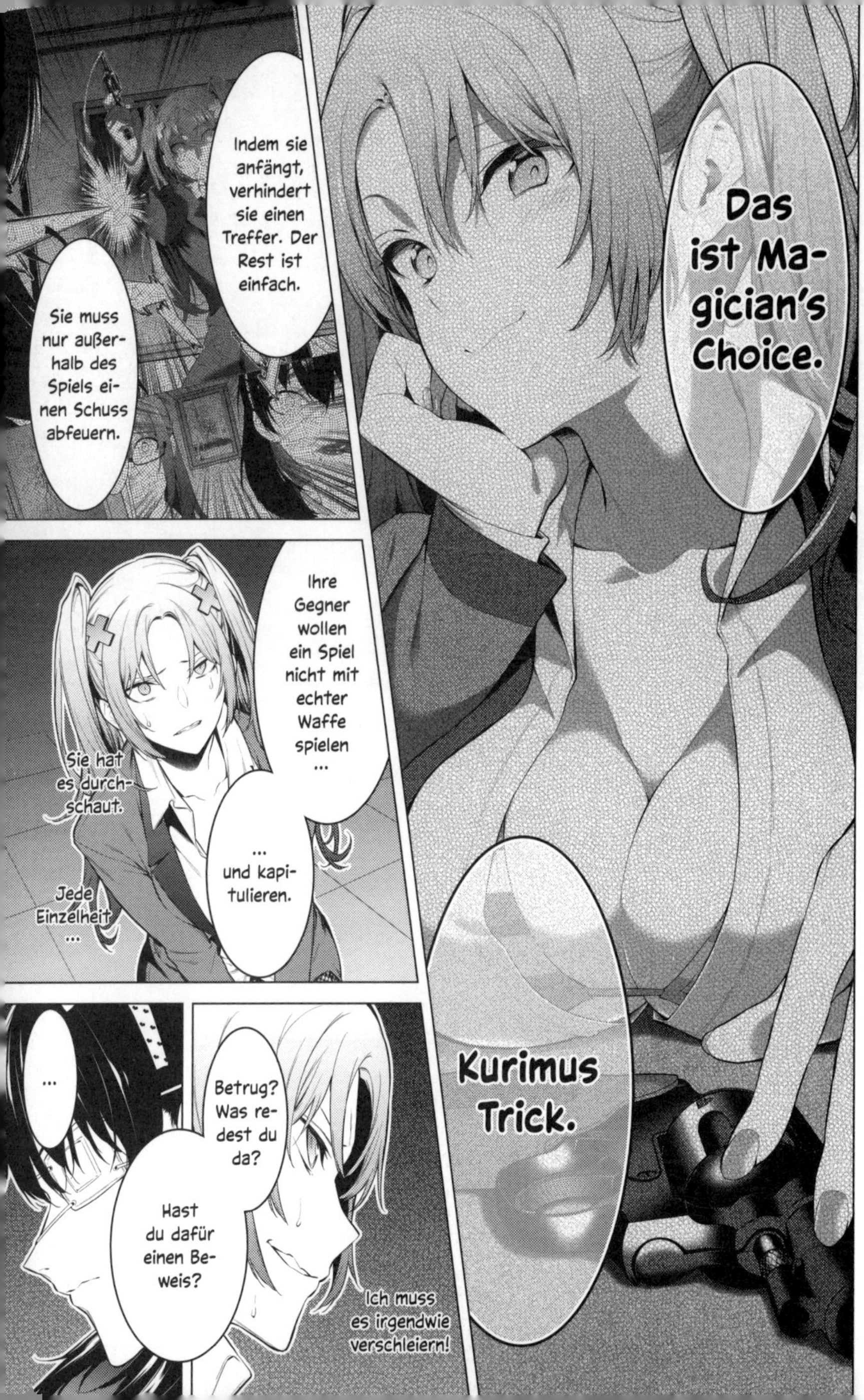
Das ist Magician's Choice.
Indem sie anfängt, verhindert sie einen Treffer. Der Rest ist einfach.
Sie muss nur außerhalb des Spiels einen Schuss abfeuern.
Ihre Gegner wollen ein Spiel nicht mit echter Waffe spielen ...
... und kapitulieren.
Sie hat es durchschaut.
Jede Einzelheit ...
Kurimus Trick.
Betrug? Was redest du da?
Hast du dafür einen Beweis?
...
Ich muss es irgendwie verschleiern!

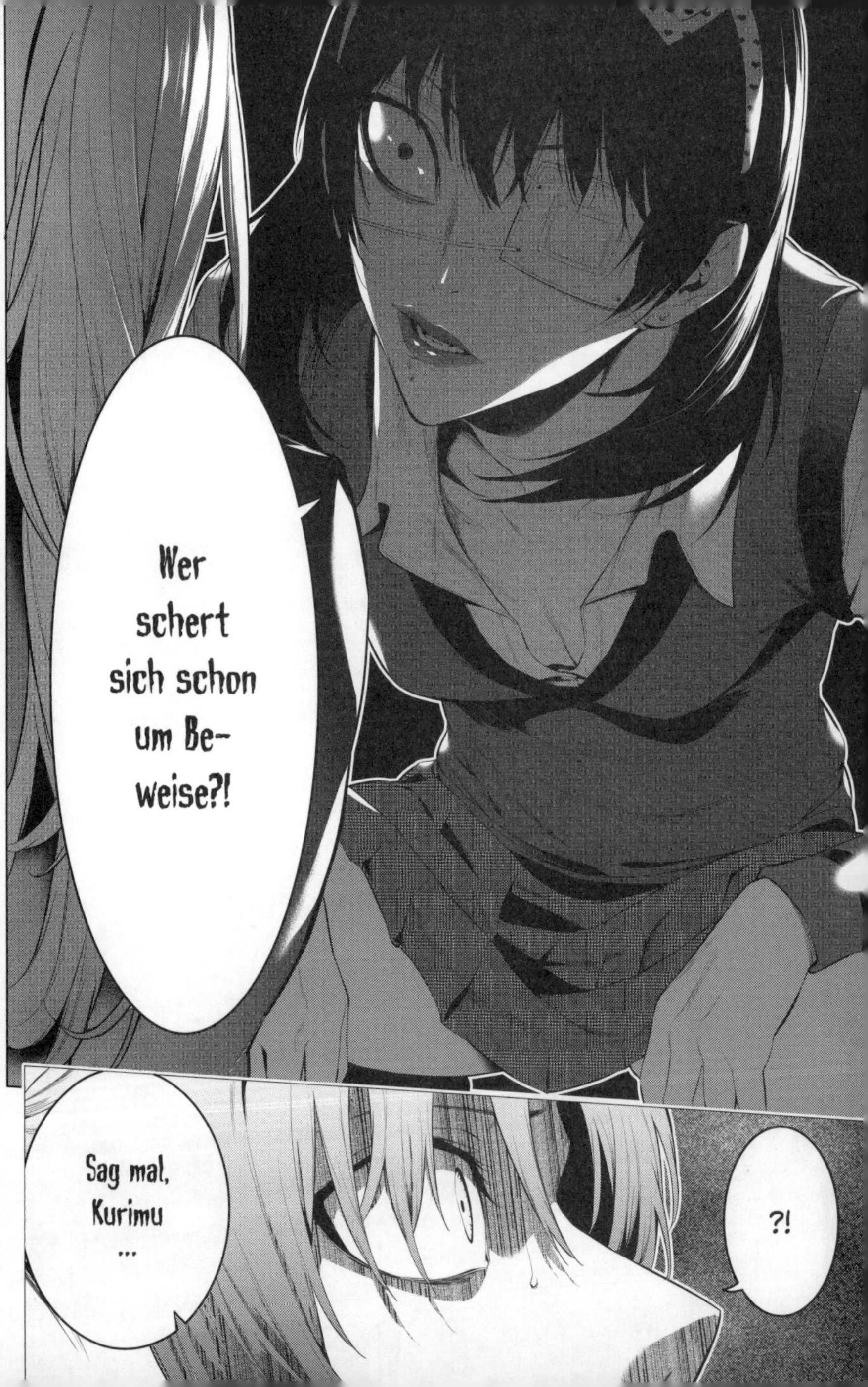
Wer schert sich schon um Beweise?!
?!
Sag mal, Kurimu ...

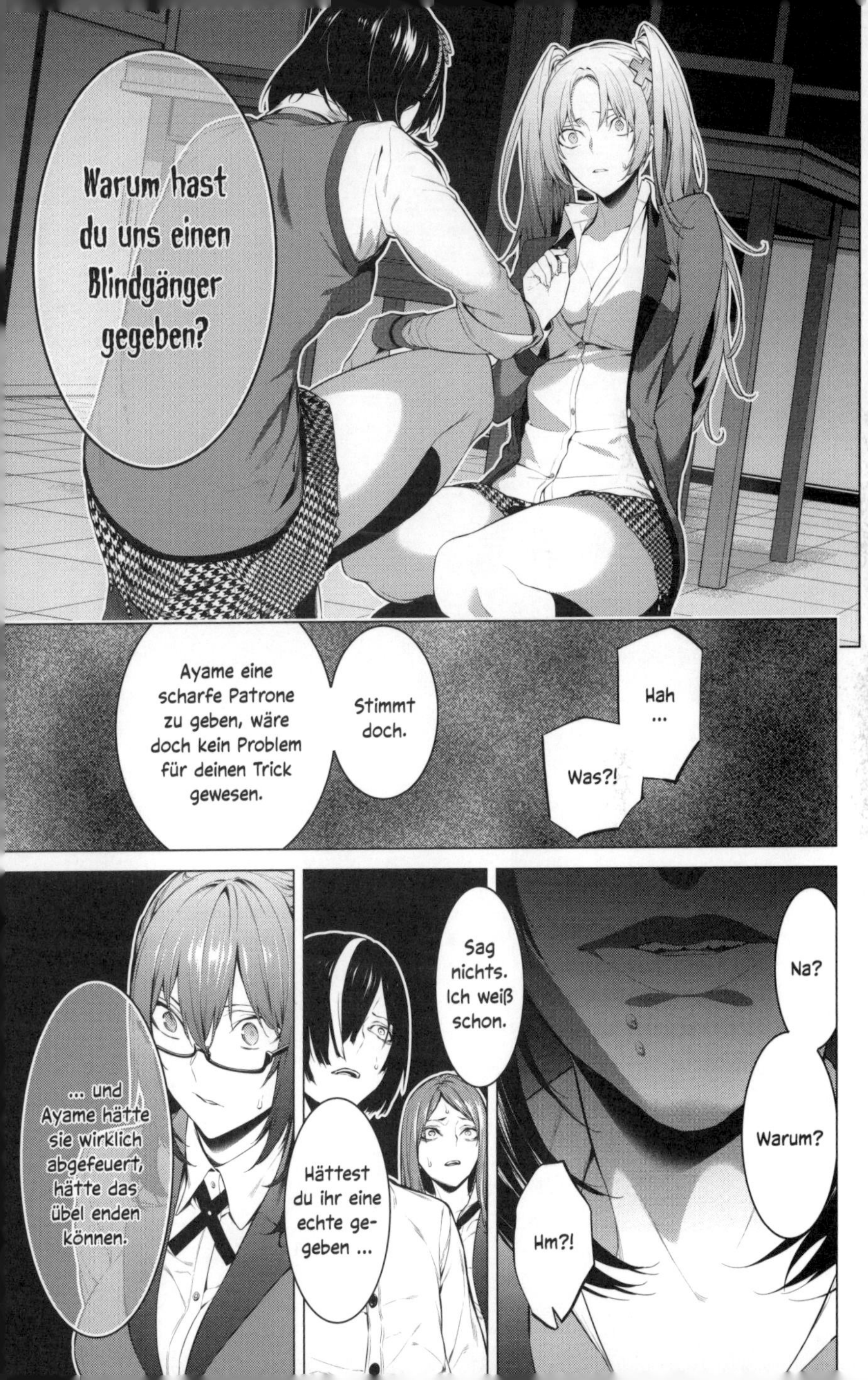
Warum hast du uns einen Blindgänger gegeben?
Hah ...
Was?!
Stimmt doch.
Ayame eine scharfe Patrone zu geben, wäre doch kein Problem für deinen Trick gewesen.
Na?
Warum?
Hm?!
Sag nichts. Ich weiß schon.
Hättest du ihr eine echte ge-geben ...
... und Ayame hätte sie wirklich abgefeuert, hätte das übel enden können.

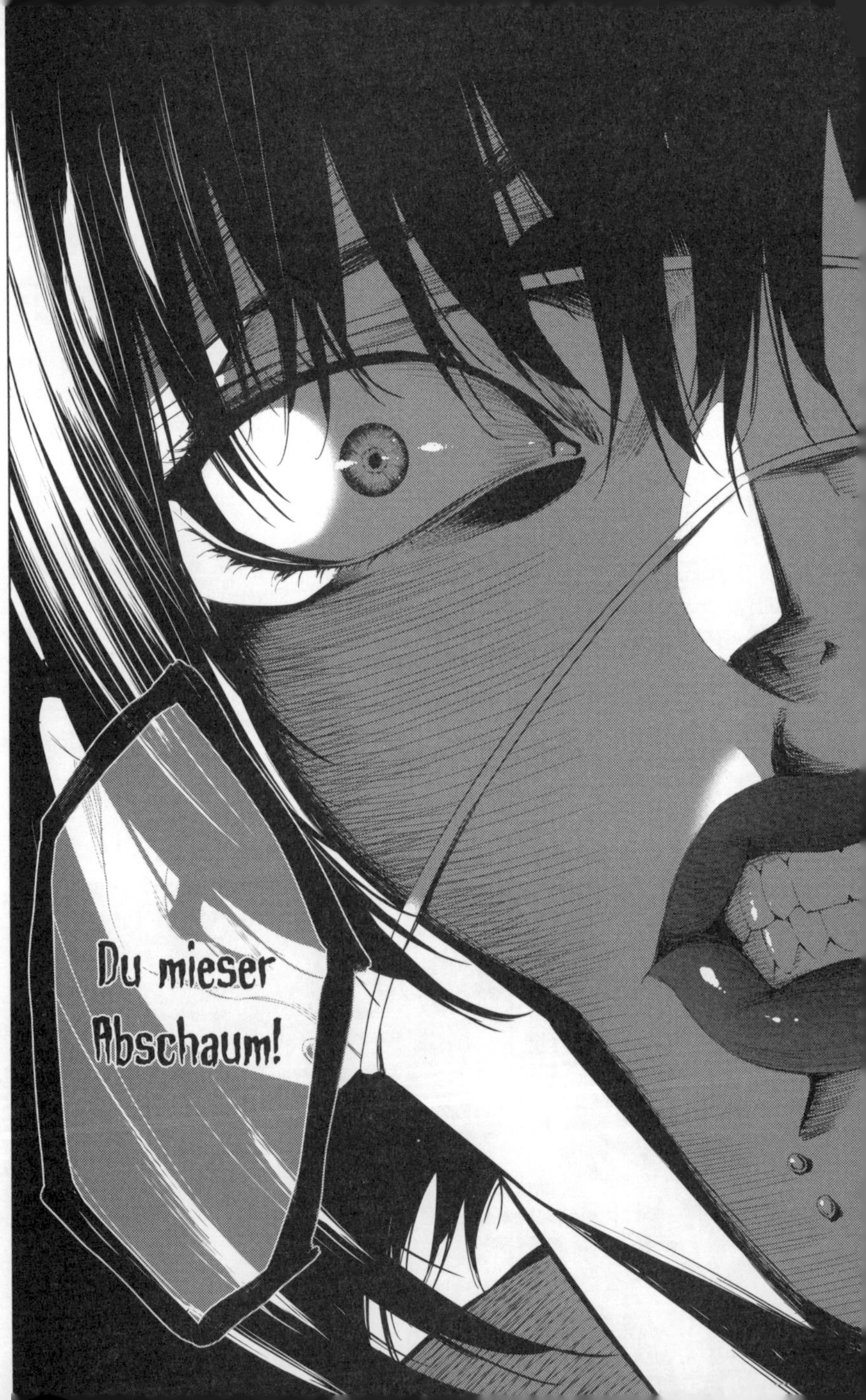
Du mieser Abschaum!

Kapitel 28: Ein Geld eintreibendes Mädchen 13

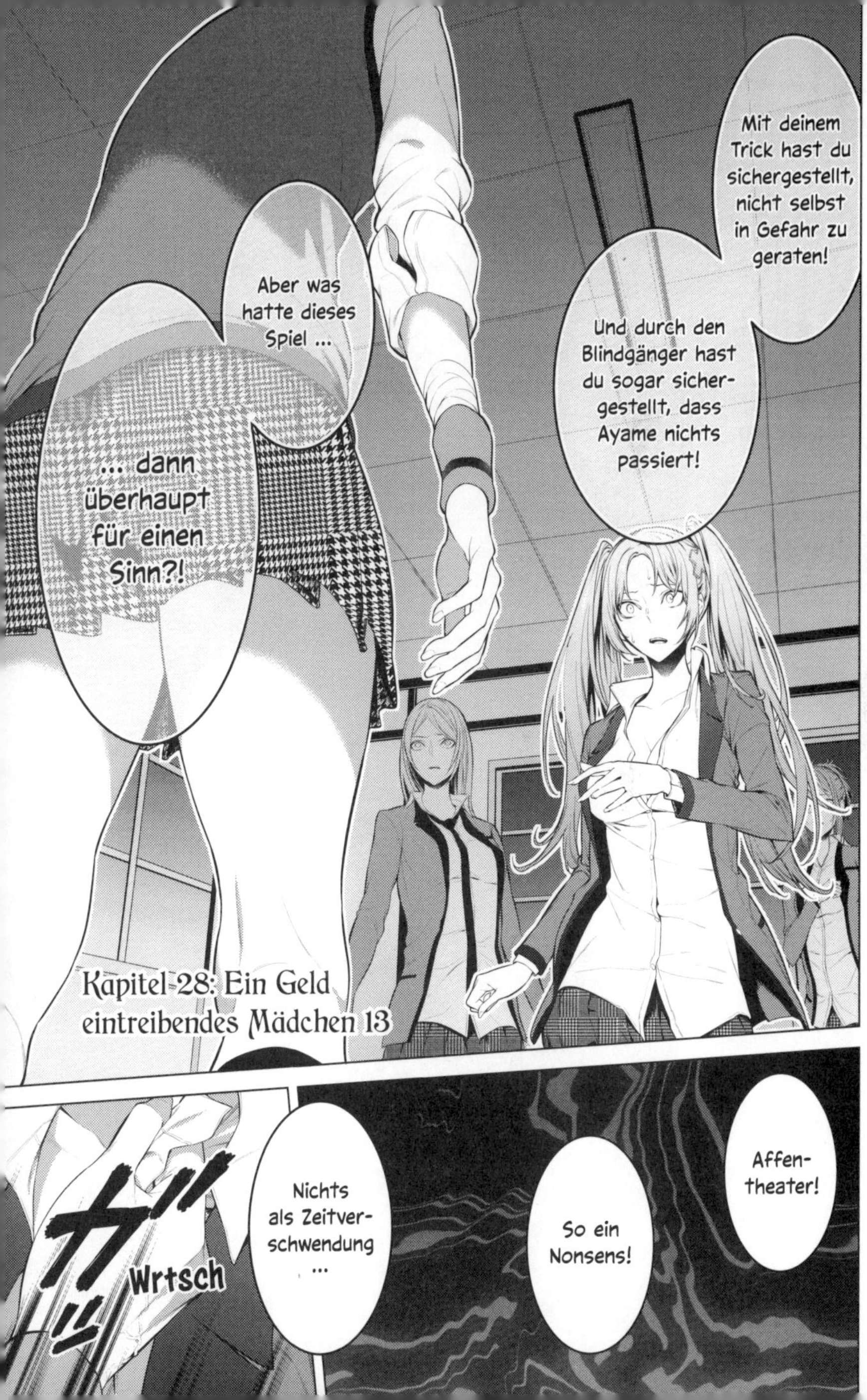

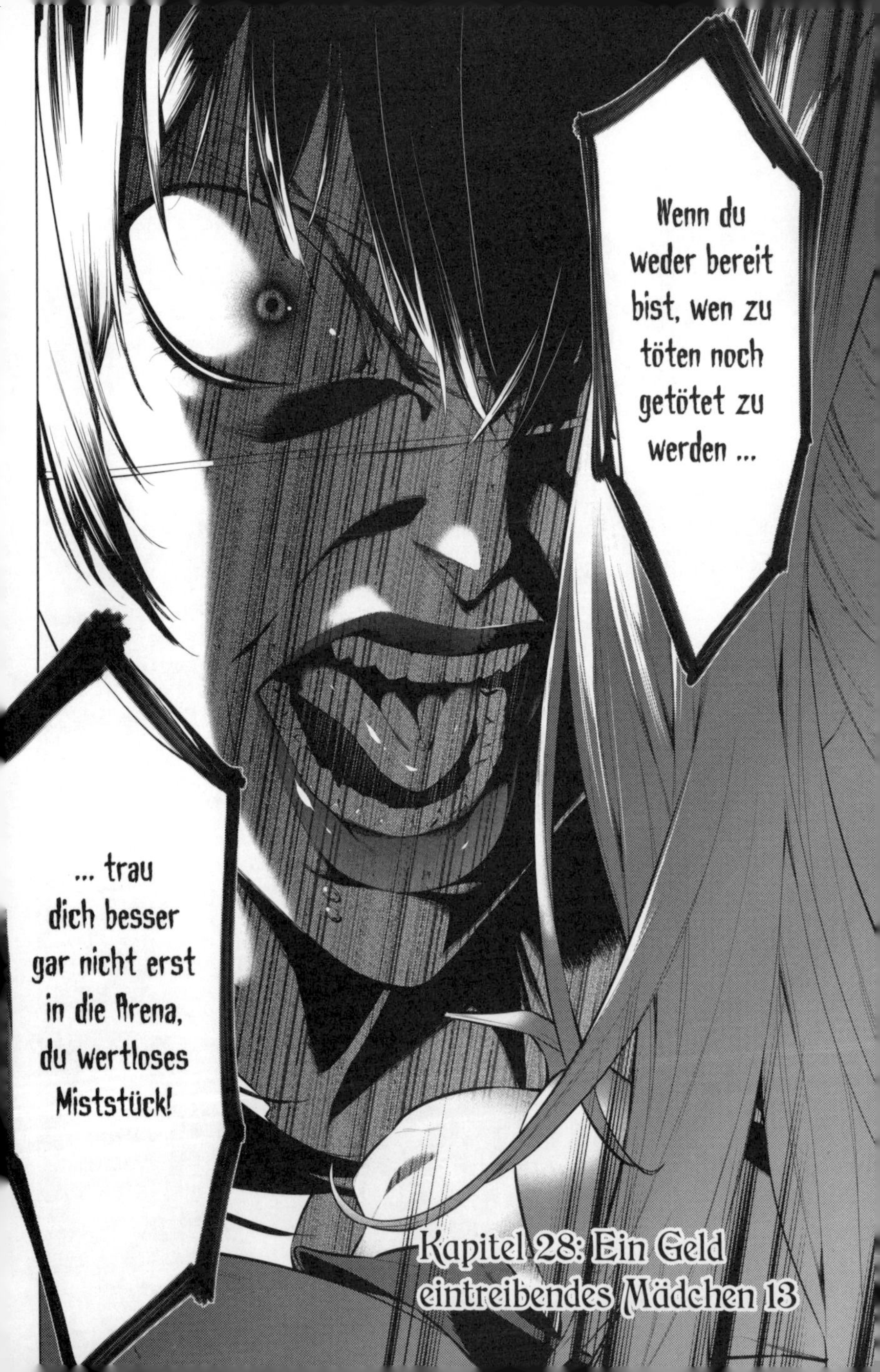
Wenn du weder bereit bist, wen zu töten noch getötet zu werden ...
... trau dich besser gar nicht erst in die Arena, du wertloses Miststück!
Kapitel 28: Ein Geld eintreibendes Mädchen 13

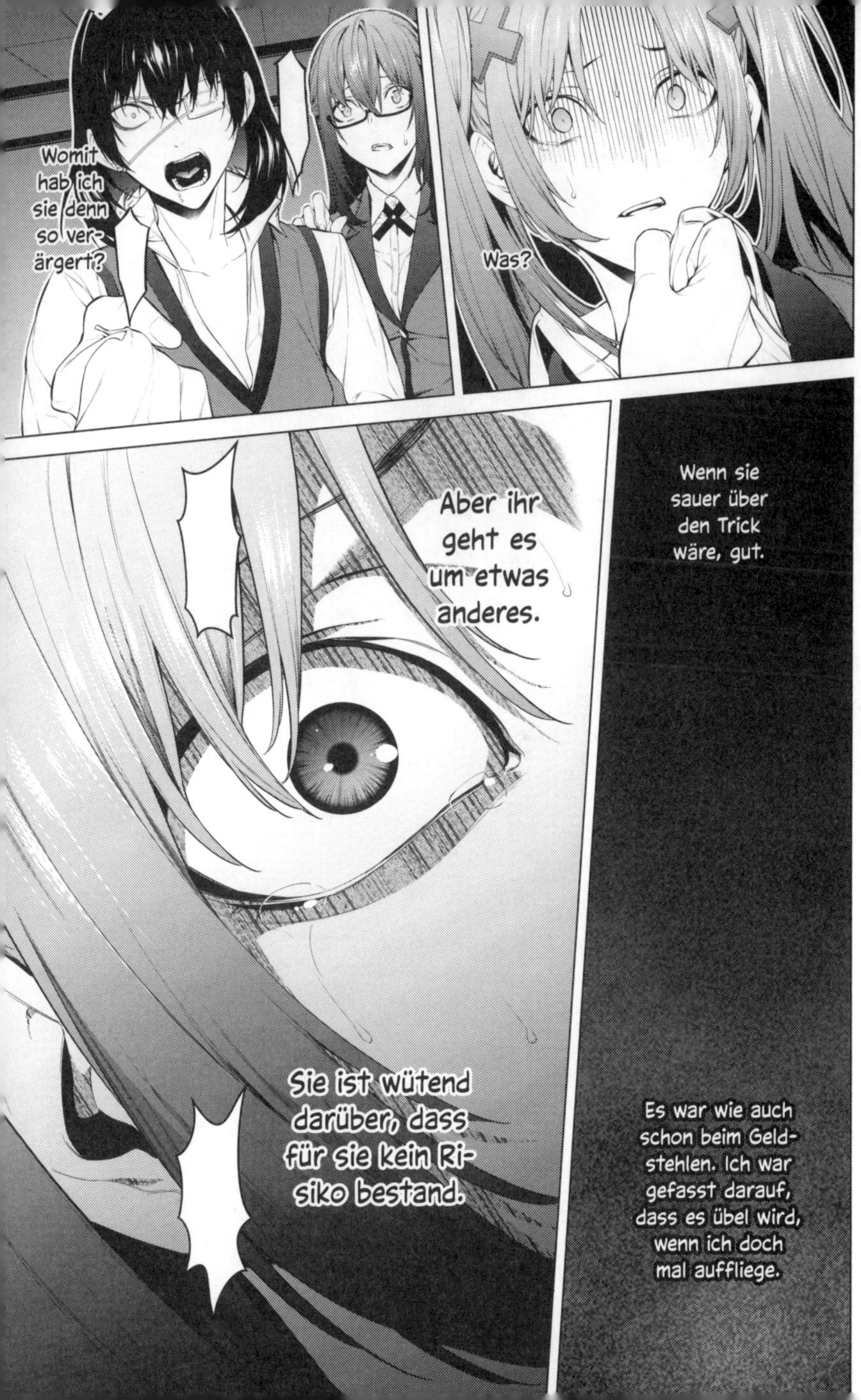
Was?
Womit hab ich sie denn so verärgert?
Wenn sie sauer über den Trick wäre, gut.
Aber ihr geht es um etwas anderes.
Es war wie auch schon beim Geldstehlen. Ich war gefasst darauf, dass es übel wird, wenn ich doch mal auffliege.
Sie ist wütend darüber, dass für sie kein Risiko bestand.

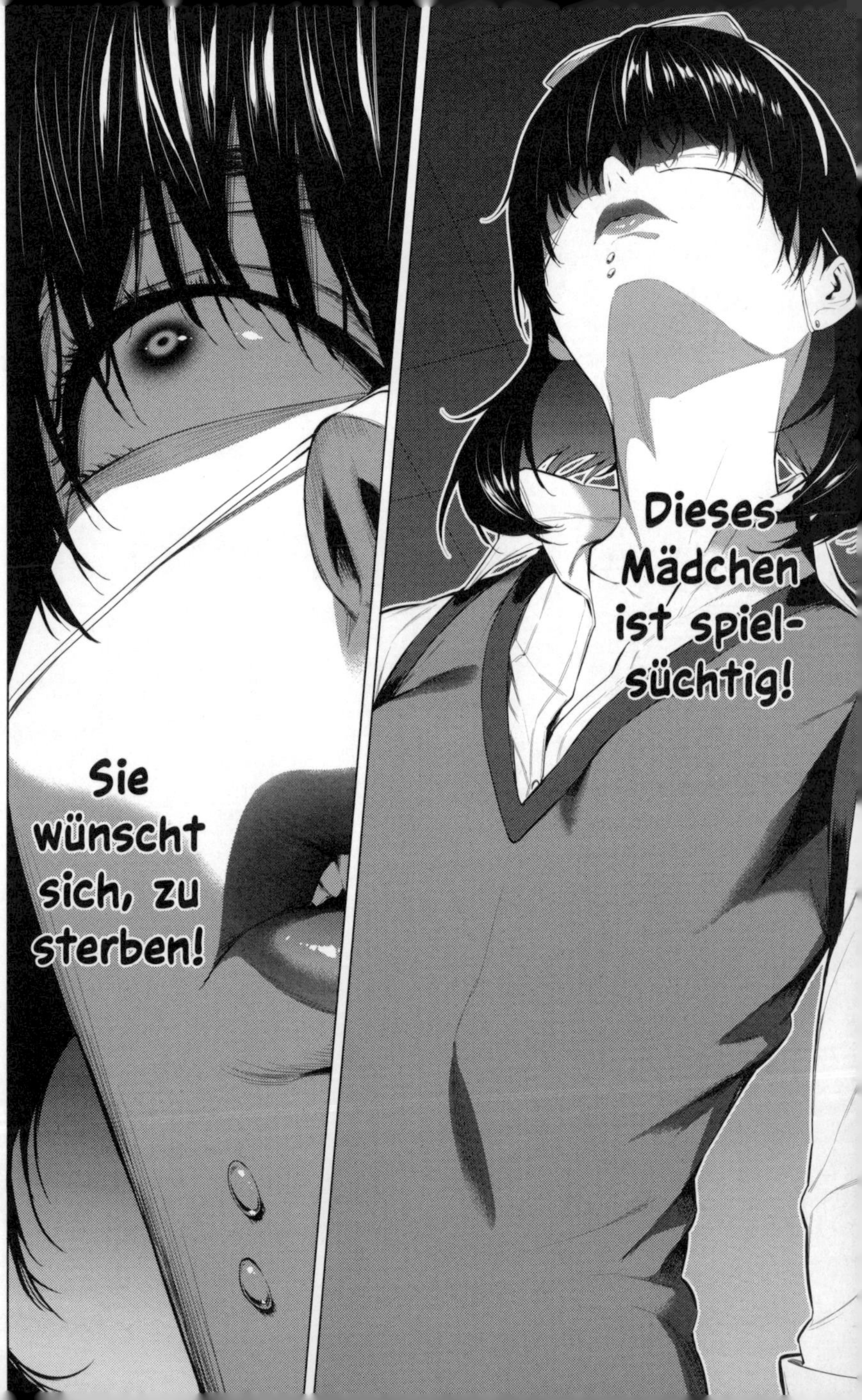
Dieses Mädchen ist spiel-süchtig!
Sie wünscht sich, zu sterben!

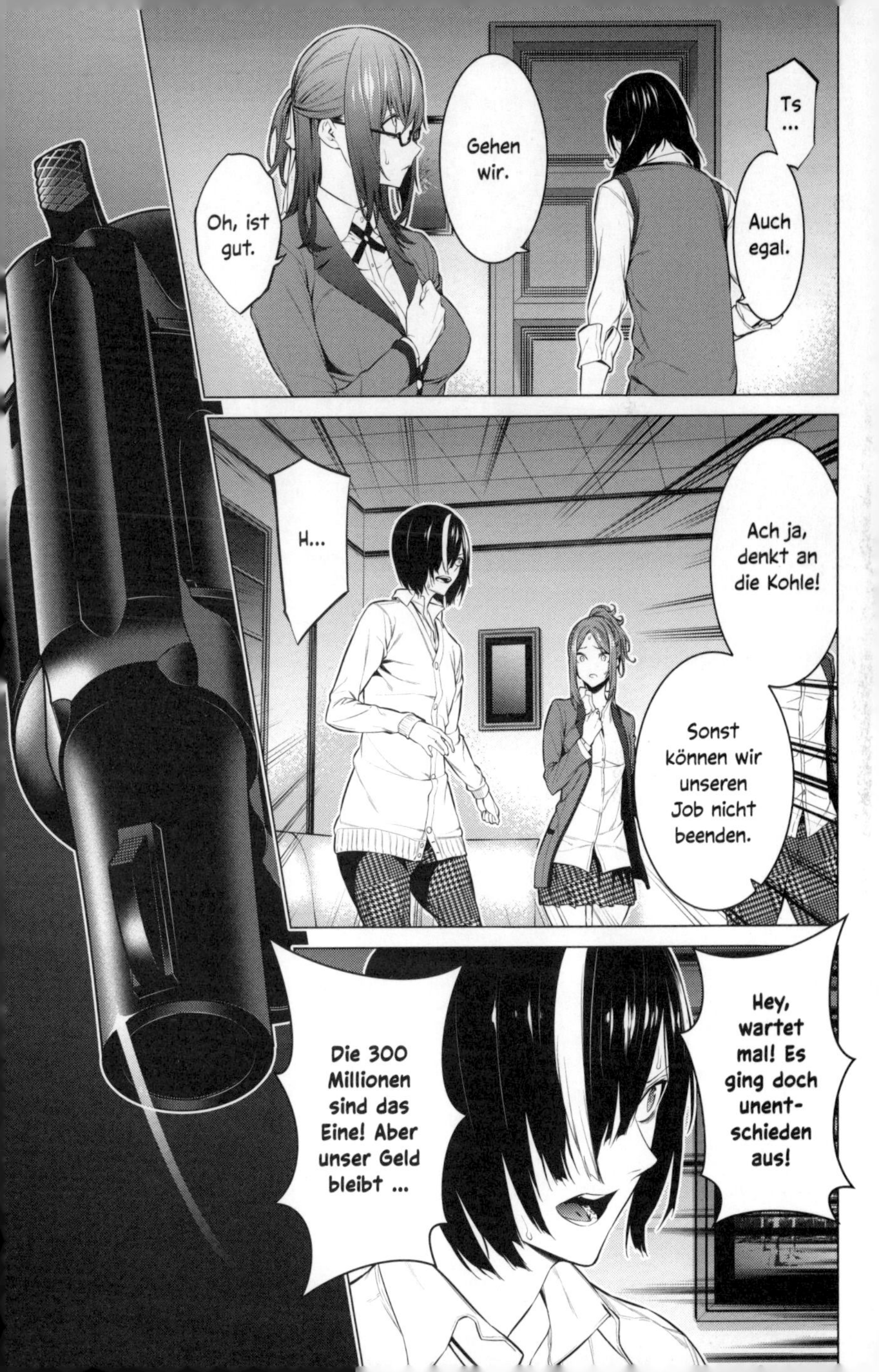
Ts ...
Auch egal.
Gehen wir.
Oh, ist gut.
Ach ja, denkt an die Kohle!
Sonst können wir unseren Job nicht beenden.
H...
Hey, wartet mal! Es ging doch unent-schieden aus!
Die 300 Millionen sind das Eine! Aber unser Geld bleibt ...

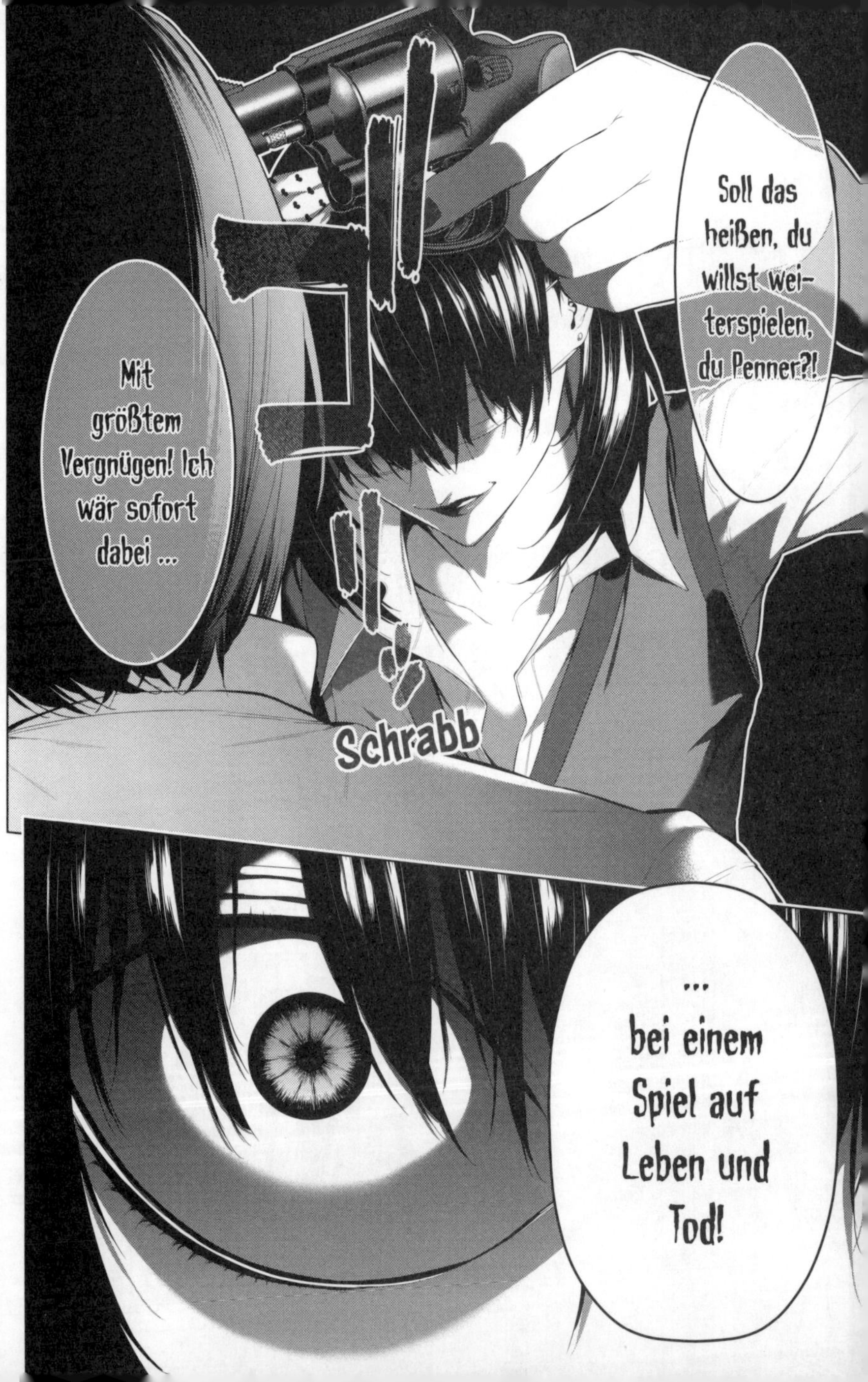
Soll das heißen, du willst wei-terspielen, du Penner?!
Mit größtem Vergnügen! Ich wär sofort dabei ...
Schrabb
... bei einem Spiel auf Leben und Tod!

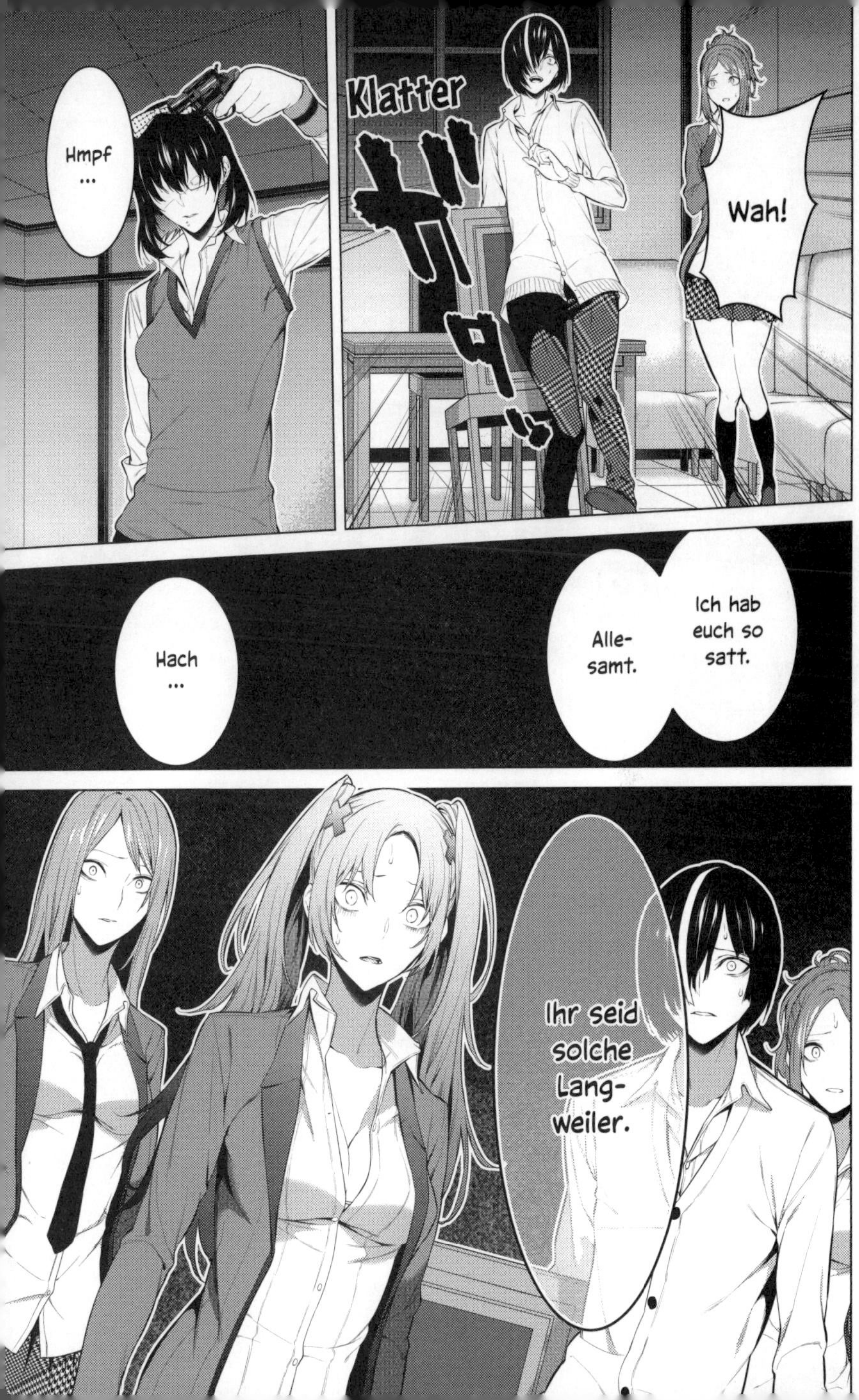
Wah!
Klatter
Hmpf ...
Ich hab euch so satt.
Alle-samt.
Hach ...
Ihr seid solche Lang-weiler.

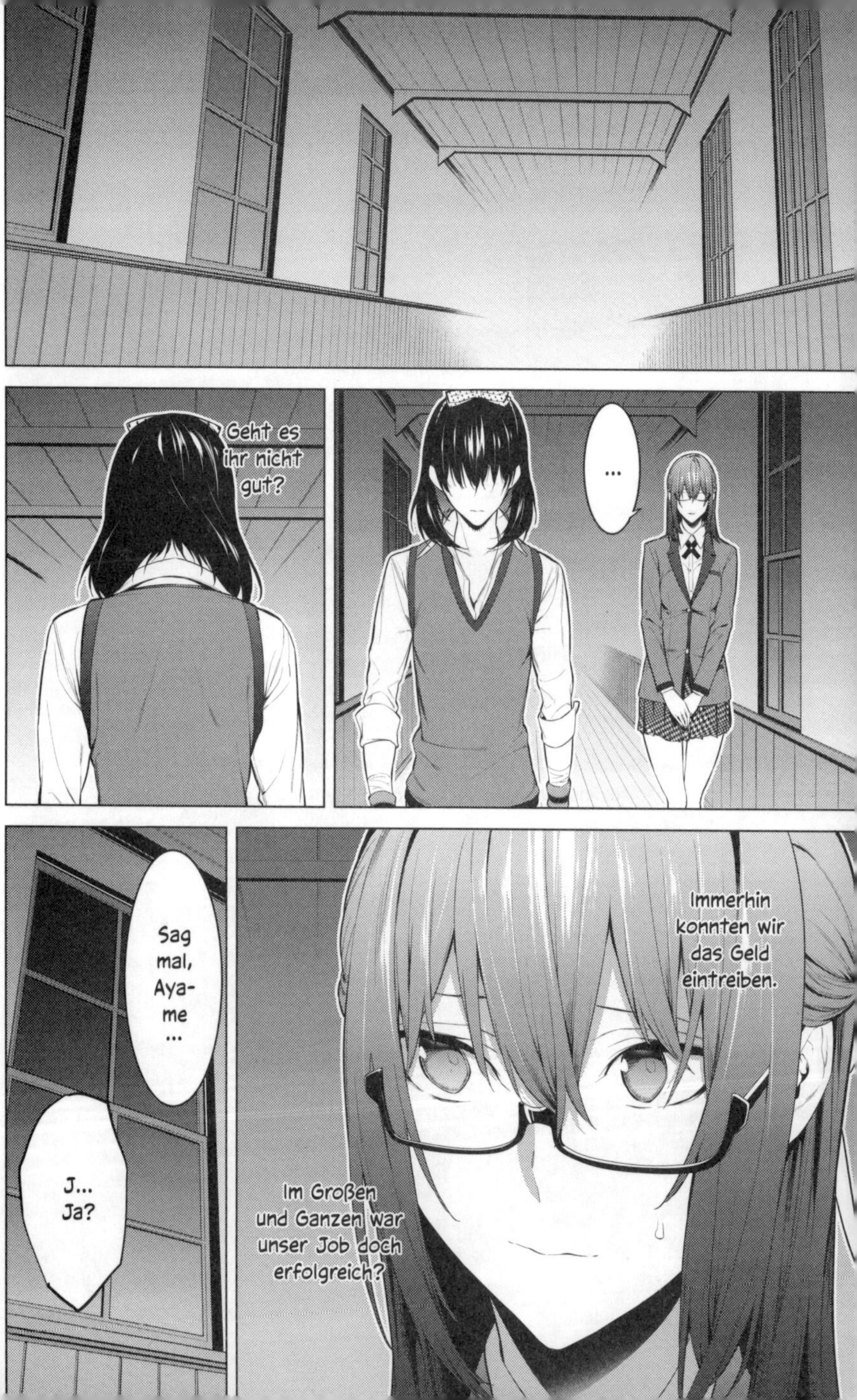

...
Geht es ihr nicht gut?
Immerhin konnten wir das Geld eintreiben.
Im Großen und Ganzen war unser Job doch erfolgreich?
Sag mal, Aya-me ...
J... Ja?

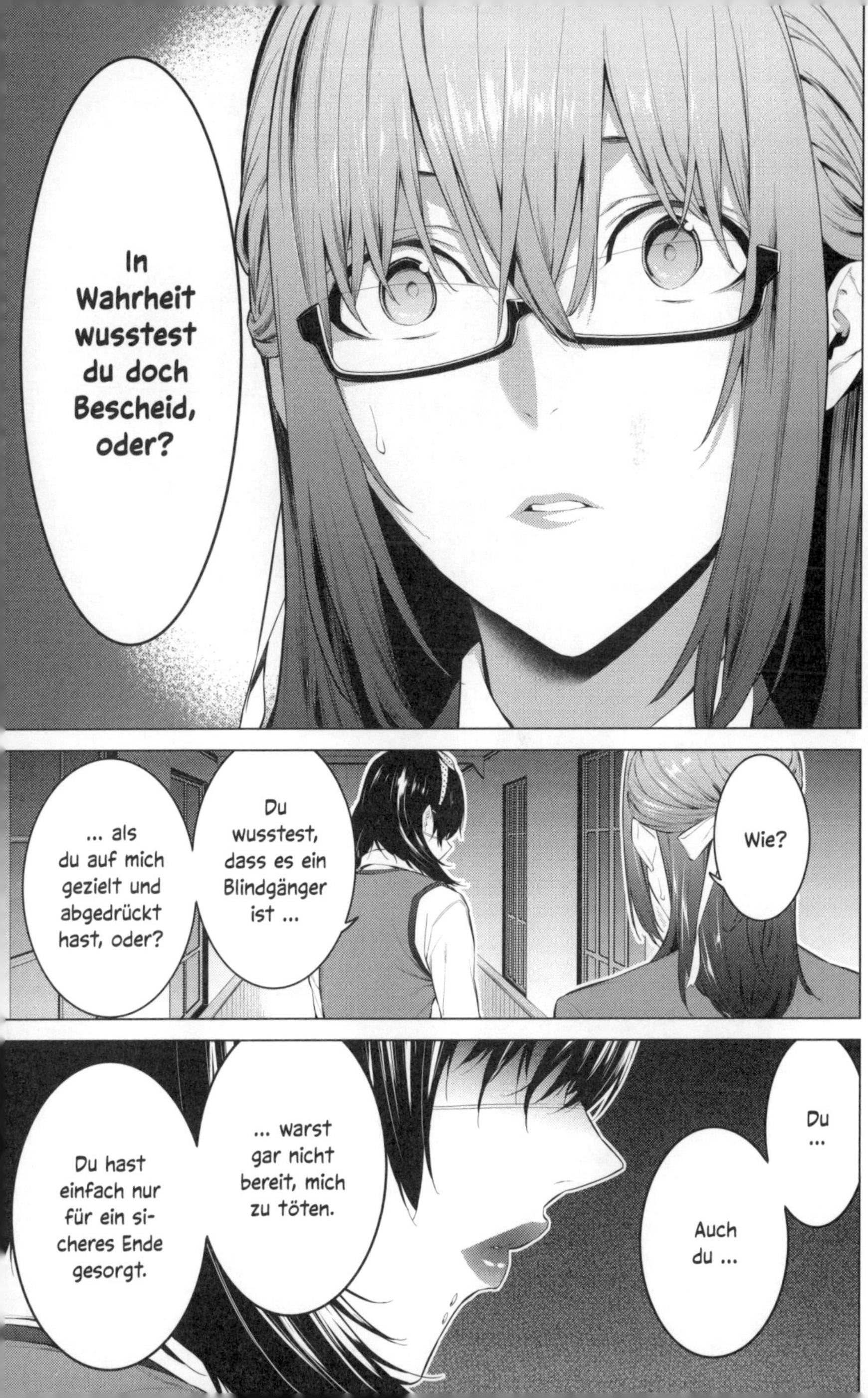
In Wahrheit wusstest du doch Bescheid, oder?
Wie?
Du wusstest, dass es ein Blindgänger ist ...
... als du auf mich gezielt und abgedrückt hast, oder?
Du ...
Auch du ...
... warst gar nicht bereit, mich zu töten.
Du hast einfach nur für ein sicheres Ende gesorgt.

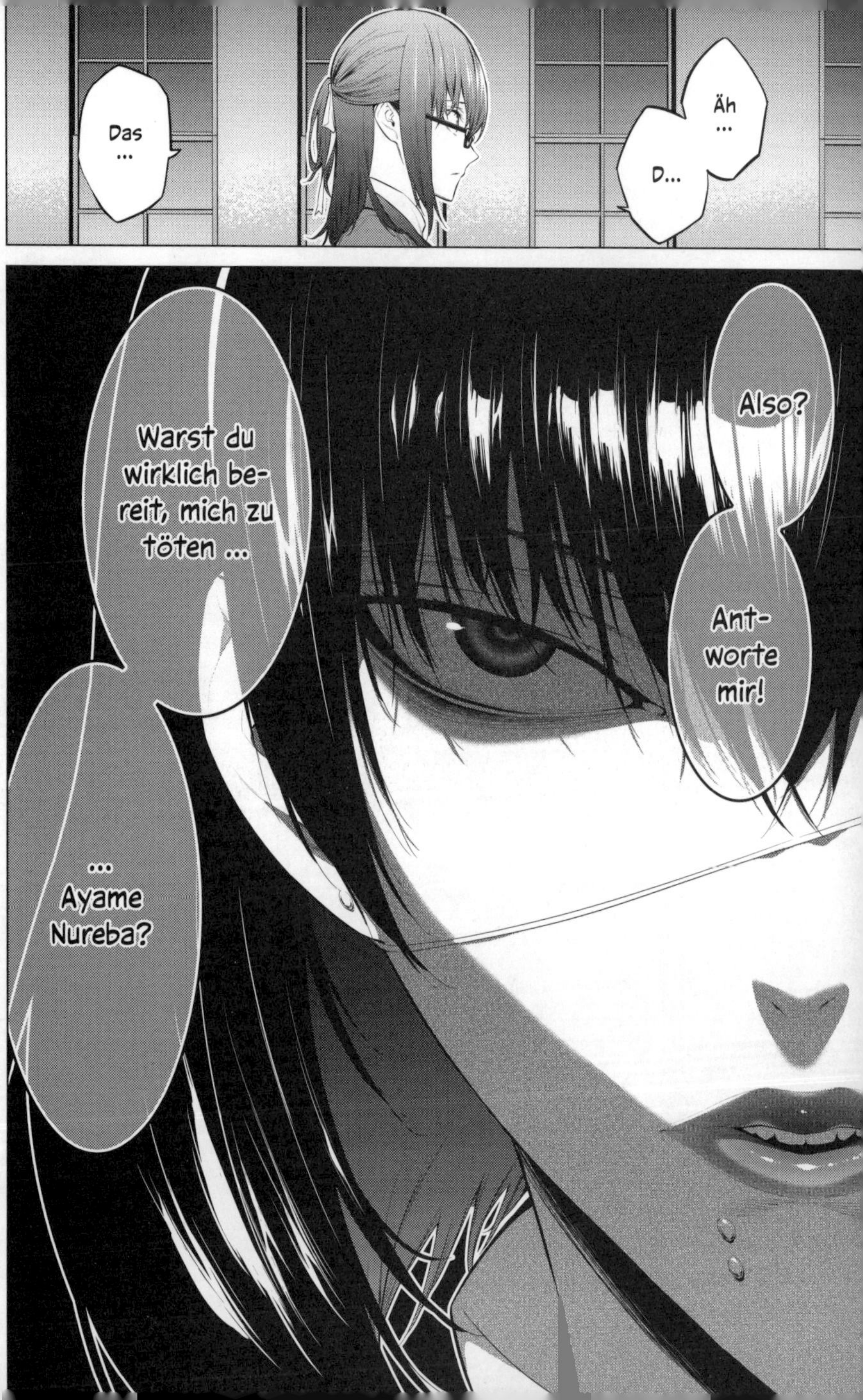
Äh ...
D...
Das ...
Also?
Ant-worte mir!
Warst du wirklich be-reit, mich zu töten ...
... Ayame Nureba?

Kakegurui

Midari

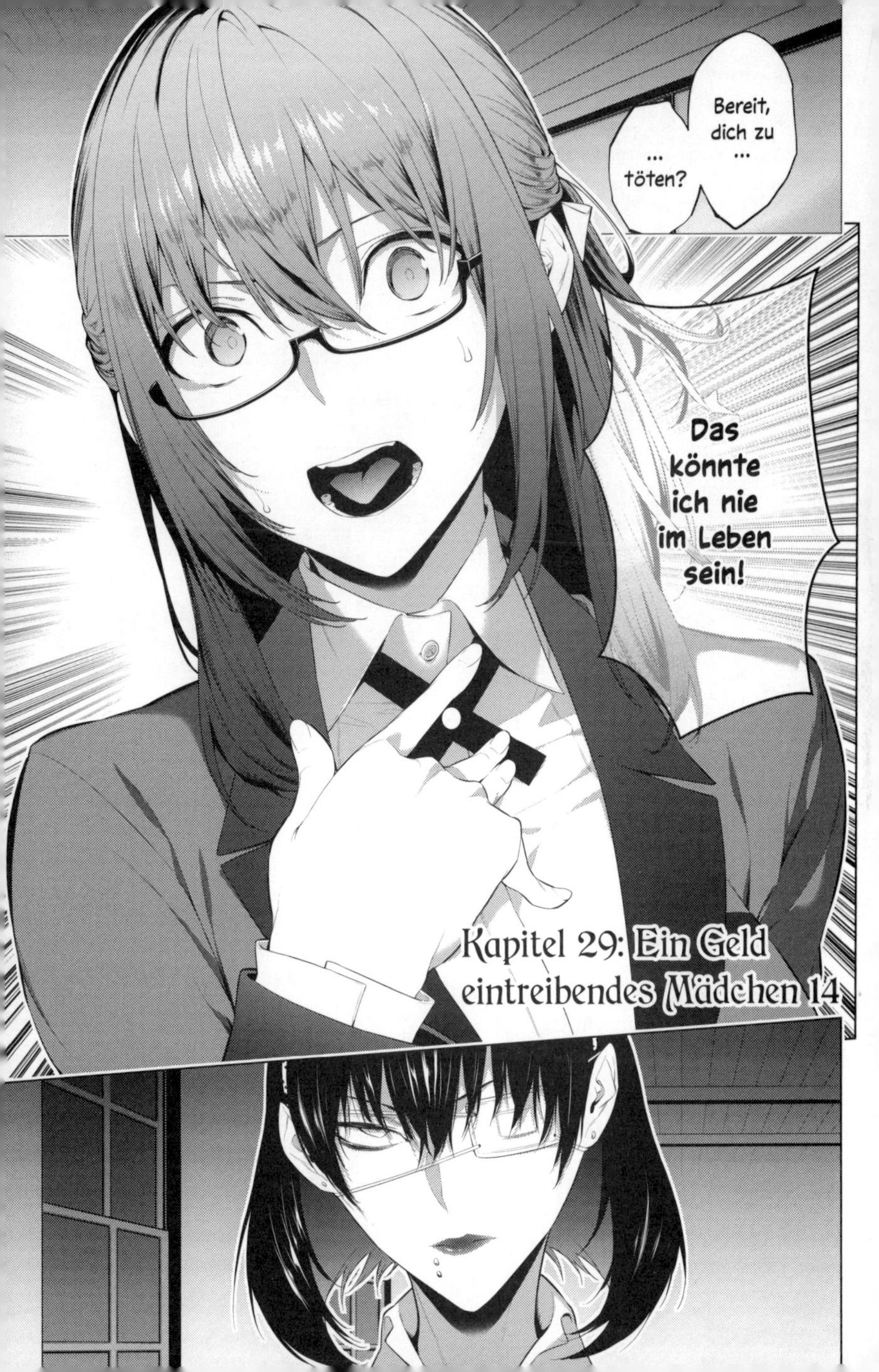
Bereit, dich zu ...
... töten?
Das könnte ich nie im Leben sein!
Kapitel 29: Ein Geld eintreibendes Mädchen 14

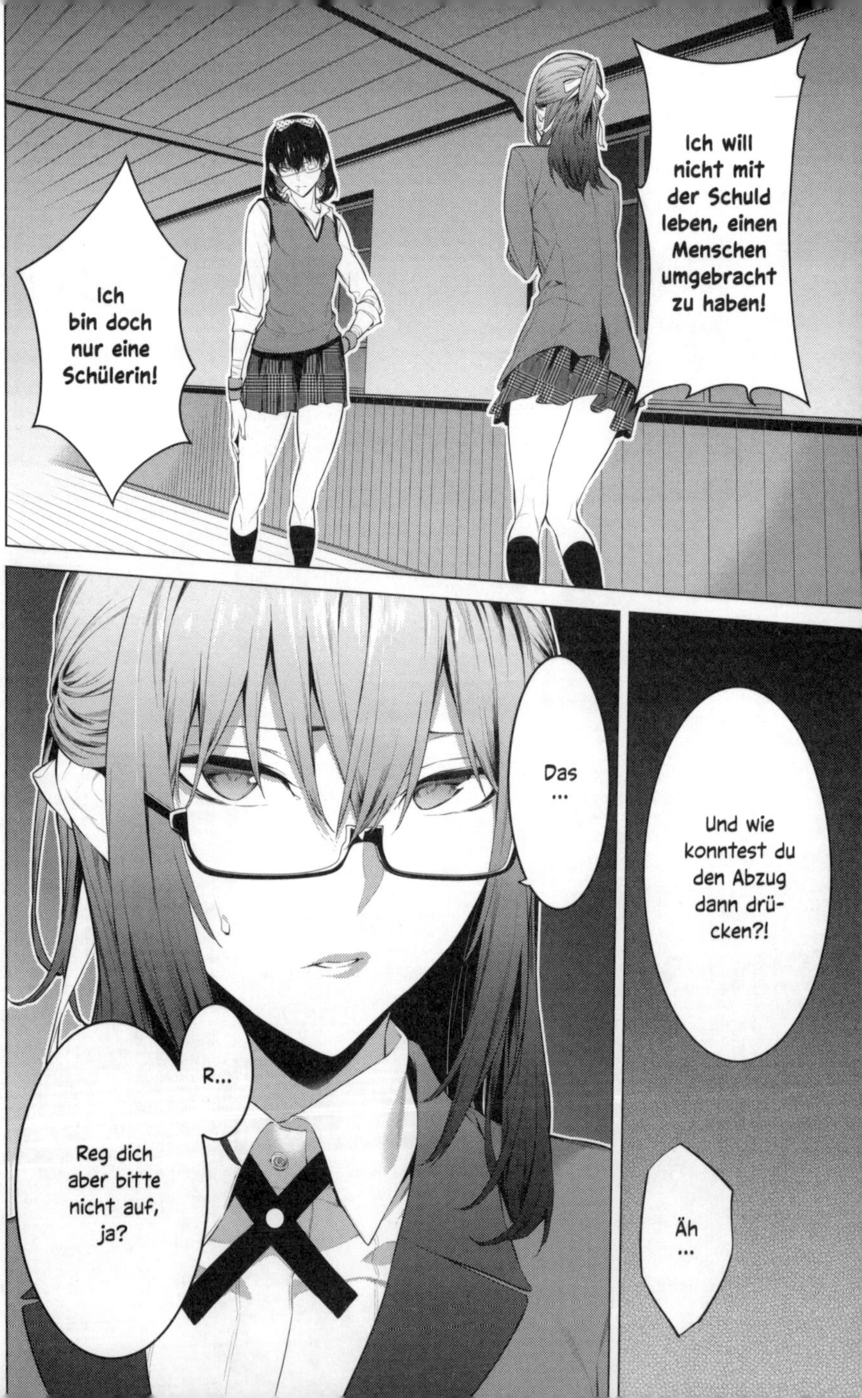
Ich will nicht mit der Schuld leben, einen Menschen umgebracht zu haben!
Ich bin doch nur eine Schülerin!
Und wie konntest du den Abzug dann drücken?!
Äh ...
Das ...
R...
Reg dich aber bitte nicht auf, ja?

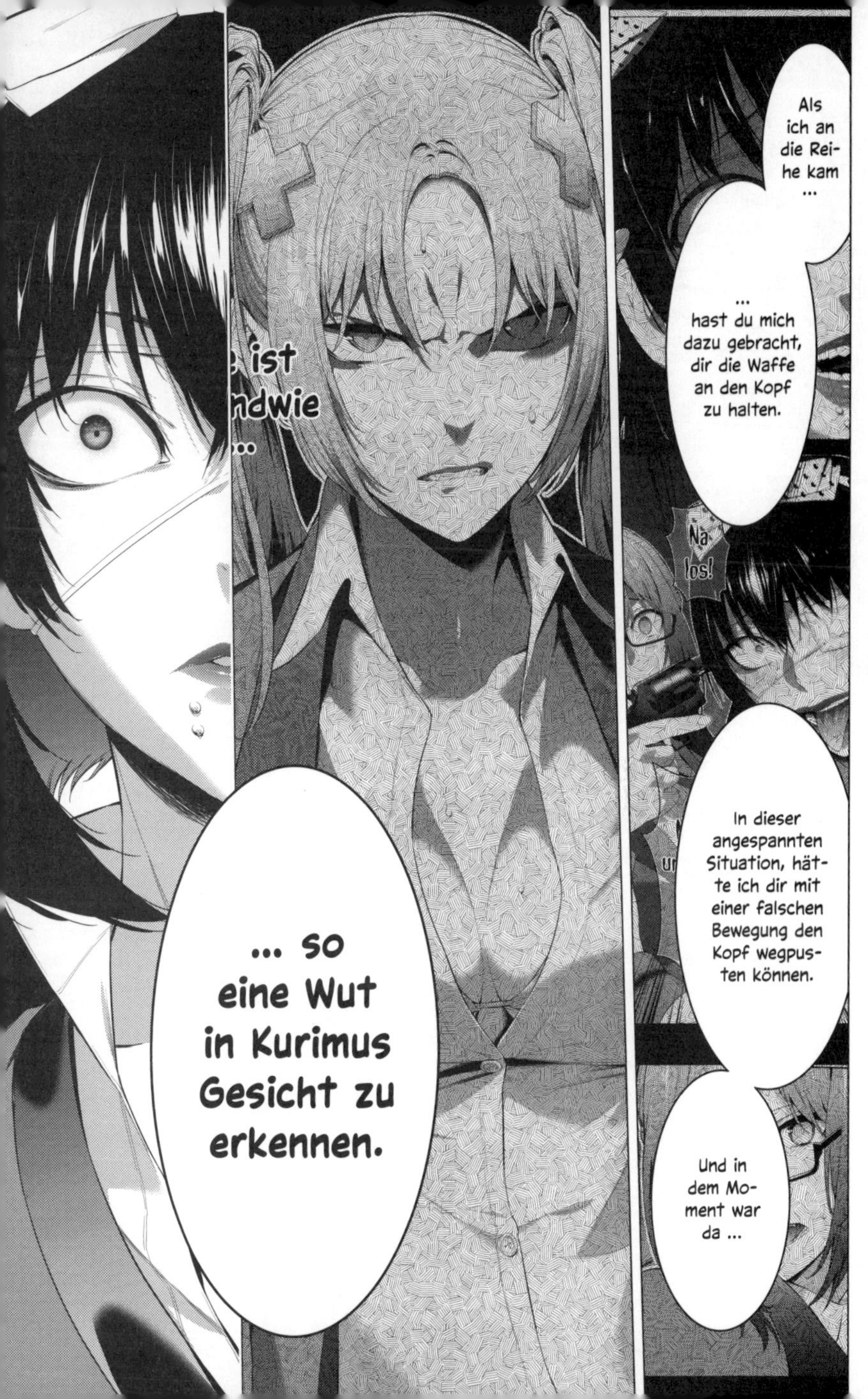

Als ich an die Reihe kam ...
... hast du mich dazu gebracht, dir die Waffe an den Kopf zu halten.
Na los!
In dieser angespannten Situation, hätte ich dir mit einer falschen Bewegung den Kopf wegpusten können.
Und in dem Moment war da ...
... so eine Wut in Kurimus Gesicht zu erkennen.

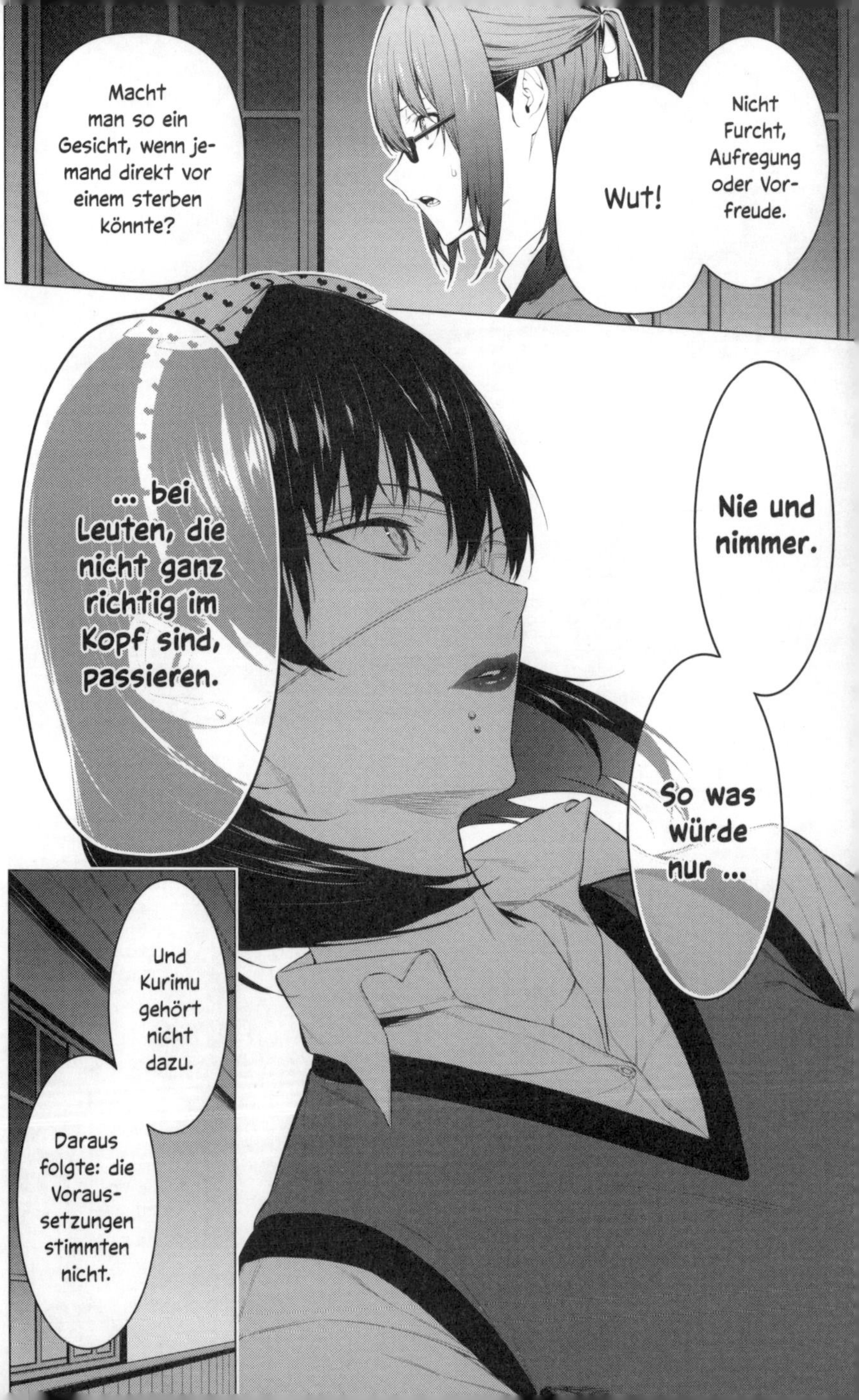
Nicht Furcht, Aufregung oder Vorfreude.
Wut!
Macht man so ein Gesicht, wenn jemand direkt vor einem sterben könnte?
Nie und nimmer.
So was würde nur ...
... bei Leuten, die nicht ganz richtig im Kopf sind, passieren.
Und Kurimu gehört nicht dazu.
Daraus folgte: die Voraussetzungen stimmten nicht.

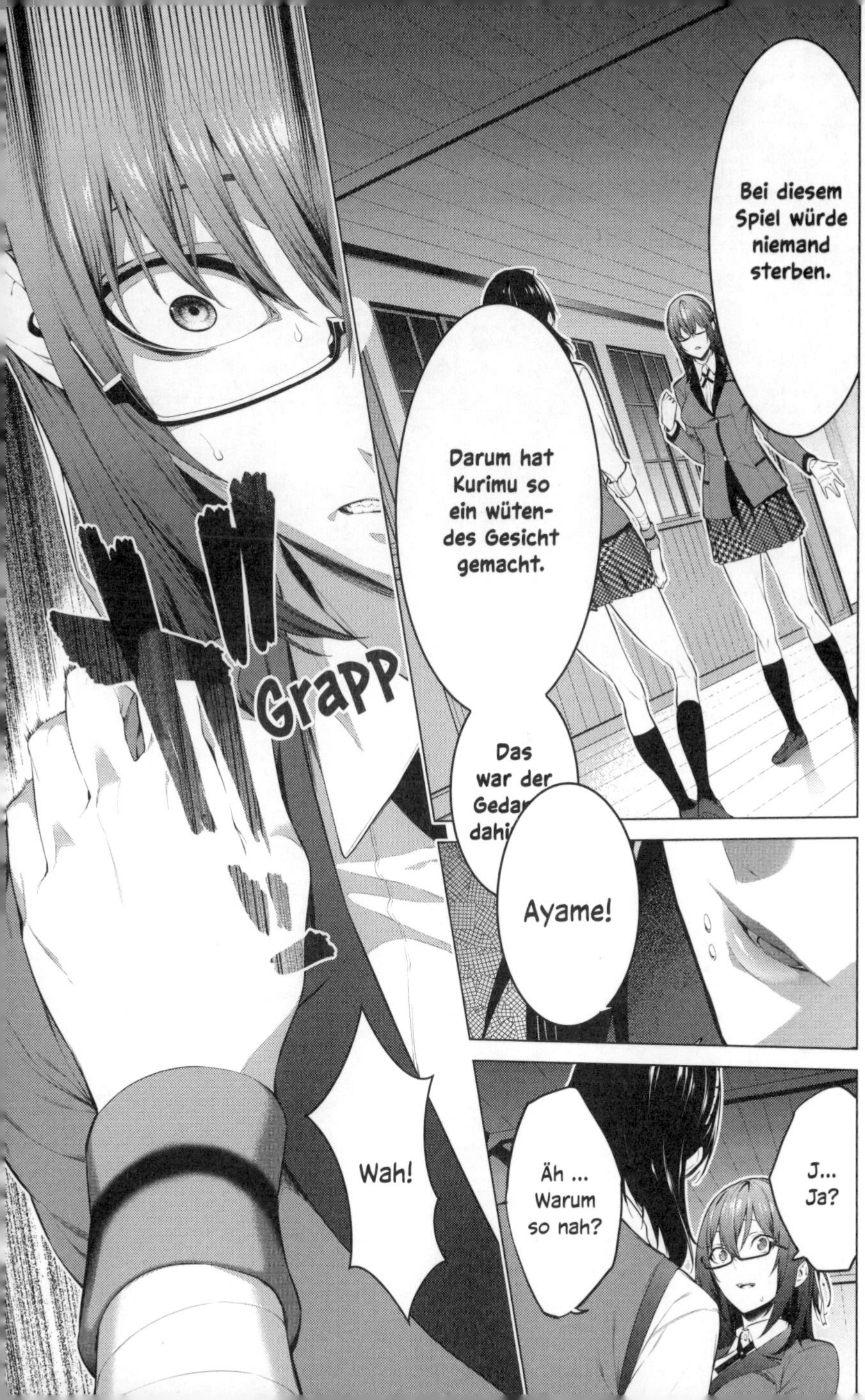
Bei diesem Spiel würde niemand sterben.
Darum hat Kurimu so ein wütendes Gesicht gemacht.
Das war der
Ayame!
Grapp
J... Ja?
Äh ... Warum so nah?
Wah!

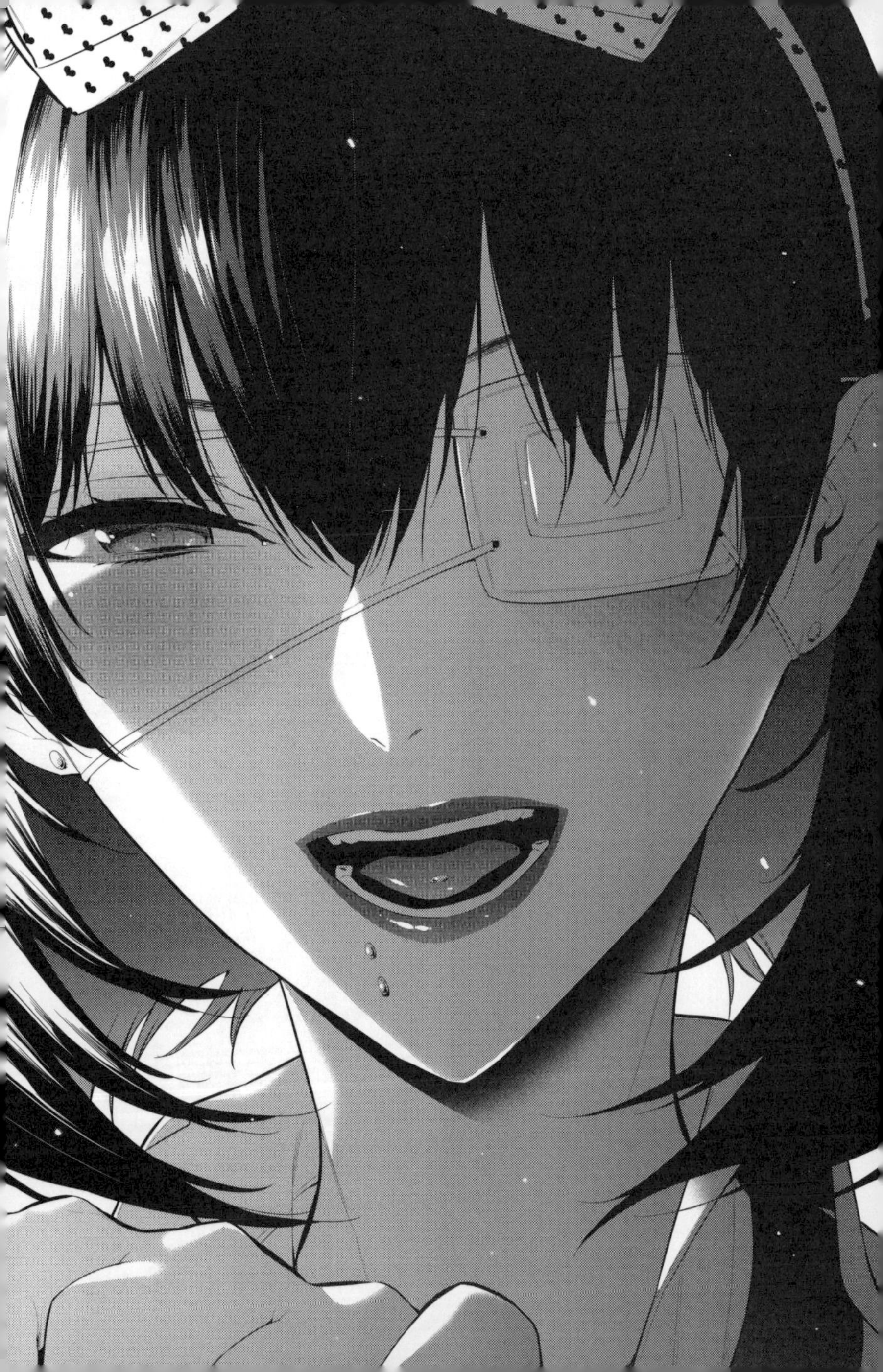

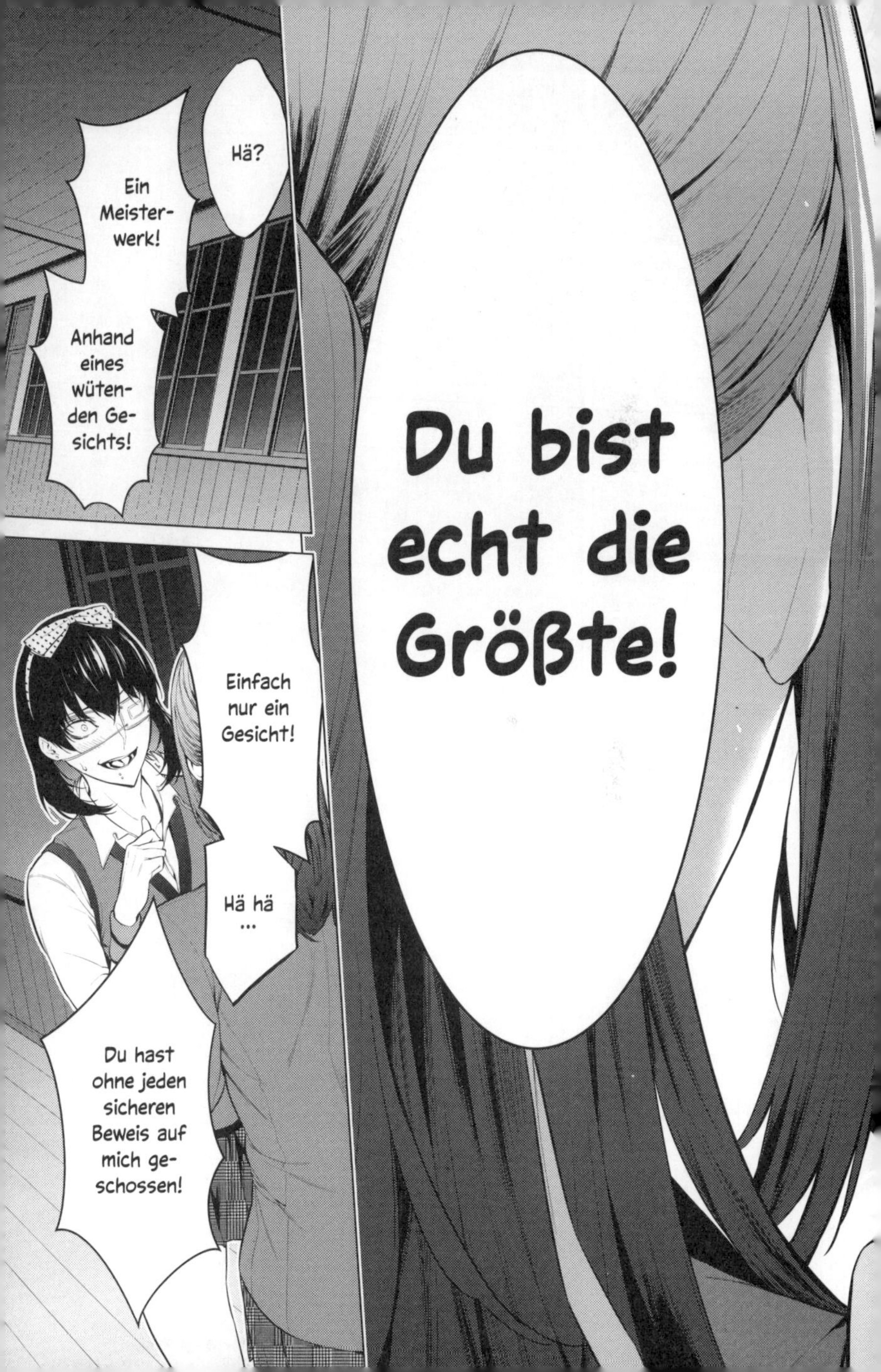
Hä?
Ein Meisterwerk!
Anhand eines wütenden Gesichts!
Einfach nur ein Gesicht!
Hä hä ...
Du hast ohne jeden sicheren Beweis auf mich geschossen!
Du bist echt die Größte!

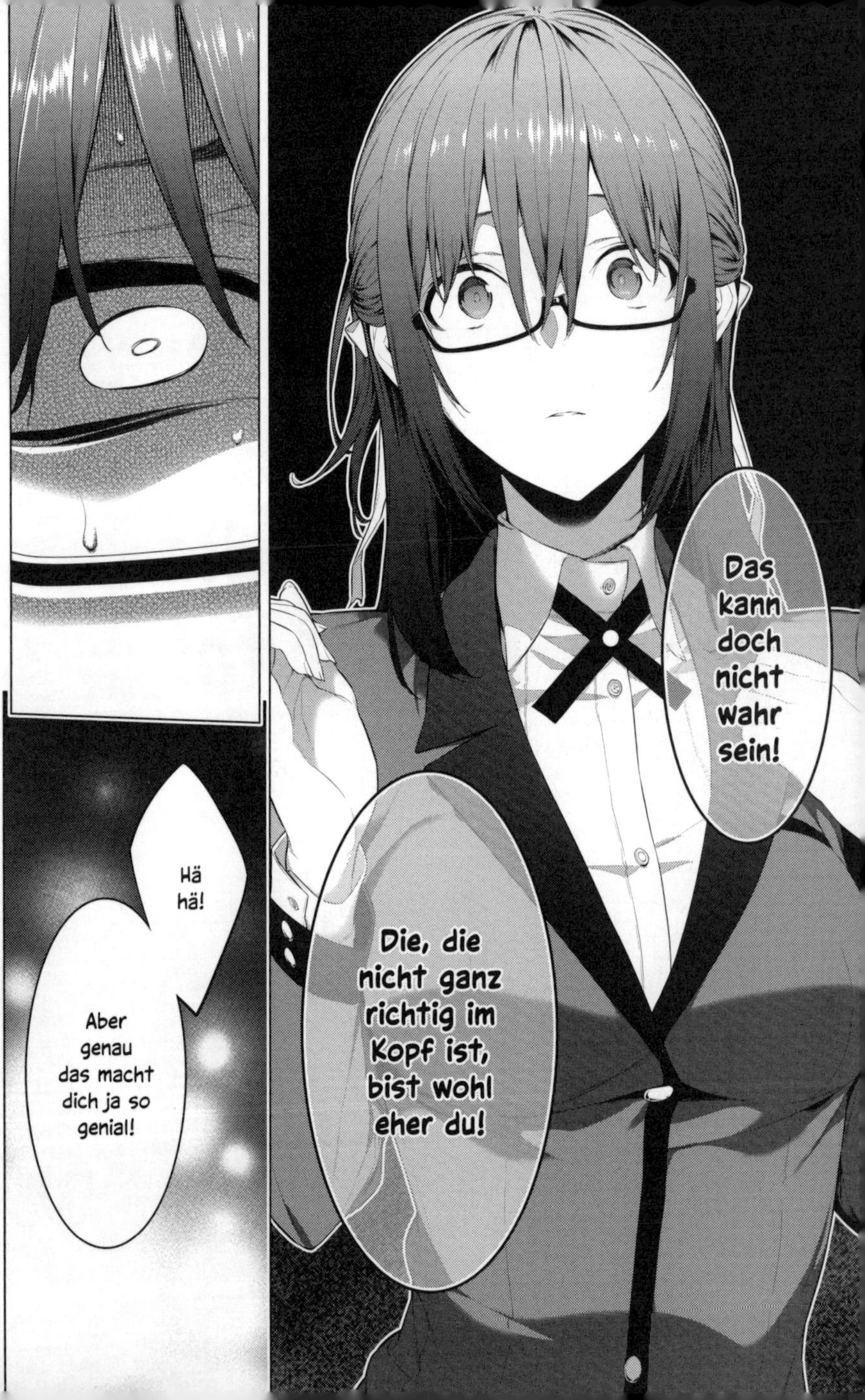
Das kann doch nicht wahr sein!
Die, die nicht ganz richtig im Kopf ist, bist wohl eher du!
Hä hä!
Aber genau das macht dich ja so genial!

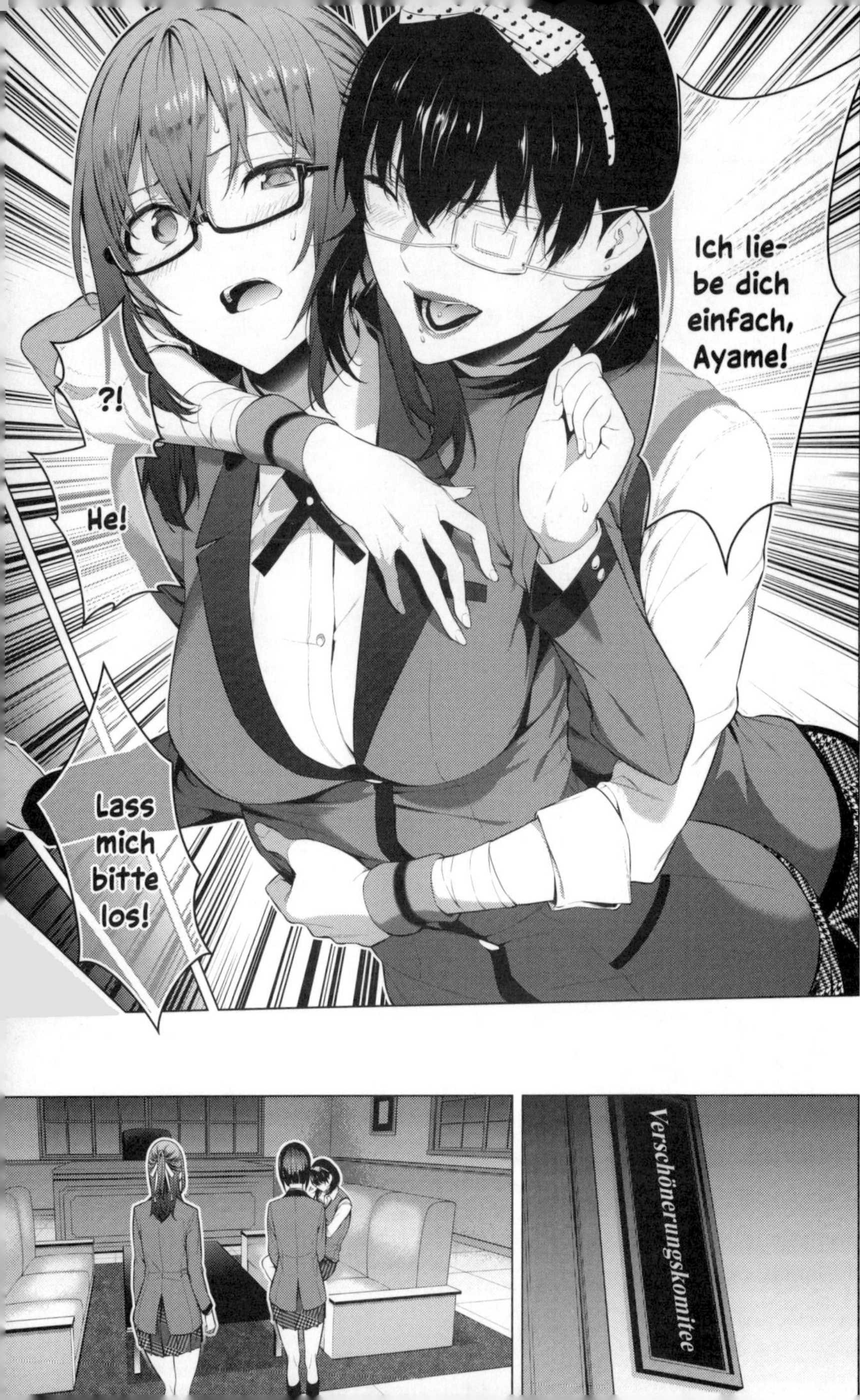
Ich liebe dich einfach, Ayame!
?!
He!
Lass mich bitte los!
Verschönerungskomitee

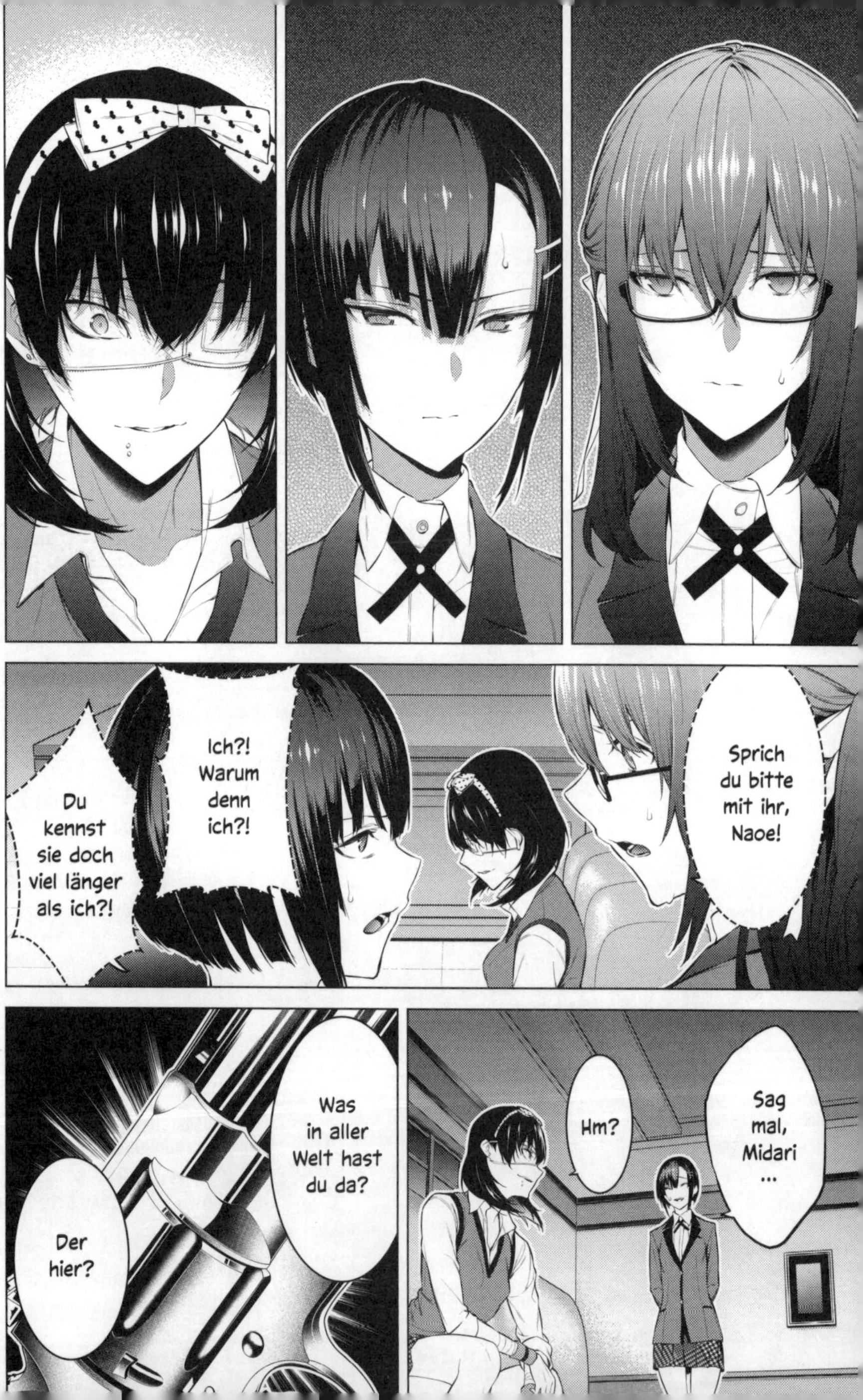
Sprich du bitte mit ihr, Naoe!
Ich?! Warum denn ich?!
Du kennst sie doch viel länger als ich?!
Sag mal, Midari ...
Hm?
Was in aller Welt hast du da?
Der hier?

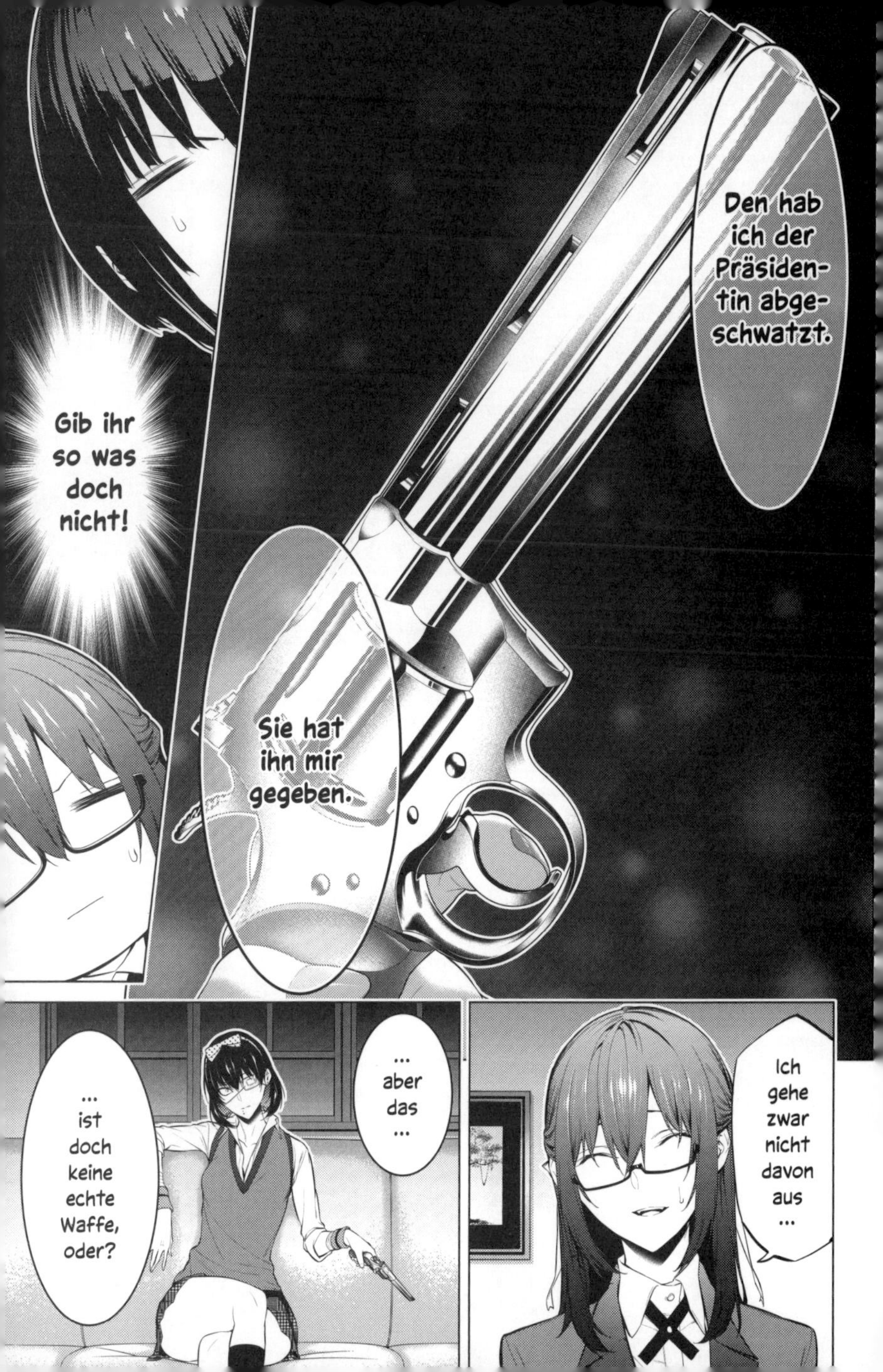
Den hab ich der Präsiden-tin abge-schwatzt.
Gib ihr so was doch nicht!
Sie hat ihn mir gegeben.
Ich gehe zwar nicht davon aus ...
... aber das ...
... ist doch keine echte Waffe, oder?

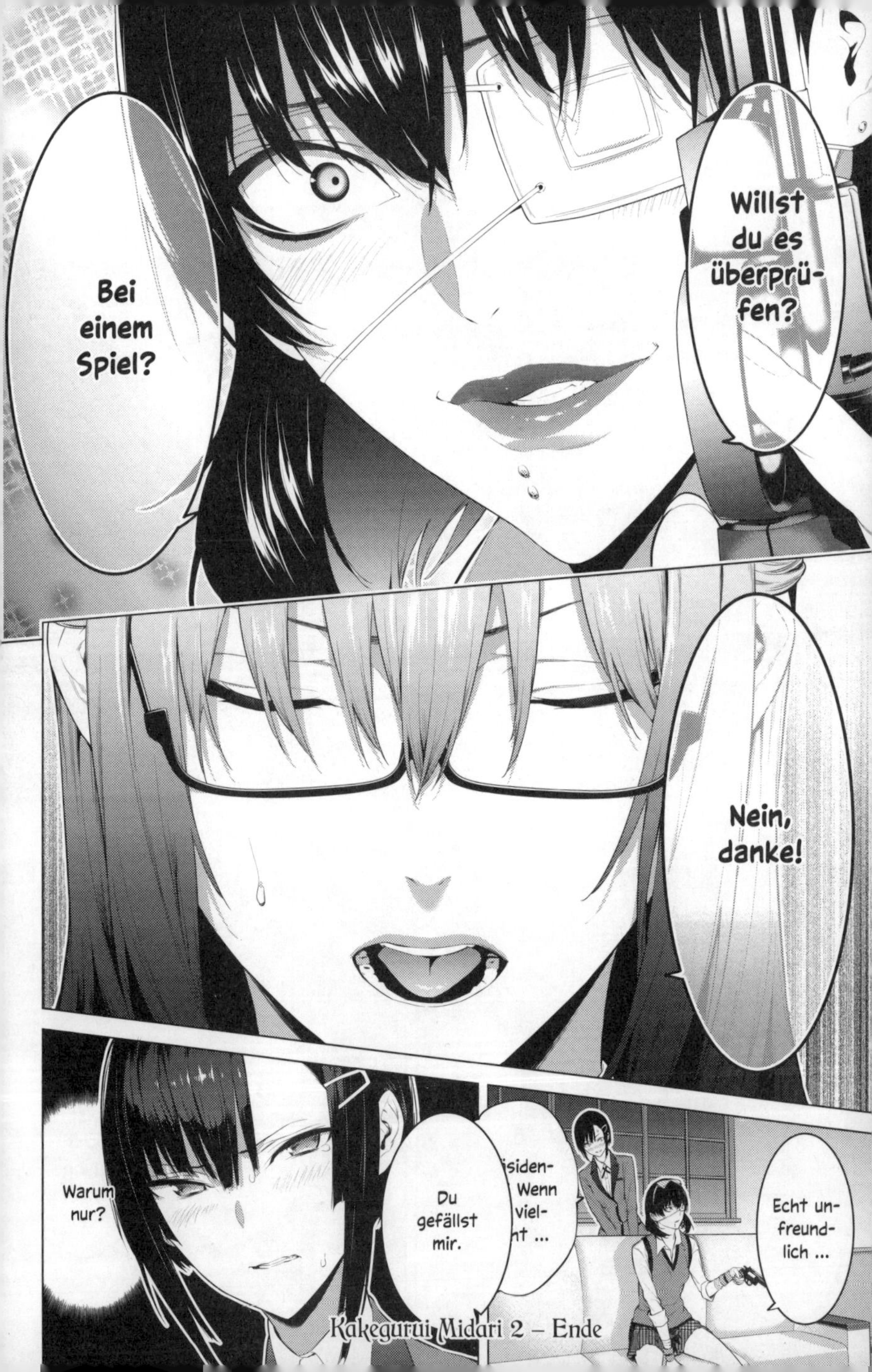
Willst du es überprüfen?
Bei einem Spiel?
Nein, danke!
Echt unfreundlich ...
Du gefällst mir.
Warum nur?
Kakegurui Midari 2 – Ende

GLÜCKSSPIEL, DAS IST MEIN RAISON D'ÊTRE.

Passives Russisch Roulette

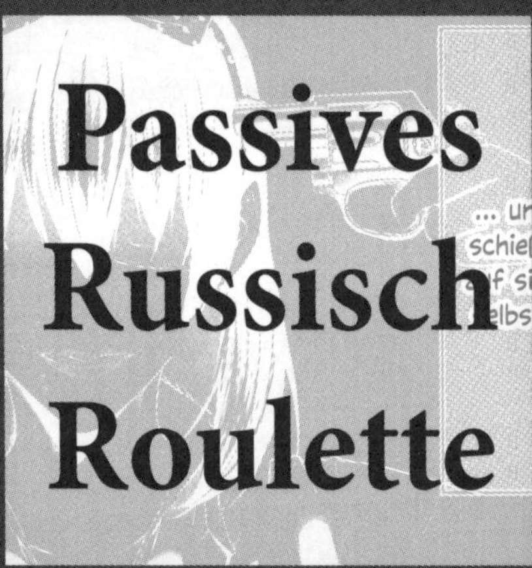

Wie schon in der Story beschrieben, stehen dem ersten Spieler bei diesem Spiel im Wesentlichen zwei Optionen zur Verfügung: Steckt er die Kugel in die fünfte Kammer oder in eine der anderen Kammern? Allerdings stellt sich diese Frage erst, wenn man auch bemerkt, dass es genau diese beiden Optionen gibt. Bemerkt man es nicht und steckt die Kugel in eine zufällige Kammer, ist die Wahrscheinlichkeit natürlich höher, die Kugel in eine andere Kammer als die Fünf zu stecken. Als zweiter Spieler läuft es darauf hinaus, die Fähigkeit des Gegners einzuschätzen, auch zu bemerken, dass er genau zwei Optionen hat. Wie man seinen Gegner wohl bewertet, wenn das eigene Leben auf dem Spiel steht? Und wie unterscheidet sich diese Einschätzung dann vom Normalfall? Darüber mache ich mir so meine Gedanken.

Vielen Dank, dass ihr den zweiten Band von *Kakegurui Midari* gekauft habt! Ich freue mich wirklich sehr, dass wir Midaris Geschichte so fortführen dürfen. Da ich auch selbst noch überhaupt nicht abschätzen kann, was Midari noch so anstellen wird, macht das Schreiben unglaublich viel Spaß. Darum will ich sie noch viel häufiger auftreten lassen! Naoe finde ich übrigens richtig niedlich, aber ich habe noch keine weiteren Ideen für sie.

Nun zur Danksagung! Hiragi-sensei und seinen Assistenten gebührt mein Dank, die auch schon im letzten Band so wundervolle Zeichnungen beigesteuert haben, die gleichzeitig Kraft und Sinnlichkeit ausstrahlen. Ich danke auch meinen Redakteuren, Herrn Sasaki und Herrn Yumoto, die mir viele Ratschläge für die Erklärung der Regeln mitgegeben haben. Außerdem bin ich natürlich all unseren Lesern, die uns unterstützen, zu Dank verpflichtet. Ohne die Mitwirkung vieler weiterer Leute wäre die Veröffentlichung dieses Bandes nicht möglich gewesen. Habt wirklich vielen Dank! Ich hoffe, ihr werdet auch weiterhin Spaß an dieser Serie haben. In Band drei wird mit ziemlicher Sicherheit eine alte Bekannte auftauchen! Also freut euch schon mal drauf!

Nachwort

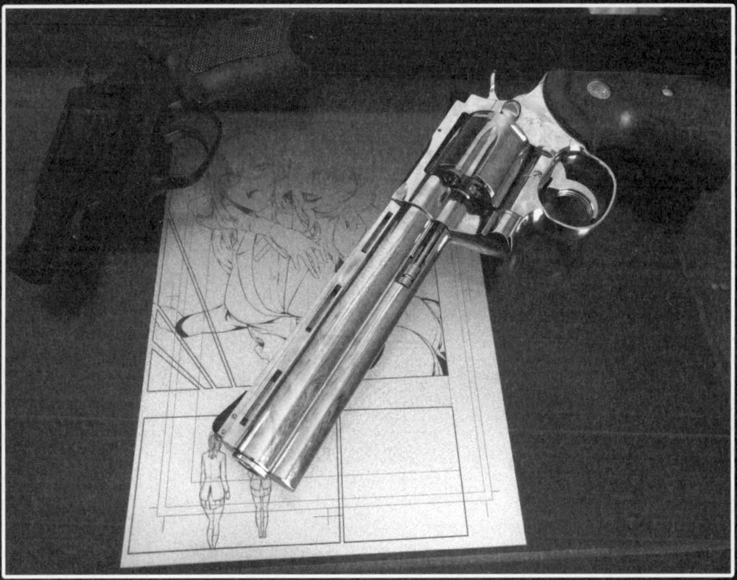

Vielen Dank, dass ihr den zweiten Band von *Kakegurui Midari* gekauft habt! Dieses Mal liegt das Hauptaugenmerk auf einem Spiel, bei dem ein Revolver genutzt wird. Der Inhalt musste also, passend zu Midari etwas abgedreht sein.

Die Waffe, die Midari und die anderen diesmal nutzen, sieht aus wie ein Modell, das New Nambu genannt wird. Anders als der silberglänzende Colt Python, den Midari in der Hauptreihe bisher genutzt hat, ist es ein kleinformatiger Revolver mit schlichtem pechschwarzen Rahmen. Beim Zeichnen dachte ich mir, wie cool es wäre, wenn sie auch so einen hätte.

Trotzdem muss ich erwähnen, dass diejenigen, die diesen ultracoolen Revolver freundlicherweise für mich gezeichnet haben, meine genialen Assistenten waren! Habt vielen Dank, dass ihr es auch diesmal wieder mit mir ausgehalten habt! Das finale Ergebnis der Waffe ist echt wunderschön geworden!

Vielen Dank an all die vielen Leute, dank deren Hilfe wir diesen Band veröffentlichen konnten.

Besonderer Dank:
Matsumoto, Mina Itagaki, Nakamura, meinen Redakteuren Herrn Yumoto und Herrn Sasaki sowie alle anderen in der Redaktion & EUCH!

Januar 2018, Yuichi Hiragi (Zeichner)

Homura Kawamoto

Sie ist einfach so, wie sie immer ist. Die Leute um sie herum, sind die, die nach jemandes Pfeife tanzen. Wer kann so ein Mädchen bei Laune halten? Ich wünsche euch viel Spaß mit diesem Band!

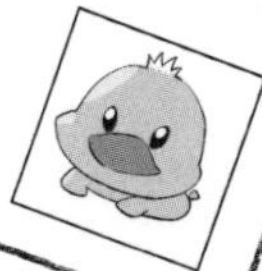

Yuichi Hiiragi

Vielen Dank an N, der uns bei Band zwei bis auf halbem Weg unter die Arme gegriffen hat! Auch M, der uns weiterhin unterstützt, und unserem neuen Mitstreiter I möchte ich für ihre fortwährende Unterstützung danken! Ich freue mich schon auf unsere gemeinsame Feier zum Jahresende! Diesen zweiten Band konnten wir nur mit der Hilfe ganz vieler Leute aus verschiedensten Bereichen herausgeben. (Dieser Kommentar wurde im Dezember 2017 verfasst.)

altraverse

Deutsche Ausgabe / German Edition
Altraverse GmbH – Hamburg 2022
Aus dem Japanischen von Jannik Eimen

KAKEGURUI MIDARI vol. 2

Redaktion: Anh Tu Nguyen
Herstellung: Carsten Bittner
Lettering: Vibrant Publishing Studio

Druck: CPI books GmbH, Leck
Printed in Germany

FSC MIX Papier FSC® C083411

ISBN 978-3-7539-0253-1
1. Auflage 2022

www.altraverse.de